LUGARES DE MEMÓRIA DOS TRABALHADORES

Paulo Fontes (Org.)

LUGARES DE MEMÓRIA DOS TRABALHADORES

alameda

LEHMT
Laboratório de Estudos de História dos Mundos do Trabalho

Fundação Perseu Abramo
Partido dos Trabalhadores

PPGHIS
Programa de Pós-Graduação em História Social da UFRJ

Grafia atualizada segundo o Acordo Otrográfico da Língua Portuguesa de 1990, que entrou em vigor no Brasil em 2009.

Editores:: Joana Monteleone e Haroldo Ceravolo Sereza

Editora Acadêmica: Tamara Santos

Projeto gráfico, capa e diagramação: Ana Júlia Ribeiro

Revisão: Alexandra Colontini

Imagem da capa: Assembleia do Metalúrgicos no Estádio de Vila Euclides, São Bernardo do Campo, 1979. Foto: Juca Martins. Acervo Olhar Imagens.

CIP-BRASIL. CATALOGAÇÃO NA PUBLICAÇÃO
SINDICATO NACIONAL DOS EDITORES DE LIVROS, RJ

L976

Lugares de memória dos trabalhadores / organização Paulo Fontes. - 1. ed. - São Paulo : Alameda, 2023.
400 p. ; 23 cm

Inclui bibliografia
ISBN 978-65-5966-214-2

1. Trabalhadores - Brasil - História. I. Fontes, Paulo

23-86458 CDD: 331.110981
CDU: 331(81)

Gabriela Faray Ferreira Lopes - Bibliotecária - CRB-7/6643

Alameda Casa Editorial
Rua 13 de Maio, 353 – Bela Vista
CEP 01327-000 – São Paulo, SP
Tel. [11] 3012-2403
www.alamedaeditorial.com.br

Sumário

Apresentação: Lugares de Memória dos Trabalhadores

Paulo Fontes

Esse livro reúne 100 artigos curtos publicados na seção *Lugares de Memória dos Trabalhadores* do portal do Laboratório de Estudos de História dos Mundos do Trabalho da Universidade Federal do Rio de Janeiro (lehmt.org) desde agosto de 2019. Lançado em junho daquele mesmo ano de 2019, o portal rapidamente se tornou a principal plataforma do país de história pública e divulgação científica na área de história social do trabalho.

Desde então, o portal tem lançado diversas séries e seções com diferentes tipos de linguagens e suportes. Além da própria *Lugares de Memória dos Trabalhadores*, alguns exemplos são o *Vale Mais,* um podcast com entrevistas com especialistas, divulgação de novas pesquisas, divulgação de depoimentos de história oral de sindicalistas e ativistas das lutas sociais, entre outros; *Labuta*, um canal de vídeo com variados temas desse campo de estudos; *Chão de Escola*, seção dedicada ao diálogo entre a produção acadêmica no campo da história social do trabalho e os/as professores/as do ensino fundamental e médio; *Livros de Classe,* um vídeo curto no qual um especialista fala sobre um livro fundamental para sua formação e importante para a história social do trabalho), além de *Contribuições Especiais* em que debatemos efemérides e homenageamos autores/as e ativistas importantes para a história dos trabalhadores e trabalhadoras.

O portal foi lançado em um momento em que se mostrava politicamente fundamental o combate ao negacionismo histórico cada vez mais difundido por grupos e setores sociais vinculados à extrema direita e que ganhavam espaço e protagonismo na sociedade brasileira. Além disso, o portal se propunha a ser um espaço de divulgação da história e memória dos/as trabalhadores/as brasileiro/as, cujos temas e debates são frequentemente ausentes e negligenciados na mídia, em muitas das narrativas oficiais e mesmo nos bancos escolares.

Para tanto, era nosso desejo dar visibilidade e divulgar para um público o mais amplo possível a rica produção sobre a história do trabalho no Brasil elaborada em diversas universidades do país nos últimos anos. Essa historiografia tem procurado estar aberta à análise de todos os aspectos da experiência da classe trabalhadora em qualquer momento histórico, em vez da abordagem mais tradicional que tendia a reduzir o escopo da história do trabalho à ação política e sindical dos trabalhadores (em particular os homens) "organizados".

A constituição, em 2001, do GT Mundos do Trabalho (atualmente Associação Nacional de História do Trabalho), uma rede de historiadores/as dessa temática que publica uma conceituada revista e organiza frequentes congressos, teve papel crucial no estímulo para que novas gerações de pesquisadores/as venham desenvolvendo o campo na direção de temáticas inéditas ou pouco exploradas, como as conexões entre o trabalho escravo e trabalho "livre", relações raciais, trabalho "informal", trabalhadores rurais, meio ambiente e mundos do trabalho, e questões de gênero, entre outras.

Além disso, a historiografia do trabalho recente também tem trazido novas luzes para tópicos mais "clássicos", como as greves, o sindicalismo, a participação política e o impacto das políticas trabalhistas e do direito do trabalho na redefinição das estratégias de luta dos trabalhadores por seus direitos e a construção da cidadania. Ela também expandiu o escopo geográfico dos estudos, originalmente confinados às principais áreas industriais (particularmente São Paulo e Rio de Janeiro), oferecendo uma imagem muito mais ampla e complexa da diversidade regional que caracteriza o Brasil. Também, o uso de novas fontes, como os arquivos da polícia social e política (abertos ao público durante a década de 1990), bem como documentos judiciais e o uso extensivo de entrevistas de história oral, contribuíram para a ampliação das análises realizadas nos últimos anos. Este rico momento da história do trabalho brasileira tem alcançado destaque nos debates internacionais sobre uma história global do trabalho.

Lugares de Memória dos Trabalhadores beneficiou-se largamente dessa amplitude e sofisticação da história do trabalho em nosso país. Procurou também, enfrentar, de forma criativa e inovadora, os debates contemporâneos sobre os "deveres de memória" alargando seus limites e mostrando como os trabalhadores e trabalhadoras têm construído cotidiana e rotineiramente os espaços de nossa nação.

Assim convidamos tanto jovens, quanto consagrados/as historiadores/as de todo o país para escrever "biografias" de espaços relevantes da história dos/as trabalhadores/as brasileiros. Em uma perspectiva ampla e inclusiva, reunimos textos que falavam dos trabalhadores/as e suas múltiplas experiências por meio dos lugares em que trabalhavam, habitavam, brincavam, celebravam, frequentavam e lutavam. Praças, ruas, fábricas, fazendas, igrejas, agências estatais, sedes de organizações formam um rico mosaico de artigos sobre espaços de atuação política e social, de lazer, de protestos, repressão, de rituais e de criação de sociabilidades. Desta forma a história e a geografia do país são contadas, numa linguagem direta e cativante, sob novos ângulos e abordagens. Esse livro também colabora com o campo da educação patrimonial, além de dar visibilidade para essa diversificada "geografia social do trabalho". Os artigos buscam divulgar essa memória social do espaço e colaborar para o fortalecimento de uma cultura histórica na "batalha de memórias" que vivemos e que passa fundamentalmente por uma disputa de significados sobre os espaços e territórios tanto nas cidades, quanto no campo.

Agradeço a todos os autores e autoras que gentilmente participaram do projeto e autorizaram a publicação de seus artigos em nosso livro. Também sou grato ao Programa de Pós-Graduação em História Social da UFRJ (PPGHIS/UFRJ), do qual sou membro, pelo apoio para a publicação dessa obra. Agradeço, em particular, ao coordenador do PPGHIS, William de Souza Martins e a Luiza Larangeira, que presidiu a Comissão de Planejamento quando da aprovação de recursos para esse projeto. Vanessa Donatti e Ellen Coutinho, da Fundação Perseu Abramo, acreditaram no projeto e concordaram com uma parceria que muito me honra. Agradeço também a toda equipe da Editora Alameda.

Esse livro não seria possível sem o trabalho entusiasmado do quadro de aluno/as e colegas que compõem o LEHMT/UFRJ e constroem o portal lehmt.org. Sou grato a Ana Clara Tavares, Alexandra Véras, Claudiane Torres, Deivison Amaral, Felipe Maia, Felipe Ribeiro, Flavia Véras, Heliene Nagasava, Inghrid Masullo, Isabelle Pires, João Christovão, Julia Chequer, Juliana Ferreira, Leonardo Angelo, Luana Rosário, Luciana Wollman, Mariana Alves, Mariana Costa, Natália Gomes, Phillip Mazza, Raquel Souza, Renata Moraes, Samuel Oliveira e Thompson Clímaco. Agradeço, em especial, a Larissa Farias por todo o incrível trabalho de pesquisa e acompanhamento para a transformação dos textos no site para essa edição em livro. A série *Lugares de Memória dos Trabalhadores* continua sendo editada mensalmente no portal do LEHMT/UFRJ e espero que em um futuro próximo seja possível publicar mais um volume com novos 100 artigos sobre esses lugares.

Desejo a todos e todas um ótimo passeio pelos lugares de memória dos trabalhadores. Que eles nos inspirem a conhecer e transformar a nossa história!

Lugares de Memória dos Trabalhadores #01: Cais do Porto, Salvador (BA)

João José Reis

Cais das Amarras, Porto de Salvador, por volta de 1885.

O porto de Salvador destacou-se, desde o final do século XVII até meados do século XIX, entre os mais movimentados da bacia atlântica. No início do século XVIII figurava como o mais movimentado da orla ocidental do oceano. Tome-se, por exemplo, o tráfico de escravos, um dos mais importantes negócios do mundo ao longo dos quatro séculos desde a fundação da cidade, em 1549, até meados do século XIX. Pois bem, a Bahia foi responsável pela importação, principalmente, através do porto de sua capital, de cerca de 15% dos cerca de 11 milhões de africanos traficados para as Américas, e de 33% dos quase cinco milhões embarcados para o Brasil. Quanto às exportações, do porto de Salvador partiam o açúcar produzido nos seus engenhos, além de outros produtos, como fumo, algodão, couros, entre outros. Além disso, recebia por mar passageiros e mercadorias da Europa, principalmente, e a produção de alimentos vindos das numerosas localidades do litoral e interior da Bahia e de outras partes do Brasil.

Salvador era, então, uma cidade-porto e sua economia girava em torno de seu ancoradouro. Até a reforma do porto, na segunda década do século XX, os navios de grande calado não chegavam até o cais. Eles ancoravam ao largo e as mercadorias eram embarcadas e desembarcadas por meio de embarcações menores manejadas por marinheiros negros, na sua maioria africanos escravizados e libertos.

Essas embarcações, ao alcançarem o ancoradouro, tinham suas cargas retiradas por carregadores igualmente negros, que as levavam para os diversos destinos na cidade. Aqueles trabalhadores eram chamados de ganhadores porque viviam do ganho, o trabalho urbano de rua.

Quando escravizados, eles dividiam a remuneração do ganho com seus senhores a uma taxa combinada que deveria ser paga a cada semana. Quando libertos ou livres, os ganhadores mantinham para si todo o valor auferido do seu trabalho.

Os ganhadores eram, até meados do século XIX, africanos na sua quase totalidade. Eles se reuniam em grupos chamados cantos, espalhados por toda a cidade, para oferecer serviços como carregadores de objetos de todo tipo, tamanho e volume, além de transportar passageiros nas chamadas cadeiras de arruar, que eram conduzidas por dois ganhadores. Os cantos tinham uma liderança própria, os capitães do canto, responsáveis por negociar o valor dos fretes e manter os seus liderados em ordem. Cada grupo reunia os de sua própria nação africana (nagôs, jejes, angolas etc.), embora alguma mistura também ocorresse, sobretudo a adesão de membros de nações menos às mais numerosas. E estas últimas, aliás, contavam com um grande número de cantos.

Os cantos de trabalho estavam localizados, principalmente, no bairro portuário de Salvador, que equivalia à freguesia da Conceição da Praia, onde se encontra a igreja com o mesmo nome. O local era também conhecido como Cidade Baixa, cujo marco maior é hoje o elevador Lacerda. Um grande número de cantos se reunia precisamente no cais do porto, e em torno das diversas escadas existentes no embarcadouro. Essas escadas podem ser consideradas o mais importante marco territorial desses grupos de trabalhadores na região portuária. Assim como os cantos, elas podiam ser identificadas pelos nomes dos cais a que serviam: Cais do Sodré, Cais Dourado, Cais de Cachoeira, Cais do Comércio, e assim por diante. Vale salientar que, em muitos casos, cada cais (ou cada escada) abrigava diversos cantos de ganhadores, que provavelmente se revezavam no serviço do carrego. É possível observar em fotografias da época a grande atividade que girava em torno dessas escadas, sugerindo a intensa vida social dos cantos de ganhadores no porto de Salvador.

A relevância dos ganhadores para o funcionamento da capital baiana foi dramaticamente exposta quando eles resolveram suspender os trabalhos por mais de uma semana, no início de junho de 1857. Organizada pelos cantos, a paralização foi motivada por uma lei (ou postura) que obrigaria os ganhadores a se matricular junto à Câmara Municipal, pagar um pequeno imposto de serviço, usar uma placa de ferro ao pescoço com o número da inscrição municipal, e os libertos seriam compelidos a encontrarem cidadãos idôneos – leia-se brancos – que afiançassem sua conduta passada e futura.

O movimento parou a cidade. Nenhuma mercadoria era desembarcada, nenhum volume transportado nos ombros de negros do porto para os armazéns e lojas, nenhum passageiro carregado em cadeiras de arruar. O ancoradouro da cidade foi sem dúvida o epicentro da parede grevista, uma vez que a maior parte do embarque, desembarque e abastecimento da população passava por lá. Apesar de sugerida pela imprensa, a paralização não pôde ser reprimida porque o governo não se dispôs a invadir casas para obrigar os ganhadores a retornarem ao trabalho, manobra que seria complicada no caso dos escravizados, maioria entre eles, pois implicaria na invasão de casas senhoriais. A paralisação logrou abolir temporariamente o imposto e suspendeu a obrigatoriedade de os libertos apresentarem fiança assinada por homens brancos, bastando agora uma declaração de nada consta emitida por uma autoridade policial. Foi mantida a chapa, mas, antes paga, seria agora gratuita. O uso da chapa fora medida considerada mais ultrajante pelos ganhadores, que a consideravam uma afronta à sua dignidade pelo prolongamento da paralisação, e apesar de ser mantida como instrumento de controle, os ganhadores se recusavam sistematicamente a usá-la, resultando em seguidos conflitos com os fiscais municipais.

Fica assim explicado porque o velho ancoradouro de Salvador, sobretudo suas escadas, hoje soterradas pela construção do novo porto, entre 1911 e 1913, representa um importante lugar de memória dos trabalhadores na capital da Bahia. Antes e depois das obras, o porto se manteria, já no período republicano, como o local mais relevante de mobilização operária, pois marítimos, doqueiros, estivadores e carregadores figuram como os trabalhadores que mais greves fizeram entre 1890 e 1930.

Referências Bibliográficas:

ANDRADE, Maria José de Souza. *A mão de obra escrava em Salvador, 1811-1860.* São Paulo: Corrupio, 1988.

COSTA, Ana de Lourdes Ribeiro da. *"Espaços negros: 'cantos' e 'lojas'em Salvador no século XIX". Cantos e toques: Suplemento do Caderno CRH* (1991), pp. 23-37.

MATTOS, Wilson Roberto de. *Negros contra a ordem: astúcias, resistências e liberdades possíveis (Salvador -BA, 1850-1888).* Salvador: Eduneb; Edufba, 2008.

REIS, João José. *Ganhadores: a greve negra de 1857 na Bahia.* São Paulo: Companhia das Letras, 2019.

SAMPAIO, Consuelo Novais. *50 anos de urbanização: Salvador da Bahia no século XIX.* Rio de Janeiro: Versal, 2005.

Lugares de Memória dos Trabalhadores #02: Estádio de Vila Euclides, São Bernardo do Campo (SP)

John French

Assembleia do Metalúrgicos no Estádio de Vila Euclides, São Bernardo do Campo, 1982.

As famosas greves dos metalúrgicos de São Bernardo do Campo entre 1978 e 1980 constituíram uma história incrível, recheada de apostas audaciosas. Quando o Sindicato dos Metalúrgicos convocou a primeira greve geral da categoria em 1979, a forte adesão dos trabalhadores pode ser creditada, em grande medida, a uma excêntrica ideia que ocorreu a Lula, então presidente da entidade, e a alguns outros dirigentes sindicais, enquanto assistiam a um jogo do Corinthians no estádio do Morumbi, em São Paulo. Lula teria dito que "quando pudermos convocar uma assembleia com metade do tamanho dessa multidão poderemos virar o mundo de cabeça para baixo" e mudar o país "de cima abaixo!". Encarando o desafio, os sindicalistas agendaram a assembleia inaugural da campanha salarial daquele ano em um estádio de futebol no bairro de Vila Euclides, em 13 de março de 1979.

Naquele dia, segundo um relatório da polícia política, o DOPS, 20.000 trabalhadores compareceram à reunião, apesar da chuva, entusiasmando as lideranças sindicais. Um precário palanque foi improvisado apressadamente, de onde Lula se dirigiu à multidão. Na ausência de um sistema de som, ele falava para os que estavam à sua frente que, por sua vez, repetiam o que estava sendo dito para os detrás.

No início, como Lula recordaria anos depois, "a peãozada", que lotou aquele campo de futebol encharcado, não parecia muito interessada, mas logo lhe dirigiriam palavras encorajadoras: "Fique calmo. Ninguém está com pressa. Vá devagar, Lula. Não fique nervoso". A experiência teve um impacto muito forte para os líderes dos trabalhadores. "Era muita confiança. Muita fé!".

O Estádio de Vila Euclides se tornaria o icônico marco zero onde os metalúrgicos do ABC Paulista fizeram história ao paralisar o coração industrial do país e mudar os rumos políticos da nação. Daquele momento em diante, os olhos e a imaginação da sociedade seriam repetidamente atraídos para aquele provinciano estádio municipal. Pelo menos 18 assembleias foram realizadas em Vila Euclides durante as greves de 1979 e 80. De 12 delas, de acordo com relatórios do DOPS, participaram entre 40 e 70 mil grevistas, familiares e expectadores em geral. As outras 6 teriam atraído entre 15 e 35 mil pessoas. Na avaliação do sindicato, as maiores assembleias contaram com a participação de 80 a 100 mil trabalhadores. De qualquer forma, aquelas multidões de operários surpreenderam o país. A fama de Lula e a construção de sua impressionante liderança ficariam inextricavelmente ligadas às suas performances naquele estádio onde foi rotineiramente aclamado com gritos de apoio, aplausos e carregado nos ombros de entusiasmados metalúrgicos anônimos.

Construído nos anos 1950, o campo de futebol pertencia originalmente à Fiação e Tecelagem Elni. Com o fechamento dessa fábrica, as instalações foram incorporadas como Estádio Distrital de Vila Euclides pela Prefeitura de São Bernardo. Após reforma que incluiu a construção de arquibancadas e de sistema de iluminação, o estádio foi oficialmente inaugurado em agosto de 1968 com o nome de Arthur da Costa e Silva, em homenagem ao general ditador do período. O nome, no entanto, nunca "pegou" de fato e foi como Estádio de Vila Euclides que o lugar se tornaria mundialmente famoso com as paralisações dos metalúrgicos do final dos anos 1970. Após a greve de 1980, o então prefeito da cidade, Antônio Tito Costa, alterou o nome oficial do estádio para Primeiro de Maio.

As imagens sem precedentes das assembleias em Vila Euclides rodaram o mundo, divulgadas por uma imprensa que acabava de escapar da censura como parte de um processo de liberalização do regime. À medida que as notícias circulavam, mais e mais pessoas ficavam simpáticas ao movimento e fascinadas com o que consideravam um verdadeiro "espetáculo de democracia". Quanto mais ouviam, mais convencidos estavam de que os metalúrgicos do ABC, liderados por

Lula, sintetizavam seu desejo de participação política e o fim da tutela militar. "A República de São Bernardo", como a denominou o jornalista Ricardo Kotscho, era um território livre em um país governado por uma ditadura sufocante que já havia durado demais. No calor da hora, cineastas como Leon Hirszman, João Batista de Andrade e Renato Tapajós perceberam a novidade e o potencial histórico daquelas cenas impressionantes, que registaram em filmes antológicos. As greves dos metalúrgicos do ABC e suas históricas assembleias representaram um momento fundamental para a crescente oposição popular em sua luta por democracia e direitos sociais. E foi no Estádio de Vila Euclides que os trabalhadores começaram a mudar o Brasil "de cima abaixo".

Referências Bibliográficas:

BARGAS, Osvaldo Martines; RAINHO, Luis Flavio. *As lutas operárias e sindicais dos metalúrgicos em São Bernardo*: (1977-1979). São Bernardo do Campo: Associação Beneficente e Cultural dos Metalúrgicos de São Bernardo do Campo e Diadema, 1983.

FRENCH, John D. *Lula e a política da astúci*a: De metalúrgico a presidente do Brasil. Translated by Lia Machado Fortes. São Paulo: Editora Expressão Popular e Fundaçâo Perseu Abramo, 2022. Baixa gratuitamente aqui em pdf: https://fpabramo.org.br/publicacoes/estante/lula-e-a-politica-da-astucia-de-metalurgico-a-presidente-do-brasil/

MEDICI, Ademir. *O 1º de Maio. Um estádio. Patrimônio nacional.* Diário do Grande ABC. 21 dez. 2008. Disponível em: https://www.dgabc.com.br/Noticia/362208/o-1-demaio-um-estadio-patrimonio-nacional

PARANÁ, Denise. *Lula, o filho do Brasil.* São Paulo: Fundação Perseu Abramo. 2003.

Filme: ABC da greve. Direção de Leon Hirszman. 1979. Disponível em: https://www.youtube.com/watch?v=2hhFk0cml6Y

Lugares de Memória dos Trabalhadores #03: Fábrica de Tecidos Aliança, Rio de Janeiro (RJ)

Isabelle Pires

Fábrica Aliança em Laranjeiras, Rio de Janeiro, 1907.

Estranho é pensar que o bairro das Laranjeiras
satisfeito sorri quando chego ali.

Os versos de All Star, canção de Nando Reis, popularizada na voz de Cassia Eller, deu projeção nacional a Laranjeiras, bairro da zona sul do Rio de Janeiro. Conhecido, atualmente, por atrair intelectuais e boêmios, o bairro também é lembrado por seus elegantes edifícios antigos, como o Palácio Laranjeiras, residência do governador que abriga o Parque Guinle. Mas um imponente símbolo da localidade, entre o final do século XIX e as primeiras décadas do XX, deixou poucas marcas físicas.

A Fábrica de Tecidos Aliança, criada em 1880, interferiu na configuração do bairro e escancarou contradições sociais, como destacou o militante anarquista Albino Moreira em um artigo no jornal A Voz do Trabalhador em junho de 1913. Albino ressaltava que além de "popularizar" o bairro, a companhia têxtil também tornou vizinha dos burgueses as precárias condições de vida e trabalho da classe operária.

Entre o final do século XIX e o início do XX, a então capital federal era o maior centro manufatureiro do país, tendo como principal setor a indústria têxtil. Segundo o censo de 1920, por exemplo, as 73 tecelagens cariocas empregavam 20.054 trabalhadores, sendo 11.779 homens e 8.275 mulheres. Bairros como Jardim Botânico, Gávea, Vila Isabel e Bangu constituíram-se, naquele período, como importante núcleos fabris.

Localizada na Rua Aliança (atual General Glicério), a Fábrica Aliança foi a maior indústria de tecidos do país, no final do século XIX. Em uma elogiosa reportagem publicada no jornal O Paiz em 1913, o empreendimento era descrito como "uma cidade erguida dentro do Rio de Janeiro". A tecelagem contava com dois mil operários, entre homens, mulheres e crianças, que enfrentavam extenuantes jornadas de trabalho. Em seus poucos momentos de lazer, o jornal destacava que os/as operários/as saíam da fábrica e se dirigiam para "os cinemas, o theatro, as salas das sociedades recreativas, os salões de musica..." que a companhia oferecia.

Mas tal estrutura de entretenimento, que visava à disciplinarização dos/as trabalhadores/as, não atrofiava a mobilização operária, que tomava as ruas de Laranjeiras em momentos de luta, como greves, protestos, manifestações de solidariedade e em participações em meetings e comícios.

Em 7 de agosto de 1903, por exemplo, mais de 500 operárias vestidas de branco e mil operários com roupas de trabalho paralisaram suas atividades na fábrica e caminharam pelas ruas do bairro para acompanhar o cortejo fúnebre de Antonio José Ferreira, vítima de acidente de trabalho no estabelecimento.

Dias depois, em meio a uma greve que havia se dado, entre outros motivos, pela readmissão da operária Ludovica, que havia sido demitida após retornar do parto, alguns grevistas estavam apagando os combustores da iluminação pública na Rua das Laranjeiras para atrair atenção para o movimento paredista. Além desta rua, a própria Rua Aliança e a Rua Cardoso Júnior também foram espaços constantes de mobilização no bairro. É possível encontrar na imprensa diversas referências a reuniões contra a carestia de vida, meetings operários promovidos pela União dos Operários em Fábricas de Tecidos e comícios políticos.

Circula na memória local que o pai do compositor Cartola trabalhou na Fábrica Aliança e que a família residia nas encostas de Laranjeiras antes de se mudar para a Mangueira. Também está presente na lembrança a centenária tradição carnavalesca do bairro, pois desde as primeiras décadas do século XX já contava com dois ranchos carnavalescos criados pelos operários da fábrica, Os Arrepiados e a União da Aliança. Um dos destaques de Os Arrepiados era o mestre-sala Camarão, o tecelão João Pereira Subtil, que ganhara o apelido ainda garoto por ficar vermelho por conta do calor da tecelagem da Fábrica Aliança, onde trabalhava junto com seu pai.

Na década de 1930, a zona sul do Rio de Janeiro estava deixando de ser uma região fabril. Após enfrentar períodos de crise, a fábrica foi vendida, em 1935, para o empresário pernambucano Severino Pereira da Silva, que encerrou as atividades da empresa em 1937. Pereira da Silva aproveitou o maquinário da Aliança em outros empreendimentos de tecelagem menores. No lugar da fábrica iniciou um empreendimento imobiliário chamado Cidade-Jardim Laranjeiras, inaugurado nos anos 1940. Do antigo complexo fabril restam apenas algumas casas da antiga vila operária, na Rua Cardoso Júnior. O fechamento da tecelagem, além de ter acarretado uma considerável queda na economia do bairro na década de 1930, também gerou consequências para a vida de seus operários, pois muitos tiveram que sair a contragosto das Laranjeiras.

Décadas depois de sua demolição, as memórias da Fábrica Aliança ressaltam um espaço de labuta, de lazer e de lutas por melhores condições de vida e trabalho, que tomavam as ruas de Laranjeiras e marcaram a história do Rio de Janeiro.

Referências Bibliográficas:

GERSON, Brasil. *Histórias das Ruas do Rio.* Rio de Janeiro: Lacerda Editora. 5ª Edição, 2000.

GOLDMACHER, Marcela. *A "Greve Geral" de 1903: O Rio de Janeiro nas décadas de 1890 e 1910.* Tese de doutorado. Programa de Pós-Graduação em História, Universidade Federal Fluminense, 2009.

GOMES, Ângela Maria de Castro; FERREIRA, Marieta de Moraes. *Industrialização e classe trabalhadora no Rio de Janeiro: novas perspectivas de análise.* Rio de Janeiro: Centro de Pesquisa e Documentação de História Contemporânea do Brasil, 1988.

LOBO, Eulalia; CARVALHO, Lia A.; STANLEY, Myrian. *Questão habitacional e o movimento operário.* Rio de Janeiro: UFRJ, 1989.

PIRES, Isabelle Cristina da Silva. *Entre teares e lutas:relações de gênero e questões etárias nas principais fábricas de tecidos do Distrito Federal (1891-1932).* Dissertação de mestrado. Centro de Pesquisa e Documentação de História Contemporânea do Brasil – CPDOC/FGV, Rio de Janeiro, 2018.

Lugares de Memória dos Trabalhadores #04: Bürgerklub, Porto Alegre (RS)

Frederico Duarte Bartz

Fachada do antigo Bürgerklub em 2019.

O Bürgerklub (Clube dos Cidadãos) era uma sociedade beneficente e recreativa voltada para a comunidade de língua alemã de Porto Alegre. A associação havia sido fundada nos anos 1880, mas sua sede definitiva, na Rua Comendador Azevedo, n.26 (atualmente n.444) no Arrabalde da Floresta, só foi construída na década de 1910. Apesar de ser uma sociedade de caráter étnico, o local acabou se transformando em um espaço importante de reuniões para o movimento operário, especialmente para grupos de trabalhadores de origem germânica. A presença de teutos (sejam eles alemães, austríacos, suíços ou de outras nacionalidades) e seus descendentes já era significativa em Porto Alegre desde o século XIX, quando representavam entre 7% e 15% da população da capital, mas é muito provável que ela tenha aumentado bastante durante a Primeira República, especialmente pela chegada de um grande número de pessoas vindas da Europa e das colônias do interior do Rio Grande do Sul, que vinham trabalhar nas fábricas que se multiplicavam pela cidade, operários e operárias dessa origem étnica.

O Bürgerklub foi fundado no dia de Pentecostes do ano de 1883, tendo como objetivos principais o amparo aos associados no caso de doença ou morte e a realização de uma festividade anual. Seu nome pode estar vinculado às "Associações de Cidadãos" surgidas na Alemanha durante a Revolução de 1848, mas aqui no Brasil sua atuação não teve caráter político. Suas primeiras sedes estavam localizadas na região central da cidade, no bairro Cidade Baixa e no Bonfim, até que em abril de 1911 foi inaugurada uma sede própria no coração do Arrabalde da Floresta, que era a região da cidade para onde se expandia a industrialização e as moradias da classe trabalhadora, se constituindo no primeiro bairro fabril de Porto Alegre. Além de operários industriais, a região também se caracterizava pela grande presença de imigrantes alemães e descendentes.

Como as organizações de classe muitas vezes não possuíam sedes próprias, era comum a utilização de salões de tavernas, hotéis e sociedades beneficentes para seus encontros. Neste caso, a partir de 1912 o Bürgerklub passou a sediar as reuniões da Allgemeiner Arbeiter Verein (Associação Geral dos Trabalhadores), principal entidade socialdemocrata de Porto Alegre, fundada em 1892, que teve uma forte atuação como uma das principais organizações de classe na virada do século XIX para o XX, com a liderança de militantes como Wilhelm Koch e Joseph Zeller-Rethaler.

Ao longo da década de 1910, com o crescimento da hegemonia dos anarquistas no movimento operário da capital, a Allgemeiner foi perdendo o caráter de resistência, até a chegada de Friedrich Kniestedt em 1917. Mesmo sendo anarquista, Kniestedt entrou na associação reformista e começou a modificá-la, imprimido novamente um caráter de resistência à Allgemeiner e tornando o prédio do Bürgerklub um espaço de mobilização para além da comunidade de língua alemã.

Em 1918, neste local foi instalada a União Geral dos Trabalhadores, associação criada para se contrapor à influência de figuras ligadas ao Partido Republicano Riograndense sobre o operariado e retomar a liderança anarquista na Federação Operária do Rio Grande do Sul. Durante o ano de 1919, o local permaneceu como centro de reuniões e debates para os operários mobilizados nas agitações sindicais. Mas a região onde estava inserido o Bürgerklub também era um espaço de conflitos e contradições dentro da própria classe trabalhadora: em 1918, ainda durante a Grande Guerra, a Sociedade Polonesa Tadeusz Kosciuszko, que ficava ao lado do Bürgerklub, organizou uma homenagem aos poloneses do Rio Grande do Sul que partiriam para lutar na Europa, enquanto a Allgemeiner organizava uma conferência de protesto contra o militarismo e a guerra.

No início dos anos 1920, Friedrich Kniestedt rompeu relações com a Allgemeiner, fundando a Sozialistischer Deutscher Arbeiter Verein (Associação dos Trabalhadores Alemães Socialistas), enquanto o Bürgerklub se tornava novamente um espaço para beneficência e convívio social, com a prática esportiva do bolão e a realização de festividades. Ao longo dos anos 1930, são recorrentes os bailes de carnaval e as apresentações de jazz bands em sua sede social. Na década de 1940, durante a Segunda Guerra, o Bürgerklub teve de mudar seu nome para Sociedade Florida (antiga designação da Praça Bartolomeu de Gusmão, próxima da sede do clube).

Após a Segunda Guerra Mundial, a Sociedade Florida ainda representava um espaço importante de sociabilidade no bairro Floresta. Nos anos 1950, nas dependências do clube e na Praça Bartolomeu de Gusmão, eram praticados o bolão, a ginástica masculina e feminina, a esgrima, o futebol de salão e também existia um departamento de danças folclóricas. É provável que a entidade ainda mantivesse alguma ligação política com grupos de trabalhadores, pois seu Presidente era o Vereador Jorge Achutti, um dos líderes do Partido Trabalhista Brasileiro em Porto Alegre.

Nos dias de hoje, a associação encontra-se totalmente desmobilizada e seu prédio é utilizado apenas para encontros de lojas maçônicas, mas sua memória permanece entre os moradores do bairro, assim como no seu frontão permanece a imagem das duas mãos enlaçadas, símbolo da ajuda mútua. Apesar dos anos passados e do processo de esquecimento, é necessário recordar este local como um espaço de luta, como uma referência para a classe trabalhadora da região. Isso também diz respeito a memória dos alemães em Porto Alegre, que foi construída pela burguesia, deixando de fora os aspectos de resistência, os conflitos e a importância dos teutos para a formação do movimento operário. Desta forma, recordar o Bürgerklub como um espaço apropriado pelos trabalhadores é também ajudar a construir uma memória alternativa para a cidade de Porto Alegre.

Referências Bibliográficas:

AMSTADT, Theodor (Org.) *Cem Anos de Germanidade no Rio Grande do Sul.* São Leopoldo: Editora Unisinos, 2005 (original de 1924).

BARTZ, Frederico Duarte. A Allgemeiner Arbeiter-Verein e os espaços de mobilização dos socialdemocratas alemães em Porto Alegre (1892-1928). In. NEUMANN, R. M.; SCHNEIDERS, C.; SAND, J. V.; FRITZEN, V. T. e SCHMITZ, K. *Migrações, territorialidades e ambiente.* São Leopoldo: Oikos, 2021.

DELWING, Lucas Becker. *"Começou combatendo o Kayser e acabou combatendo Hitler": a trajetória de Friedrich Kniestedt e os trabalhadores falantes de alemão em Porto Alegre (1917-1947).* Porto Alegre: PPG em História da UFRGS, 2022. (Dissertação de Mestrado).

GANZ, Magda Roswita. *Presença teuta em Porto Alegre no século XIX (1850-1889).* Porto Alegre: Editora da UFRGS, 2004.

GERTZ, René E. *Operários alemães no Rio Grande do Sul (1920-1937) ou Friedrich Kniestedt também foi um imigrante alemão.* Revista Brasileira de História, São Paulo: ANPUH, vol. 6, n. 11, 1885/1986.

KNIESTEDT, Friedrich. *Memórias de um imigrante anarquista.* Tradução, Introdução, Epílogo e Notas de Rodapé: René E. GERTZ. Porto Alegre: Escola Superior de Teologia e Espiritualidade Franciscana. 1989.

MOVIMENTO TRABALHISTA RENOVADOR: DIRETÓRIO DISTRITAL DA FLORESTA (carta de apresentação de José Ziegler como candidato à vereador pelo MTR nas eleições municipais de 1963). Acervo Benno Mentz. Delfos: Espaço de Documentação e Memória Cultural da PUCRS.

PETERSEN, Sílvia Regina Ferraz. *"Que a união operária seja nossa pátria": história das lutas dos operários gaúchos para construir suas organizações.* Porto Alegre: Editora da UFRGS, 2001.

Lugares de Memória dos Trabalhadores #05: Doca da Fortaleza, Macapá (AP)

Sidney Lobato

Doca da Fortaleza em 1965.

Inaugurada como vila em 1758, Macapá foi edificada entre dois cursos d'água: o Igarapé das Mulheres e o Igarapé da Fortaleza. Este último recebeu tal nome porque na sua entrada foi construída (1764-1782) a maior fortificação portuguesa das Américas, a Fortaleza de São José, cuja função era guardar para Portugal a foz do rio Amazonas. No Relatório do Conselheiro J. M. de Oliveira Figueiredo, escrito em 1854, lê-se que na margem leste deste igarapé "se permitiu a edificação das casas que formam o renque [ou fileira] que no desenho se vê, com a condição porém de serem demolidas no primeiro aviso, visto ser aquele lugar pertencente à esplanada da praça." Nesse aglomerado de palafitas moravam famílias de baixa renda que aí conviviam com um intenso comércio.

Ao longo de dois séculos, as embarcações (ubás, gaiolas, lanchas, etc.) que vinham a Macapá pararam na Doca da Fortaleza, que se tornou um grande mercado a céu aberto. O movimento de barcos era frequente. Eles levavam e traziam pessoas, mercadorias, notícias, entre outros. Em 1955, por exemplo, 4.704 barcos aportaram neste lugar, conforme dados oficiais. Isto representava uma média de 78 embarcações por semana.

Muitos destes barcos pertenciam a regatões que mercadejavam entre Macapá, Belém, ilhas da foz do Amazonas e interiores do Pará e do Amapá. Estes mascates fluviais desempenhavam um papel fundamental no abastecimento da cidade de Macapá, que em 1944 se tornou a capital do recém-criado Território Federal do Amapá (1943). Somente as embarcações com carga inferior a 10 mil quilos conseguiam atracar nesta Doca, pois seu canal navegável era raso. E, ainda que respeitasse tal limite, o marítimo deveria esperar a maré alta, pois, caso contrário, poderia ficar encalhado. Deste modo, o "pinga-pinga" do comércio de regateio era responsável por boa parte dos víveres consumidos pelos moradores de Macapá.

O dinâmico comércio da Doca oferecia várias oportunidades de trabalho. Um diversificado espectro de trabalhadores informais se movimentava entre embarcações, palafitas, xerimbabos (animais de criação) e transeuntes (funcionários públicos, operários do governo e da mineradora Icomi, comerciantes, entre outros).

O movimento começava muito cedo. No início dos anos 1950, por exemplo, Amiraldo Bezerra, um dos sacoleiros que trabalhavam na Doca, levantava ainda sonolento, ia tomar banho e fazer o desjejum para, em seguida, lançar-se "na busca ansiosa pela sobrevivência".

A Doca, além de um espaço de comércio e moradia, era um importante centro de divertimentos populares. Nela, a boemia concentrava-se e ganhava força, pois, chegada a escuridão, suas vielas e pequenas pontes eram tomadas pelos notívagos, que aí buscavam seus bares para rápidos aperitivos ou demoradas farras. Botequins e lupanares atraíam homens de toda a cidade, e também de fora dela. Na década de 1950, quando surgiam os primeiros sindicatos amapaenses, os momentos de lazer vividos neste lugar ajudavam a reforçar a camaradagem entre os trabalhadores.

Percebida pela classe dirigente local como espaço gerador de crimes e fonte de degradação humana, a Doca era objeto de frequente policiamento. Igualmente era vista como algo feio que, lamentavelmente, ficava na frente de Macapá. Seu apagamento da cartografia urbana deu-se em nome do ideal de uma cidade socialmente higienizada. Após o golpe militar de 1964, o governo territorial investiu no desaparecimento deste lugar. Depois do grande incêndio da noite do dia 28 de novembro de 1967 – que destruiu muitas das palafitas aí existentes e que, para alguns moradores, teria sido causado por agentes do governo territorial –, os desabrigados foram transferidos para outros bairros. O Igarapé da Fortaleza foi então transformado num canal com leito concretado e com margens aterradas. Mas, a Doca sobrevive ainda hoje na memória e na história dos trabalhadores macapaenses.

Referências Bibliográficas:

BEZERRA, Amiraldo. *A margem esquerda do Amazonas.* Fortaleza: Premius, 2008.

COSTA, Paulo Marcelo Cambraia da. *Na ilharga da Fortaleza, logo ali na beira, lá tem o regatão: os significados dos regatões na vida do Amapá - 1945 a 1970.* Belém: Açaí, 2008.

LOBATO, Sidney. A cidade dos trabalhadores: insegurança estrutural e táticas de sobrevivência em Macapá (1944-1964). Belém: Paka-Tatu, 2019.

PAZ, Adalberto. *Os mineiros da floresta: modernização, sociabilidade e a formação do caboclo-operário no início da mineração industrial amazônica.* Belém: Paka-Tatu, 2014.

Lugares de Memória dos Trabalhadores #06: "Federação", Belo Horizonte (MG)

Raphael Rajão Ribeiro

Disputa de pênaltis em partida de várzea no campo do clube Inconfidência em Belo Horizonte, anos 1970.

O golpe de 1964 e a instauração da ditadura militar no Brasil impactaram de inúmeras maneiras a vida das pessoas. Aspectos como o cerceamento dos direitos políticos e a perseguição a lideranças democráticas, estudantis e sindicais são alguns dos efeitos mais notórios da atuação do regime. Contudo, suas implicações se estenderam para diversas esferas do cotidiano e, com o lazer dos trabalhadores, não foi diferente. A "Federação", como é chamado um ponto de encontro que se forma até hoje, na esquina da Avenida Santos Dumont com a Rua Rio de Janeiro no centro de Belo Horizonte guarda a memória da criação de alternativas frente aos constrangimentos que os autoritarismos impõem a livre organização dos divertimentos dos grupos populares.

Assim como em outros lugares do Brasil, o futebol, chegou à capital mineira no início do século XX com ares aristocráticos, mas logo caiu no gosto popular. Já na década de 1910, havia clubes formados em vários bairros operários e uma clara distinção entre as agremiações tradicionais e os chamados "times menores" estava colocada. A profissionalização do futebol, a partir de 1933, veio reforçar essa divisão, com a separação entre equipes tradicionais, que migraram para o novo regime, e clubes populares, que se mantiveram no amadorismo, compondo o que se chamou do circuito da várzea, que agregava centenas de times, mais ou menos formalizados, organizados entre trabalhadores reunidos por categoria profissional ou estabelecimentos onde atuavam, moradores de bairros, membros da mesma família ou grupos de amigos.

Com a regulamentação das políticas esportivas, promovida pelo Estado Novo, criou-se, em 1942, seção específica na Federação Mineira de Futebol para tratar desses clubes, o Departamento de Futebol Amador ou DFA. Por anos, o DFA manteve sua sede num tradicional ponto de intensa circulação da população trabalhadora da cidade, a Avenida Santos Dumont, antes chamada Avenida do Comércio.

As dependências do DFA eram um espaço não apenas de organização das competições que envolviam os clubes varzeanos a ele filiados, mas de uma enormidade de agremiações não federadas que se dirigiam para lá em busca da combinação de amistosos e excursões a outras cidades. A articulação dessas partidas fazia parte do esforço de dirigentes e jogadores de preencher os fins de semana livres do calendário oficial de jogos, de modo a ter lazer garantido, de maneira ininterrupta, todo o ano.

Tais disputas autorreguladas permitiam a articulação entre clubes do meio oficial, equipes classistas e times não institucionalizados que compunham o circuito varzeano local, que representava a principal alternativa de lazer dos trabalhadores nos bairros periféricos.

A realização das partidas fora do calendário oficial nunca foi bem vista pelo DFA, que se incomodava com os pedidos de dispensa dos clubes para jogos em festivais ou em cidades do interior. Com as mudanças na política esportiva após o golpe de 1964, a atuação do órgão dirigente tornou-se cada vez mais burocrática e autoritária. Exigências de alvará, aplicação de multas, expulsão de agremiações, proibição de inscrição de jogadores que não comprovassem vínculo empregatício ou estudantil foram alguns dos constrangimentos impostos às associações filiadas.

Nesse contexto de tensão entre o DFA e o circuito da várzea, a mudança, no ano de 1967, da entidade dirigente para a Avenida João Pinheiro, na parte mais nobre do centro da cidade, foi ocasião para que os clubes se afastassem e passassem a organizar de forma mais autônoma suas atividades. A partir de então, constituiu-se, em frente à antiga sede do DFA, um ponto de encontro que se formava todas as segundas-feiras, no fim da tarde, após o expediente dos trabalhadores. Para lá se dirigiam membros de agremiações filiadas e não filiadas, assim como juízes não pertencentes aos quadros da Federação Mineira de Futebol.

Nesse momento, um verdadeiro pregão se formava com equipes possuidoras de campos anunciando receberem jogos em casa, ao mesmo tempo em que outras se voluntariavam a atuarem como visitantes. Árbitros ficavam à espreita dos acertos para se prontificarem a assumir a direção das disputas por um preço negociado. Clubes do interior enviavam representantes, que apresentariam as propostas para excursões. A atividade da "Federação" estendia-se até o fim da noite. Aqueles que logo acertavam suas partidas aproveitavam a ocasião para permanecerem pelos vários bares da região, que de zona de comércio diurna, convertia-se em área boêmia pela noite.

Os clubes varzeanos seguiram filiados ao DFA e participam ainda hoje de suas competições, contudo, o complemento de seu calendário de jogos desde então se faz no espaço da "Federação". Ainda que as novas tecnologias permitam outras formas de agendar as partidas, os mais tradicionais ou os novatos no circuito ainda podem ser encontrados na "Federação". Um espaço que guarda a memória da afirmação da autonomia daquela que segue sendo uma das alternativas de lazer mais recorrentes entre a população trabalhadora e periférica de Belo Horizonte.

Referências Bibliográficas:

ARREGUY, Cintia Aparecida Chagas e RIBEIRO, Raphael Rajão (coord.). *Histórias de bairros de Belo Horizonte – Regional Centro-Sul.* Belo Horizonte: APCBH/ACAP-BH, 2008.

BELO Horizonte & O Comércio: *100 anos de História.* Belo Horizonte: Fundação João Pinheiro, 1997.

RIBEIRO, Raphael Rajão. *A bola, as ruas alinhadas e a uma poeira infernal: os primeiros anos do futebol em Belo Horizonte (1904-1921).* Rio de Janeiro: Drible de Letra/Multifoco, 2018.

SILVA, Pedro Vasconcelos Costa e; MARCELINO, Fábio Cesar. *A midiatização dos encontros varzeanos: Uma netnografia dos grupos de WhatsApp destinados a marcação de jogos amistosos em Belo Horizonte.* Anais do X Encontro dos Programas de Pós-Graduação em Comunicação Social de Minas Gerais, CEFET-MG, Belo Horizonte, 2017.

MAYOR, Sarah Teixeira Soutto. *O futebol na cidade de Belo Horizonte: amadorismo e profissionalismo nas décadas de 1930 e 1940. 358 f. Tese (Doutorado).* Escola de Educação Física, Fisioterapia e Terapia Ocupacional, UFMG, 2017.

Lugares de Memória dos Trabalhadores #07: Cobrasma, Osasco (SP)

Marta Rovai

Prisão dos operários que ocupavam a Cobrasma durante a greve dos metalúrgicos de Osasco, 17 de julho de 1968.

Fiz uma poesia do que senti nesses vinte e três anos de Cobrasma.
Todos os dias, às seis horas da manhã, o que sentia ao ouvir o seu apito.
Da minha cama eu ouvia!

As palavras do operário-poeta Inácio Gurgel, ao lembrar da sirene da fábrica em que se empregou por longo tempo, procura traduzir a importância daquele lugar na memória dos trabalhadores da cidade de Osasco, durante os anos 1960. O apito, tocado três vezes ao dia, marcava o início, as trocas de turno e o encerramento das atividades de fundição e montagem de vagões de trem. Mais do que organizar o tempo e disciplinar o espaço fabril, a sirene também se tornou um símbolo da chamada "cidade trabalho" para a qual migraram italianos, armênios e também nordestinos e interioranos paulistas.

A Companhia Brasileira de Material Ferroviário, a Cobrasma, fundada no ano de 1944 por Gastão Vidigal, membro da elite industrial e financeira paulista, tornou-se referência de modernidade, atraindo trabalhadores de diferentes lugares. Em pouco tempo, a Vila Operária construída no terreno da Cia. Territorial de Osasco, em 1948, ficou pequena para abrigá-los. A expansão da fábrica foi rápida e, em 1956, a Cobrasma foi ampliada com a criação da Cobrasma Rockwell Eixos S.A. (popularmente conhecida como Braseixos), que produzia eixos de carros e caminhões, no projeto de desenvolvimento automobilístico do governo de Juscelino Kubitschek. Nesse momento, o número de trabalhadores já chegava a cerca de 2 mil.

Foi ali, nesta fábrica, que eles compreenderam as relações de desigualdade e organizaram lutas trabalhistas, forjando a si mesmos politicamente. A memória do apito fabril, tão presente em seus relatos, evidencia não apenas o tempo do labor na fábrica que se agigantava, mas principalmente as ações de resistência que realizaram. Em 1962, após o acidente e a morte de um operário em uma das caldeiras da Cobrasma, os trabalhadores tocaram a sirene e paralisaram os trabalhos, em protesto contra a falta de segurança. Esse dia tornou-se evento fundador na trajetória coletiva desses homens (o número de mulheres ainda era muito pequeno), quando então eles subverteram o sentido do toque fabril. Neste mesmo dia decidiram criar a primeira comissão de fábrica, que ficou conhecida como a Comissão dos Dez, a fim de exigirem negociações com seus patrões por seus direitos. Dela participavam dois grupos: os estudantes-operários – como José Ibrahim, Antônio Roberto Espinosa, Roque Aparecido e José Campos Barreto – jovens que estudavam à noite no Colégio Antônio Raposo Tavares (o Ceneart) e que, após o golpe de 1964, ingressariam na Vanguarda Popular Revolucionária (VPR), organização de luta armada contra o regime ditatorial; e os membros das Comunidades Eclesiais de Base da Igreja Católica – como Inácio Gurgel, José Groff, João Cândido e João Joaquim – católicos que deram origem à Frente Nacional do Trabalho (FNT).

Ali, no chão da fábrica, apesar de suas diferenças, esses grupos se encontraram e se uniram, organizando os trabalhadores para lutar contra o arrocho salarial e combater a ditadura. Juntos, com suas referências políticas e religiosas, fizeram nascer na Cobrasma o grupo de teatro, o Sindicato dos

Metalúrgicos (para a direção do qual concorreram e ganharam, em 1967, com a Chapa Verde) e as lutas que atingiram seu auge com a famosa greve que paralisou a cidade no ano de 1968. Foi quando tocaram o apito mais uma vez, sinalizando a ocupação da fábrica e resistindo à repressão que se seguiu, com a invasão da cidade pelas tropas da Força Nacional.

Se, de um lado, a greve de 1968 tornaria Osasco uma referência nacional e internacional de resistência operária, por outro seu impacto afetaria famílias inteiras, uma vez que muitos trabalhadores foram presos e entraram para "listas negras" nas empresas, enquanto outros ingressaram na guerrilha e na clandestinidade. Seus familiares passaram a ser vigiados e suas casas invadidas, estendendo a mobilização política ao cotidiano fora da Cobrasma. Mulheres, em especial, criaram redes de proteção aos seus entes queridos, nas vizinhanças e nas prisões. A imprensa, por sua vez, associou a cidade de Osasco ao crime, imaginário que permaneceu por anos nos noticiários, deslegitimando a luta operária. Ainda assim, na onda grevista que varreu o cinturão industrial de São Paulo no final dos anos 1970, os trabalhadores da Cobrasma paralisariam suas atividades mais uma vez, tendo papel importante na luta por democracia e direitos sociais daquele período.

No contexto da crise econômica que afetou a indústria nacional no início dos anos 1990, a Cobrasma encerrou suas atividades em 1994. Além de ruínas, uma fábrica de menor porte e um empreendimento imobiliário ocupam o espaço da outrora poderosa indústria que foi simultaneamente um símbolo do desenvolvimento econômico e da luta dos operários de Osasco. No entanto, as memórias da fábrica como lugar de trabalho e de solidariedade permanecem nos eventos organizados pelo Sindicato dos Metalúrgicos e nas narrativas orgulhosas de trabalhadores e moradores da cidade contra todo tipo de esquecimento.

Referências Bibliográficas:

COUTO, Ari Marcelo M. *Greve na Cobrasma: uma História de luta e resistência.* São Paulo: Annablume, 2003.

MIRANDA, Orlando. *Obscuros Heróis de Capricórnio,* São Paulo: Global, 1987.

MOTTA, Antônio C.C.R. *Cobrasma: trajetória de uma empresa brasileira.* Tese de doutorado. Universidade de São Paulo, 2006.

ROVAI, Marta G.O. *Osasco 1968: a greve no masculino e no feminino.* São Paulo: Letra e Voz, 2014.

Filme: *1968: Memórias de uma História de Luta.* Sindicato dos Metalúrgicos de Osasco, 2009 – disponível em https://www.youtube.com/watch?v=B-nqv9NYq0s

Lugares de Memória dos Trabalhadores #08: Palácio do Trabalhador, Maceió (AL)

Anderson Vieira Moura

Palácio do Trabalhador, julho de 2019.

Um dos principais logradouros do Centro de Maceió, a Avenida Moreira Lima é ponto de referência na cidade. Boa parte dos moradores sabe indicar sua localização precisa, no território das ruas mais movimentadas da região, que cortam a avenida ou estão nos seus arredores. Esta característica é algo que não vem de hoje, sendo possível encontrar menções à sua importância em jornais que circulavam no início do século passado. Adentrando a Moreira Lima, vamos em busca da junção de três grandes bairros históricos de moradia da classe trabalhadora: Prado, Levada e Ponta Grossa. Em seu final, a avenida faz uma curva em direção à área onde a rua Formosa se transforma em rua do Livramento – outro ponto afamado do Centro. É ali que encontramos o Palácio do Trabalhador.

Hoje o prédio abriga apenas seis sindicatos e o único busto do ex-presidente Getúlio Vargas em Maceió. A escultura fixada bem à frente e voltada para a rua é um importante símbolo da política trabalhista de Vargas, concebida durante a ditadura do Estado Novo (1937-1945). Curiosamente, o Palácio é uma obra posterior, inaugurada em 1950, no apagar das luzes do governo Silvestre Péricles, irmão do general Góis Monteiro, influente militar que ajudou a colocar e a tirar Vargas do poder. Antes de Péricles, seu irmão, Ismar Góis Monteiro, atuou como interventor em Alagoas, entre 1941 e 1945.

Ismar foi escolhido por Vargas e Silvestre Péricles pelo povo, nas eleições de 1947. Seja em uma ditadura, seja na precária democracia, um mesmo sujeito atuou em Alagoas com a missão de auxiliar os dois governantes a implementar a legislação trabalhista no estado: o delegado do Trabalho Muniz Falcão – que, posteriormente, elegeu-se deputado federal por dois mandatos consecutivos até tornar-se governador entre 1955 e 1961. Silvestre Péricles e Muniz Falcão conceberam e, em 1950, inauguraram o Palácio do Trabalhador. Há poucas informações disponíveis acerca de sua construção, concluída em setembro daquele ano.

O intuito da obra era claro: reunir, em um mesmo local, todos os sindicatos de Maceió, com amplo espaço para reuniões e assembleias unificadas, incluindo ambientes para atividades de cunho assistencial (serviços médicos e odontológicos e assessoria jurídica), bem no centro da capital e próximo ao local de moradia dos associados. A administração e direção do Palácio ficou a cargo da Federação dos Trabalhadores nas Indústrias de Alagoas, órgão ligado à Confederação Nacional dos Trabalhadores na Indústria.

No ápice do movimento operário, antes do golpe militar-civil de 1964, o Palácio serviu para diversas assembleias sindicais, local de reuniões de pautas unificadoras, comícios, diversos cursos, ponto de encontro e de referência, com comitês de candidatos situados em suas imediações.

Em sua passagem pela cidade, em 1953, o então ministro do Trabalho João Goulart visitou o prédio (passou apenas um dia em Maceió); em 1957, três anos após o suicídio de Vargas, os trabalhadores se reuniram no Palácio, hastearam a bandeira e leram a carta-testamento; as comemorações do 1º de Maio incluíam em sua programação o Palácio como local de encontro e início das festividades.

Além disso, o Palácio servia como ponto de apoio para aqueles sindicatos menores, que não possuíam condições financeiras de manter uma sede própria. Em resumo, a política dos trabalhadores e para os trabalhadores acontecia naquele prédio. Após o golpe militar de 1964, ao longo dos anos 1970 e 1980, o edifício abrigou um número significativo de sindicatos e serviu, principalmente, para atendimentos médicos. No final de 1998, foi tombado pelo Governo do Estado.

Hoje, o Palácio do Trabalhador vive dias de completo esquecimento. Cercado pelo comércio ambulante – ironicamente, trabalhadores que nunca foram amparados pelo local e pela política que o inspirou –, sua estrutura carece de reparos e sua história de um estudo mais aprofundado. Uma boa amostra de como a memória do trabalho ainda é carente em Alagoas.

Referências Bibliográficas:

Palácio hoje: *"Getúlio Vargas e seu palácio esquecido em Maceió"*. Gazeta de Alagoas. Maceió, 8 de jul. 2017. http://gazetaweb.globo.com/gazetadealagoas/noticia.php?c=308918. Inauguração: "PALÁCIO DO TRABALHADOR". Gazeta de Alagoas. Maceió, 15 set. 1950, p. 1

MOURA, Anderson Vieira. *Trabalhadores, populismo e comunistas: os operários têxteis de Maceió/AL durante o governo Muniz Falcão (1956-1961)*. 2017. 366 f. Tese (Doutorado em História) – Programa de Pós-Graduação em História Social, Universidade Estadual de Campinas, Campinas, 2017.

"Fundação oferece serviços médicos gratuitos em Maceió". TV Gazeta, AL TV, Maceió, 1 de out. 2013. https://globoplay.globo.com/v/2859931/

Lugares de Memória dos Trabalhadores #09: Praça Dom Pedro II, Petrópolis (RJ)

Eduardo de Oliveira

Uma manifestação tomou conta de Petrópolis no último dia de 1934: a multidão se concentrou na praça Dom Pedro para protestar contra o governo do Estado do Rio de Janeiro.

Situada no centro histórico de Petrópolis, a praça Dom Pedro II é um de vários logradouros que representam os fortes vínculos entre a cidade e a monarquia. A praça fica junto à Rua do Imperador, à Rua da Imperatriz e bem próxima ao Museu Imperial. Inicialmente batizada como "Praça do Imperador", ainda na época do planejamento da cidade (1845), foi também denominada "Praça Pedro de Alcântara" por alguns poucos anos, após o advento da República. Em 1911, o barão do Rio Branco, em meio a uma grande solenidade festiva, inaugurou no local uma estátua do monarca, a primeira de Pedro II em praça pública. No entanto, as constantes alusões à monarquia expressadas na nomenclatura de ruas e praças de Petrópolis não refletem outros papéis exercidos por estes locais. A praça Dom Pedro II foi palco de importantes manifestações proletárias, em particular de trabalhadores têxteis, sem qualquer relação com as tradições imperiais.

Nos anos 1870, iniciou-se um processo de industrialização em Petrópolis, que se tornou um dos maiores pólos fabris do Estado nos primeiros anos do século XX. Os têxteis viriam a constituir o maior contingente de empregados nas fábricas locais, atingindo perto de 5 mil operários nos anos 1930. Graças à sua mobilização, nas primeiras décadas do século XX a praça foi o centro de significativas manifestações.

O primeiro registro de concentração proletária na praça Dom Pedro II ocorreu durante a greve geral de 1917: na noite do dia 6 de agosto, uma multidão de grevistas, sendo a maioria de operários têxteis, reuniu-se pacificamente no local após passeata e foi dispersada pela cavalaria da força policial. No mês seguinte, a seção local da União dos Operários das Fábricas Têxteis (UOFT), criada por iniciativa de anarquistas, organizou um grande comício na praça Dom Pedro II

O operário Pedro Medina, preso em 1918 devido à insurreição anarquista, foi libertado no ano seguinte, assumiu a presidência da UOFT e liderou outra greve geral nas indústrias têxteis ainda naquele ano. "Mais de cinco mil operários enchiam completamente a praça Dom Pedro", informou um jornal da época. A UOFT promoveria outras mobilizações no local na década de 1920, como, por exemplo, o protesto contra as execuções de Nicola Sacco e Bartolomeu Vanzetti – operários anarquistas italianos condenados à morte nos EUA em 1927.

Outras duas manifestações, iniciadas na praça Dom Pedro II, também iriam marcar a cidade nos anos 1930. A primeira, em 1934, reuniu milhares de cidadãos que reivindicavam a manutenção no cargo do então prefeito Yêdo Fiúza. A decisão do interventor estadual Ary Parreiras de substituí-lo provocou a mobilização de distintas categorias e setores sociais. Embora não tenha sido um movimento exclusivamente operário, atingiu grande participação popular graças aos têxteis. Em 31 de dezembro, os manifestantes concentraram-se na praça e saíram em passeata, carregando um caixão para o "enterro simbólico" de Parreiras. Horas depois a multidão se dispersou. Mas alguns manifestantes envolveram-se num enfrentamento contra adversários de Fiúza, provocando um tiroteio na rua do Imperador. O resultado: dois operários mortos.

Seis meses depois, já no contexto do antagonismo entre Ação Integralista Brasileira (AIB) e Aliança Nacional Libertadora (ANL), houve novas manifestações e conflitos. Já então congregados em um sindicato, os têxteis foram o esteio para a criação do núcleo local da Aliança na sede do próprio sindicato, a 200 metros da praça Dom Pedro II. Tendo organizado comícios com expressiva participação operária, a ANL promoveu, dia 9 de junho de 1935, outra manifestação na praça, reunindo 2.500 pessoas. De lá, a multidão saiu em passeata pela rua do Imperador. Em frente à sede integralista ocorreu um tiroteio, no qual morreu o tecelão Leonardo Candú, da ANL.

Outras manifestações iriam acontecer na praça Dom Pedro nas décadas seguintes, e até no século XXI, seja por sua localização central, seja pela "tradição" iniciada nos anos 1910 pelos têxteis. Com o esvaziamento do parque industrial local, a partir dos anos 1960, eles deixaram de protagonizar grandes protestos no local que, ainda assim, manteve-se como "palco" para manifestações públicas de diversos segmentos. Mesmo refletindo a tradição monárquica de uma cidade criada pelo próprio imperador, a praça Dom Pedro também simboliza, ainda hoje, apesar das omissões na memória oficial, trabalhadores que se reuniam em multidões para protestar ou reivindicar, vivendo (e morrendo) por uma causa.

Referências Bibliográficas:

MACHADO, Paulo Henrique. *Pão, terra e liberdade na Cidade Imperial: a luta antifascista em Petrópolis no ano de 1935.* Petrópolis: ed. do autor, 2008.

OLIVEIRA, Eduardo. *Cidade "verde" ou cidade "vermelha": AIB e ANL em Petrópolis.* Tese apresentada ao PPGHPBC do CPDOC da Fundação Getulio Vargas. Rio, 2018. In: https://bibliotecadigital.fgv.br/dspace/handle/10438/24530

PINHEIRO, Paulo Sérgio. *"O Proletário Industrial Na Primeira República".* In: Boris Fausto (ORG.). III. O Brasil Republicano. Rio de Janeiro: Bertrand Brasil, 1994.

SILVEIRA FILHO, Oazinguito Ferreira. *Petrópolis a outra, um invisível universo operário.* Revista do Instituto Histórico de Petrópolis. In: http://ihp.org.br/?p=1038

SOUZA, Amélia Maria. *Considerações sobre a Historiografia Petropolitana*, Petrópolis, Universidade Católica de Petrópolis, 1975.

Lugares de Memória dos Trabalhadores #10: Engenho Galileia, Vitória de Santo Antão (PE)

Antonio Torres Montenegro

Manifestação das Ligas Camponesas, Recife, 1963.

Um grupo de trabalhadores constituído por 140 famílias que moravam no Engenho Galileia, no município de Vitória de Santo Antão, a 50 km do Recife, criou a Sociedade Agrícola e Pecuária dos Plantadores de Pernambuco (SAPPP) no final de 1954. Procuravam assim resolver coletivamente os problemas do aluguel da terra (foro), do analfabetismo e do enterro dos seus mortos. Era, de fato, uma associação de ajuda mútua. Para evitar conflitos com Oscar Beltrão, proprietário do Engenho, o convidaram para presidente honorário da SAPPP. Entretanto, passado um breve período, Beltrão alertado de que esse tipo de organização era "coisa de comunista" proibiu a existência da Sociedade.

Esta interdição não paralisou os trabalhadores que, após buscarem apoio entre diversos parlamentares, bateram à porta do deputado do Partido

Socialista, Francisco Julião. Este encontro redundou numa parceria que se ampliou com os anos. A assistência jurídica que Julião passou a oferecer aos associados da SAPPP adquiriu visibilidade e se propagou entre os camponeses, produzindo uma surpreendente mobilização. A SAPPP, denominada pela imprensa e pelos órgãos policiais de Ligas Camponesas, possibilitou ao camponês fazer uso dos meios legais para combater o arbítrio e as formas perversas de exploração praticadas pelo patronato rural.

A mobilização dos camponeses de Galileia gerou uma ação de expulsão por atraso no pagamento do foro e por pertencerem às Ligas Camponesas. Como resposta à ameaça de expulsão, Julião apresentou um Projeto de desapropriação do engenho à Assembleia Legislativa de Pernambuco. Após dois anos de forte mobilização, a desapropriação foi aprovada em 1959.

Esta vitória dos camponeses de Galileia fortaleceu a luta por direitos trabalhistas e sociais em Pernambuco e em outros estados do Nordeste, transformando as Ligas Camponesas num verdadeiro símbolo nacional da resistência e da luta pela reforma agrária e pelo fim do latifúndio improdutivo.

Entretanto, a desapropriação de Galileia também provocou uma enorme reação dos latifundiários, de parlamentares conservadores e da grande imprensa. Para estes setores a Reforma Agrária e as Ligas Camponesas estariam associadas ao Partido Comunista e ameaçavam a "Paz Agrária". Dois breves registros documentais ajudam a compreender o significado da denominada "paz". Em uma cena do documentário Brazil: the trouble land, filmado em Pernambuco pela televisão americana ABC em 1961, aparece o deputado e senhor do engenho Constâncio Maranhão, exibindo um revolver como a garantia da lei e da ordem no trato com seus empregados. Um segundo registro, noticiado pela imprensa em janeiro de 1963, apresenta cinco trabalhadores assassinados no pátio da Usina Estreliana, localizada no município de Ribeirão. Estes se dirigiam ao escritório da Usina para entregar um ofício do Delegacia Regional do Trabalho (DRT) para a empresa efetivar o pagamento do 13º salário.

No final dos anos 1950 e início dos 60, diversas forças políticas se digladiavam pela hegemonia da condução das lutas dos trabalhadores rurais brasileiros: o Partido Comunista Brasileiro (PCB), o Movimento dos Agricultores Sem Terras (Master), as Ligas Camponesas, além de vários setores da Igreja Católica. Todos eles entraram em rota de colisão no 1o Congresso de Lavradores e Trabalhadores Rurais realizado na cidade de Belo Horizonte, em novembro de 1961. A disputa se dava fundamentalmente em torno da consigna defendida pelas Ligas Camponesas "Reforma Agrária: na lei ou na marra".

As lutas pela Reforma Agrária e pelos direitos dos trabalhadores rurais dominavam a imaginação política brasileira naquele período de grandes esperanças de transformação social. Para muitos, o papel central dos camponeses e a política de distribuição de terras realizada pela Revolução Cubana eram forte fonte de inspiração. Foi naquele contexto que, em 1963, o Presidente João Goulart sancionou o Estatuto do Trabalhador Rural que possibilitava a sindicalização e outros direitos aos trabalhadores do campo.

O golpe militar com apoio civil em 1964 interrompeu de forma violenta toda essa mobilização de luta por direitos de trabalhadores rurais e urbanos. No entanto, diversas formas de resistência foram sendo lentamente recriadas. Quando um novo ciclo de mobilizações emergiu no final dos anos 1970 e na década de 1980, os trabalhadores canavieiros de Pernambuco, agora organizados em sindicatos rurais, estiveram à frente de greves e lutas sociais.

Hoje muitos moradores de Galileia ainda vivem e cultivam a terra. Mas uma parcela trabalha nas cidades próximas. Zito da Galileia, neto de Zezé da Galileia, um dos fundadores da SAPPP, tornou-se um "guardião da memória" destas lutas. Escreveu o livro A história das ligas camponesas. Testemunho de quem a viveu, fundou uma biblioteca, construiu uma pequena lápide em memória de Francisco Julião, entre outras iniciativas. Galileia se transformou num local de visitas daqueles interessados em conhecer um dos locais que se tornaram um símbolo da luta pela reforma agrária e pelos direitos dos trabalhadores rurais.

Referências Bibliográficas:

AZEVEDO, Fernando de. *As Ligas Camponesas.* São Paulo: Paz e Terra, 1982.

CARNEIRO, Ana; CIOCCARI, Marta. *Retrato da Repressão no Campo - Brasil 1962 - 1985* - Camponeses torturados, mortos e desaparecidos. Brasília: MDA, 2010.

MONTENEGRO, Antonio Torres. *História, Metodologia, Memória.* São Paulo. Editora Contexto, 2010.

PORFÍRIO, Pablo Francisco de Andrade. *Francisco Julião: em luta com seu mito, golpe de Estado, exílio e redemocratização do Brasil.* Jundiaí, SP. Paco Editorial, 2016.

Lugares de Memória dos Trabalhadores #11: Sítio Histórico do Irani (SC)

Paulo Pinheiro Machado

Trabalhadores rurais sertanejos (sentados) rendidos às forças do Exército, janeiro de 1915.

Na madrugada do dia 22 de outubro de 1912 um contingente de 55 soldados da polícia do Paraná investiu sobre um grupo de sertanejos, composto por um conjunto diverso de trabalhadores rurais que incluía lavradores pobres, ervateiros, tropeiros e pequenos criadores, que acompanhava o monge José Maria. A refrega foi rápida e a luta se deu em confronto corpo-a-corpo, sendo escutada a fala de um caboclo que se aproximou com seu grupo do comandante policial, apontou ao Coronel e bradou: “Piquem este desgraçado, que ele é o único culpado!” No combate morreram 11 sertanejos e 10 soldados, entre eles o Coronel João Gualberto Gomes de Sá, comandante do Regimento de Segurança do Paraná e o monge José Maria, líder dos sertanejos pobres que se encontravam na região do Irani.

Este combate marca o início da Guerra do Contestado, um longo conflito que se desenrolou no oeste dos atuais Estados de Santa Catarina e Paraná entre 1912 e 1916. A Guerra do Contestado é o ponto de intersecção de diferentes conflitos. A luta tem origem na perseguição das autoridades a um grupo de trabalhadores rurais que se reuniu em torno das curas praticadas pelo monge José Maria, na localidade de Taquaruçu. Dois meses antes do combate do Irani, José Maria e mais de 40 sertanejos abandonaram Taquaruçu para não se confrontar com uma força da polícia de Santa Catarina, chamada pelo chefe político local. Por isso, decidiram migrar mais a oeste, para Irani.

A ação de José Maria já era parte de uma tradição de monges penitentes que circularam pelo planalto meridional desde meados do século XIX. O profetismo popular destes monges que reproduziam um discurso católico tradicional, mas não eram membros oficiais do clero, tinha grande recepção pelas populações pobres do território. Esta tradição religiosa ajudou a criar o repertório discursivo e deu suporte sócio religioso para a formação do projeto rebelde.

A localidade de Irani pertencia ao município de Palmas, região entre os rios Uruguai e Iguaçu, que era disputada entre os estados de Paraná e Santa Catarina, daí a denominação de território Contestado. Santa Catarina ganhou esta região por três ações no STF, mas o Paraná não admitia sua derrota nos tribunais e pugnava por uma solução política para a questão, mantendo a administração efetiva sobre o Contestado. Quando o monge José Maria e os sertanejos que o acompanhavam internaram-se no Irani, a polícia paranaense interpretou este ato como uma "invasão catarinense" ao território em disputa e por isso sua ação foi rápida, violenta e justificada como "preventiva".

No ano de 1912 havia várias crises que potencializaram estes conflitos. Desde 1908 se construíram na região dois longos ramais da estrada de ferro São Paulo – Rio Grande. Ao longo destes cursos da estrada, o governo federal concedeu as terras devolutas, até 15 km de cada margem da estrada, para a empresa ferroviária norte-americana, a Brazil Railway Company, para a organização de colônias com imigrantes europeus. Ocorre que nestas terras devolutas viviam milhares de lavradores pobres que passaram a ser objeto de expropriação de seus locais de trabalho e moradia. O grupo inicialmente pequeno de seguidores do monge foi agregando um crescente número de trabalhadores rurais despejados, o que potencializou a crise social e ofereceu milhares de habitantes para os futuros redutos organizados pelos sertanejos depois do combate do Irani, conhecidos como "cidades santas".

Nas "Cidades Santas" os sertanejos, além de resistir aos ataques de latifundiários, policiais e numerosas tropas do exército; inventaram formas comunitárias e solidárias de subsistência. Apesar da derrota definitiva do movimento em 1916, os trabalhadores rurais do Contestado, construíram uma utopia camponesa que até hoje anima a memória de movimentos sociais no Brasil.

Criado em 1984, o sítio histórico do Irani, localiza-se a 7 km da cidade de Irani, à beira da BR 153. Trata-se do local onde ocorreu o combate do Irani, dando início à Guerra do Contestado. No sítio está sinalizada a colina onde ocorreu a batalha, o túmulo do monge José Maria e a "cova dos 21" local onde foram sepultados os 21 soldados e sertanejos mortos no combate (com exceção do corpo do Cel. João Gualberto). A poucos metros dali localiza-se o Museu do Contestado e um monumento em forma de cruz com as mãos abertas, com 5 metros de altura, de autoria do artista plástico José Alvim (Mano) inaugurado em 1984. O sítio histórico é local de visitação de turistas e escolares da região e de outros estados do país.

Entre os diferentes locais de memória do Contestado, o sítio histórico do Irani é um marco da luta camponesa pela terra e por uma vida melhor, sendo homenageado e alvo de eventos de muitos movimentos sindicais e sociais, como o MST, o Movimento das Mulheres Camponesas, o Movimento dos Atingidos pelas Barragens, o Movimento dos Pequenos Agricultores, a Comissão Pastoral da Terra e outras entidades populares e de trabalhadores rurais.

Referências Bibliográficas:

MACHADO, Paulo Pinheiro. *Lideranças do Contestado: a formação e a atuação das chefias caboclas.* Campinas: Ed. UNICAMP, 2004.

MONTEIRO, Duglas Teixeira. *Os Errantes do Novo Século: um estudo do surto milenarista do Contestado.* São Paulo: Duas Cidades, 1974.

VINHAS DE QUEIROZ, Maurício. *Messianismo e Conflito Social: A guerra sertaneja do Contestado (1912-1916).* Portal do Sítio Histórico e Arqueológico do Contestado: https://turismo.irani.sc.gov.br/equipamento/index/codEquipamento/6861

Filme: *Terra Cabocla (1984).* Direção de Márcia Paraíso

Lugares de Memória das Trabalhadoras #12: Sede do Sindicato de Trabalhadoras Domésticas de Campinas (SP)

Louisa Acciari

Laudelina de Campos Mello (ao centro) em reunião com empregadas domésticas de Campinas nos anos 1960.

Apesar de ser uma das categorias mais importantes no mercado do trabalho (cerca de 6 milhões, dos quais 93% são mulheres), as trabalhadoras domésticas sempre foram colocadas à margem dos direitos do trabalho e da cidadania. O trabalho reprodutivo, doméstico e de cuidado segue sendo percebido como a tarefa natural das mulheres e das mulheres negras em particular. A própria CLT e a lei complementar 150 de 2015, que estende direitos trabalhistas à categoria, perpetuam uma visão naturalizada da divisão social e sexual do trabalho ao definir o serviço doméstico como atividade "não lucrativa". Assim, a luta dessa categoria, antes mesmo de conquistar qualquer direito, começa por poder se pensar e reivindicar o status de trabalhador. O espaço do Sindicato de Trabalhadoras Domésticas de Campinas teve um papel fundamental nesse processo.

A Associação Profissional Beneficente das Empregadas Domésticas de Campinas foi fundada em 1961 por Laudelina de Campos Mello, a mesma militante que havia criado a primeira associação de trabalhadoras domésticas do Brasil em 1936, na cidade de Santos. Sediada nas dependências do Sindicato da Construção Civil, no centro de Campinas, as demandas principais da Associação eram o direito à sindicalização e a equiparação dos direitos com os demais trabalhadores.

A Associação funcionava também como lugar de lazer, onde as trabalhadoras organizavam bailes, festas de aniversário e bingos. O fato de poder se reunir e compartilhar momentos festivos foi, e continua sendo, um ato essencial para uma categoria tão fragmentada. De fato, a maioria das domésticas trabalham sozinhas em casas particulares, e nos anos 1960, muitas moravam no emprego. Esses momentos de sociabilidade eram os únicos que elas tinham para encontrar suas colegas e confraternizar, se reconhecendo dessa forma como uma categoria com problemas e interesses comuns.

A Associação de Campinas não foi fechada durante a ditadura militar mas passou a funcionar como entidade beneficente, tendo uma atuação mais educativa do que abertamente reivindicativa. Após um período de paralisação nos anos 1970, retomou oficialmente suas atividades em 1983, sob o impulso de Anunciação Marquesa dos Santos Adão, militante da Pastoral Operária, e se tornou oficialmente sindicato em outubro de 1989, uma vez que esse direito foi conquistado na Constituição Federal de 1988. Dona Laudelina viu assim um dos sonhos mais antigos se realizar pouco antes de falecer, em 1991. Antes de morrer, ela doou uma casa na Rua Ataulfo Alves, 396, no bairro de Castelo Branco, que havia herdado de sua patroa para que o sindicato tivesse uma sede fixa. É lá que as militantes atendem as trabalhadoras, realizam suas reuniões mensais, cursos de formação, festas e bingos, e a tradicional feijoada do sindicato todo ano no mês de julho.

O sindicato de Campinas foi ainda um ator essencial na fundação da Federação Nacional das Trabalhadoras Domésticas (FENATRAD), criada em 1997 e sediada em Campinas durante seu primeiro mandato. A primeira presidenta da FENATRAD, Anna Semião, também atuou para fortalecer os encontros estaduais de São Paulo (nos anos 1990 havia 12 sindicatos ativos no estado), além de ser uma militante do movimento negro, do Partido dos Trabalhadores e da Central Única dos Trabalhadores. O sindicato de Campinas contribuiu para o desenvolvimento de um discurso sobre a exploração racial ao nível da federação e tornou essa questão uma pauta central do movimento. Como explicado por Anna: "quando entrei no sindicato, eu já estava no movimento de mulheres negras. Já sabia que a causa de muitas dificuldades na nossa vida, não era por conta de ser doméstica, era por conta de ser negra. Era por conta de ser negra que a gente era doméstica".

O Sindicato das Trabalhadoras Domésticas de Campinas e sua sede continuam sendo uma referência em nível nacional. Representam um lugar onde foi possível organizar as "inorganizáveis", essas mulheres que nem eram reconhecidas como trabalhadoras e que conseguiram, apesar de tudo, criar sindicatos, uma federação nacional e obter uma reforma constitucional em 2013.

Referências Bibliográficas

ACCIARI, Louisa. *Paradoxes of Subaltern Politics: Brazilian Domestic Workers' Mobilisations to Become Workers and Decolonise Labour.* Tese de Doutorado. Londres: London School of Economics and Political Science, 2018. Disponível em: http://etheses.lse.ac.uk/3839/

BERNARDINO-COSTA, Joaze. *Saberes Subalternos e Decolonialidade: os sindicatos das trabalhadoras domésticas no Brasil.* Brasília: UnB, 2015.

KOFES, Sueli. *Mulher, mulheres: identidade, diferença e desigualdades na relação entre patroas e empregadas domésticas.* Campinas: UNICAMP, 2001.

PINTO, Elisabete Aparecida. *Etnicidade, Gênero, e Educação: Trajetória de Vida de Laudelina de Campos Mello.* São Paulo: Anita Garibaldi, 2015.

Site do Sindicato de Trabalhadoras Domésticas de Campinas: https://sinddomcampinas.wordpress.com

Lugares de Memória dos Trabalhadores #13: Memorial 9 de Novembro, Volta Redonda (RJ)

Alejandra Estevez

Reinauguração do monumento de homenagem aos trabalhores assassinados na greve de 1988 em Volta Redonda-RJ.

O Memorial 9 de Novembro foi inaugurado no dia 1° de maio de 1989 com o intuito de homenagear os três operários assassinados pelas forças repressivas do Exército no interior da Companhia Siderúrgica Nacional (CSN), em Volta Redonda, durante a histórica greve de novembro de 1988. Esta paralisação foi a maior de uma série de greves operárias ocorridas na cidade ao longo dos anos 1980, capitaneadas pelo Sindicato dos Metalúrgicos de Volta Redonda e com forte apoio dos setores progressistas da Igreja Católica. Foi, sem dúvida, a mais significativa delas, não apenas pelas proporções que assumiu, mas porque extrapolou o espaço fabril para ocupar e envolver toda a cidade.

Volta Redonda, a chamada cidade do aço, que cresceu e se desenvolveu umbilicalmente vinculada à empresa siderúrgica, agora se mobilizava na defesa de seus direitos. A paralisação teve início no dia 7 de novembro e, dois dias depois, mesmo diante da manutenção do alto-forno da siderúrgica em funcionamento pelos grevistas, soldados do Exército e do Batalhão de Choques da Polícia Militar do Rio de Janeiro invadiram a usina, sob a alegação de proteção das máquinas, após terem dispersado violentamente uma manifestação em frente ao Escritório Central da Companhia. Este dia foi marcado pela trágica morte dos três operários metalúrgicos, William Fernandes Leite, de 22 anos, morto com tiro de metralhadora no pescoço; Valmir Freitas Monteiro, de 27 anos, morto com tiro de metralhadora nas costas; e Carlos Augusto Barroso, de 19 anos, morto por esmagamento de crânio.

A ferocidade das mortes chocou o país e dava mostras de que, na cidade metalúrgica, a ditadura militar e sua brutalidade ainda não haviam acabado. Apesar do assassinato dos operários, da intensa repressão e da ocupação da CSN pelos militares, a greve duraria 17 dias em clima de impressionante mobilização. Acabou encerrada com um acordo que evitou a punição dos grevistas, garantiu a readmissão dos dispensados em greves anteriores e previu a adoção do turno de 6 horas, além de um um abono salarial

Encomendado pela prefeitura de Volta Redonda, o Memorial 9 de Novembro foi projetado pelo arquiteto Oscar Niemeyer para inscrever na memória local a força operária e para que a população nunca se esquecesse das arbitrariedades cometidas contra os trabalhadores. A homenagem era prestada aos três operários mortos, William, Valmir e Barroso, ícones da resistência operária na cidade.

O prefeito era Juarez Antunes, antigo presidente do Sindicato dos Metalúrgicos, de tradição trabalhista e apoiado pelas forças do novo sindicalismo. A praça onde foi instalado o monumento foi rebatizada com o nome do prefeito sindicalista, em substituição ao nome de Edmundo de Macedo Soares, militar e engenheiro responsável pela instalação da CSN, nos anos 1940. Juarez

Antunes havia falecido em março de 1989, dois meses após sua posse, num acidente de carro em circunstâncias até hoje não esclarecidas, causando grande comoção e indignação no meio operário.

O evento de inauguração do Memorial contou com a presença de milhares de pessoas. Naquele Primeiro de Maio, a Central Única dos Trabalhadores definiu que Volta Redonda seria o epicentro das mobilizações e manifestações sindicais. Além de milhares de ativistas de todo o país, o evento contou com a presença de figuras importantes do sindicalismo e da política nacional, como o então presidente nacional da CUT, Jair Meneguelli, e de Luis Carlos Prestes, histórico líder comunista.

Algumas horas depois da inauguração, contudo, o monumento sofreu um atentado terrorista, com bombas produzidas pela IMBEL, fábrica de material bélico do Exército, conforme comprovou o laudo do Instituto de Criminalística Carlos Éboli. Três bombas, colocadas na base do monumento recém-inaugurado, foram detonadas, deixando-o destroçado e causando estragos até mesmo no edifício do Escritório Central da CSN e em construções próximas ao local. O atentado até hoje não foi esclarecido e ainda envolve uma morte suspeita, a do cabo Charles Fabiano, que estava de vigia naquela madrugada e iria depor como testemunha no inquérito que investigava o caso.

Niemeyer foi convidado a projetar a reconstrução do monumento destruído, mas sugeriu que, ao invés de reformada, a obra fosse preservada tal como estava, em memória de mais um ato do autoritarismo de Estado. Atualmente, o monumento aos operários mortos permanece como um lugar de memória, na medida em que fornece sentido simbólico à cidade, protege-a do esquecimento e funciona como documento historicamente construído. Ainda que atualmente este monumento fique um pouco perdido em meio à correria de pessoas e edifícios construídos ao redor, a praça permanece viva para os movimentos sociais da região, que costumam fazer desse lugar, palco de suas manifestações políticas, atualizando seus sentidos e produzindo novas experiências coletivas.

Referências Bibliográficas:

Comissão Municipal da Verdade de Volta Redonda. Relatório Final. 2015. Disponível em http://www.memoriasreveladas.gov.br/administrator/components/com_simplefilemanager/uploads/Volta%20Redonda/Relatorio%20Final%20CMV%20VR.pdf

ESTEVEZ, Alejandra. *Projetos católicos e movimentos sociais: a diocese de Barra do Piraí/Volta Redonda (1966-2010)*. Tese (Doutorado em Sociologia). PPGSA/UFRJ, 2013.

GRACIOLLI, Edilson. *Um caldeirão chamado CSN: resistência e violência militar na greve de 1988*. Uberlândia: UdUFU, 2009.

Filme: *Volta Redonda –Memorial da Greve, de Eduardo Coutinho (1989)*. Disponível em https://www.youtube.com/watch?v=B_f8xSsOMBU

Filme: *1988, Corações e Mentes*, de Erasmo Quirici (2018). Disponível em https://www.youtube.com/watch?v=dNGBrFWkZhs

Lugares de Memória dos Trabalhadores #14: Igreja de São José do Ribamar, Recife (PE)

Marcelo Mac Cord

Panorama da freguesia de São José em Recife, com a Igreja de São José do Ribamar em destaque; Frederick Hagedorn (1856).

No Recife, em 1735, um grupo de artesãos fundou uma irmandade para fortalecer sua fé e sua autoproteção. Eles escolheram São José como patrono, pois, em sua maior parte, eram profissionais que lidavam com a madeira: carpinteiros, tanoeiros e calafates. Entre os carpinteiros existiam carpinas, especializados na feitura de escadas, janelas, pisos e telhados. Por causa desses últimos artífices, que trabalhavam em canteiros de obras, alguns pedreiros também foram convidados para fundar a entidade católica e leiga.

Na segunda metade do século XVIII, a Igreja de São José foi construída pelos devotos do santo padroeiro. Localizada na região central do Recife, a sede da Irmandade de São José foi edificada na parte mais pobre e negra da cidade, beirando o mar da ilha de Santo Antônio. Por causa de sua posição geográfica, o templo ganhou o nome de Igreja de São José do Ribamar. A própria Irmandade foi assim rebatizada. Em 1844, a localidade se transformou no bairro de São José. Contudo, devido aos aterros feitos, o edifício religioso ficou mais distante das águas.

Mestres, oficiais e aprendizes daqueles ofícios podiam se matricular na Irmandade de São José do Ribamar, fossem eles nacionais ou estrangeiros. Mulheres e escravos também, mas somente os mestres, homens livres e libertos, podiam participar de sua direção. A partir dos anos 1770, com a autorização da Câmara Municipal, a Irmandade de São José do Ribamar conquistou alguns privilégios usufruídos pelas corporações de ofício: diplomar novos mestres, controlar o mercado de trabalho e monopolizar o ensino profissional.

A Constituição de 1824 extinguiu as corporações de ofício, exigindo que a Irmandade de São José do Ribamar se reinventasse. Tal necessidade se aprofundou no final dos anos 1830, devido às reformas urbanas iniciadas pelo barão da Boa Vista, presidente da província. Marcadas pela "civilização" e pelo "progresso", a "modernização" do Recife deveria prescindir de "arcaicas" formas de organização do trabalho. Nesse período de intensas transformações, a Irmandade aprovou novas regras. Para que seus artífices fossem mais respeitados e conquistassem mais serviços, o grupo deixou de matricular escravos e reconstruiu relações com a municipalidade.

Neste contexto, alguns membros pretos e pardos da Irmandade de São José do Ribamar, todos livres e mestres pedreiros e carpinas, idealizavam uma sociedade de auxílios mútuos e de instrução. Fundada em 1841, a Sociedade das Artes Mecânicas oferecia uma caixa social e aulas noturnas aos seus filiados.

Por ser formada fundamentalmente por devotos do santo carpinteiro, uma dependência do templo foi cedida para suas atividades. A entidade recifense foi criada para lutar contra históricos estigmas que recaiam sobre os ombros dos trabalhadores de cor, como "preguiça" e "incapacidade". E também para combater o "defeito mecânico", que pressupunha a incapacidade intelectual dos trabalhadores manuais.

No início dos anos 1840, a Igreja de São José do Ribamar passava a abrigar dois grupos que possuíam membros em comum, especificidades organizacionais próprias e o desejo de orientar os artífices recifenses em tempos de "modernização". Em 1866, contudo, após uma série de conflitos irreconciliáveis, a Irmandade de São José do Ribamar expulsou a rebatizada Sociedade dos Artistas Mecânicos e Liberais do templo, pois não aceitava ser coadjuvante em sua própria casa. O grupo de auxilio mútuo e de instrução crescia em número de sócios, ganhava visibilidade pública e exigia cada vez mais autonomia política e espacial na Igreja de São José do Ribamar.

Na década de 1870, enquanto a Sociedade dos Artistas Mecânicos e Liberais administrava o Liceu de Artes e Ofícios do Recife no bairro de Santo Antônio, a Igreja de São José do Ribamar perdia um pouco mais de sua centralidade na vida dos artesãos. Naquele momento a Igreja Católica procurava livrar os espaços sagrados das chamadas experiências "mundanas" e tornar o culto mais "piedoso" e "disciplinado". Em 1872, interventores indicados pelas autoridades religiosas pernambucanas decidiram que a Irmandade de São José do Ribamar deveria aceitar qualquer católico em seus quadros, sem distinção. Essa forte ruptura com as tradições ligadas ao mundo do trabalho artesanal descaracterizou a entidade leiga dos trabalhadores. Como irmandade estritamente religiosa, suas atividades seguiram até os anos 1980, segundo seus livros de registro.

Hoje, quando andamos pelas ruas do Recife, e passamos pela Igreja de São José do Ribamar, não conseguimos imaginar sua importância para a formação da classe trabalhadora pernambucana. Até as últimas décadas do Império do Brasil, nela conviveram artífices que sobreviviam do suor do próprio rosto e possuíam expectativas comuns. Gente que queria fortalecer sua inserção social por meio de organizações que valorizassem o trabalho bem feito e as experiências forjadas em oficinas e canteiros de obras. A maior parte desses homens era negra e mestiça. Eles precisam ser lembrados, sempre, como a base do nosso mundo do trabalho.

Referências Bibliográficas:

GUERRA, Flávio. *Velhas igrejas e subúrbios históricos.* 2. ed. Recife: Fundação Guararapes, 1970.

MAC CORD, Marcelo. *Artífices da cidadania: mutualismo, educação e trabalho no Recife oitocentista.* Campinas, SP: Editora da Unicamp/Fapesp, 2012.

SILVA, Henrique Nelson da. *Trabalhadores de São José: artesãos do Recife no século XVIII.* Dissertação de Mestrado em História: UFPE, 2010.

SILVA, Henrique Nelson da. *O paradoxo do trabalho: o corporativismo artesanal e as trajetórias de vida dos oficiais mecânicos, século XVIII.* Tese de Doutorado em História: UFPE, 2018.

Lugares de Memória dos Trabalhadores #15: Clube Renascença, Rio de Janeiro (RJ)

Lucas Pedretti

Ao longo dos anos 1970, os bailes black foram uma das principais diversões de trabalhadores(as) jovens negros(as) nos bairros populares do Rio de Janeiro.

No início da década de 1970, o Clube Renascença, localizado no Andaraí, zona norte do Rio de Janeiro, recebia aos domingos a Noite do Shaft, festa que reunia centenas de jovens trabalhadores(as) negros(as) a cada edição. Nas caixas de som, o mais moderno da música soul estadunidense. Nas paredes, slides com cenas de filmes relacionados à questão racial e mensagens que incentivavam os frequentadores a tomarem consciência sobre sua identidade negra e sobre os problemas do racismo na sociedade brasileira.

O Renascença surgiu em 1951 como um local voltado para uma classe média negra que, a despeito de sua condição econômica, vivenciava a segregação em espaços recreativos da cidade. Ao longo dos anos 1960, esse projeto começou a ser objeto de tensões, especialmente a partir da realização de rodas de samba no local, atividade vista de forma negativa pelos sócios-fundadores. Em 1970, Asfilófio Filho, um jovem engenheiro negro conhecido como Dom Filó, se tornou diretor cultural do clube. Buscando estimular novos debates sobre a identidade negra, começou a promover a Noite do Shaft, nome em homenagem a um filme do gênero blaxploitation, movimento cinematográfico protagonizado por atores e diretores negros nos EUA.

Mas a Noite do Shaft era apenas um dos vários bailes que ocorriam nos finais de semana em diferentes localidades. Festas similares aconteciam tanto nos subúrbios das zonas norte e oeste da cidade, quanto na Baixada Fluminense, locais de moradia das classes trabalhadoras. Esse fenômeno sociocultural foi fundamental para disparar debates sobre a questão racial. Dentre todos os bailes, era o do Renascença que dava maior centralidade a essa dimensão.

Não são poucos os militantes que atuaram na reconstrução do movimento negro naquele momento e que narram como os bailes foram espaços importantes para o desenvolvimento de uma consciência acerca do racismo e da questão racial. Certamente não foram todos/as os/as trabalhadores/as que frequentavam os bailes que aderiram às organizações do movimento negro. Ainda assim, a linguagem, vestuário e expressão corporal daqueles jovens produziam uma profunda transformação no cenário cultural da cidade. O Renascença era o epicentro dessa mudança.

A ditadura militar havia aprofundando ainda mais a segregação social e racial no Rio de Janeiro, após um processo de remoções forçadas de favelas que atingiu milhares de famílias entre 1968 e 1973. Era um momento de repressão e censura a quaisquer manifestações políticas, em que o regime impunha o mito da democracia racial – ou seja, a ideia de que no Brasil não existiria o racismo – como importante pilar ideológico. Nesse contexto, fazer um penteado Black Power e se deslocar entre os bairros da cidade, mesmo que apenas para se divertir, eram gestos ousados, que colocavam em xeque uma série de valores e regras sociais.

Não à toa a ditadura logo passou a enxergar os bailes como uma ameaça, como é possível ver atualmente na extensa documentação produzida por órgãos do aparato repressivo. Foi nesse contexto, por exemplo, que Dom Filó chegou a ser preso e levado para o DOI-CODI. Mas, também eram comuns os relatos de jovens negros que, a caminho dos bailes ou voltando para casa após as festas, independentemente de quaisquer manifestações políticas explícitas, eram alvos de “duras” da polícia. As abordagens eram especialmente violentas quando os “suspeitos” tinham uma postura de afirmação e celebração da sua identidade negra – como, por exemplo, o penteado Black Power. Alguns chegavam a ser presos, acusados de "vadiagem", expediente utilizado com frequência pela polícia para cercear os direitos de trabalhadores negros moradores das favelas, periferias e subúrbios. Para além das polícias civil e militar, grupos de extermínio da época, como a Invernada de Olaria e o Mão Branca, também faziam parte da sua experiência de circulação pela cidade.

Para a ditadura e os setores conservadores, o grande medo era a possibilidade de surgir um movimento político negro a partir dos bailes. Mas também setores da esquerda, ou mesmo parcelas do movimento negro organizado, viam as festas de maneira crítica. Para eles, os bailes eram um mero produto da indústria cultural, o que comprovaria a suposta "alienação" dos seus adeptos.

Em fins dos anos 1970, o fenômeno dos bailes perdeu força, mas deixou seu legado para a juventude negra das classes trabalhadores do Rio de Janeiro. A partir de sua influência, desenvolveram-se várias manifestações culturais que se tornaram fundamentais para o lazer e a sociabilidade das gerações seguintes, como o hip hop e, especialmente, o chamado funk carioca. O Renascença também mudou, mas sem perder a marca de um espaço de celebração e homenagem à cultura negra em suas várias dimensões. Desde 2005, por exemplo, o músico Moacyr Luz comanda ali uma das rodas de samba mais famosas da cidade, não por acaso denominada de "Samba do Trabalhador". Em uma experiência histórica como a do Brasil, na qual raça e classe são elementos profundamente imbricados, o clube que melhor sintetiza a força do movimento black dos anos 1970 se constitui, de maneira inequívoca, como importante espaço de memória da classe trabalhadora brasileira.

Referências Bibliográficas:

ALBERTO, Paulina. *Quando o Rio era Black: Soul Music no Brasil dos anos 70.* História: Questões & Debates, v. 63, n. 2, 2015.

ESSINGER, Silvio. *Batidão: uma história do funk.* Rio de Janeiro & São Paulo: Record, 2005.

GIACOMINI, Sônia. *A alma da festa: família, etnicidade e projetos num clube social da Zona Norte do Rio de Janeiro, o Renascença Clube.* Belo Horizonte e Rio de Janeiro: UFMG e IUPERJ, 2006.

PEDRETTI, Lucas. *Bailes soul, ditadura e violência nos subúrbios cariocas na década de 1970.* Dissertação (mestrado) do Programa de Pós-graduação em História Social da Cultura da PUC-Rio, 2018.

Portal CULTNE – *Acervo Digital de Cultura Negra:* http://www.cultne.com.br

Lugares de Memória dos Trabalhadores #16: Mercado Público de Desterro, Florianópolis (SC)

Fabiane Popinigis e Henrique Espada Lima

Mercado Público de Desterro.

Para ao Cisne disputar
Populares afeições
Chama às reuniões
Negras aves d'ultramar

No poema "A assembleia das aves", de 1847, Marcelino Antônio Dutra, escritor e político associado aos liberais em Santa Catarina, nos deixa entrever um pouco de sua visão, que certamente compartilhava com outros, sobre a eleição daquele ano. Nos versos acima, em que o "Cisne" representava o candidato liberal e as "negras aves africanas" eram os trabalhadores escravos e libertos, Dutra criticava os conservadores por tal aliança. Segundo ele, a união daqueles "pássaros" num "clube eleitoral" teria produzido uma "liga monstruosa" que deixava a polícia em alerta.

A principal disputa naqueles anos dava-se em torno do local de construção de um prédio de mercado para acolher o comércio de gêneros alimentícios em Desterro (atual Florianópolis). Na praça central, em frente à Igreja da Matriz e próximo da praia, desde há muito tempo as quitandeiras de origem africana estendiam seus panos – como em outras cidades portuárias do Atlântico – para vender comidas prontas, frutas, peixes e outros alimentos, enquanto trabalhadores escravizados e libertos carregavam e descarregavam navios. Muitos dos escravos e escravas se empenhavam em acumular pecúlio com esse trabalho para comprar a própria alforria. Pessoas de origem africana vieram como escravizados principalmente do Rio de Janeiro nas primeiras décadas do século XIX. Em 1855, dos 5.611 habitantes de Desterro, 1.436 eram escravizados.

Também para aquela praça, pequenos lavradores levavam seus produtos, em canoas, do interior da Ilha de Santa Catarina, para ali vendê-los. O espaço do mercado configurava-se assim como um local de intensa concentração de homens e mulheres trabalhadoras, dedicados à manutenção da estrutura de abastecimento e serviços da cidade portuária.

Desde 1838 havia um controverso projeto para a construção de um prédio de mercado na praça central da cidade. As autoridades locais aproveitaram a passagem de D. Pedro II pela cidade, em 1845, para remover dali as barraquinhas, que, para muitos "enfeiavam" a praça ladeada pelos prédios do governo. Depois da visita do Imperador, a pendenga voltou à baila, dividindo os que queriam o mercado fora da praça e os que queriam que o mercado voltasse para onde sempre estivera, com os peixes e alimentos exibidos "aos pés dos pretos e pretas quitandeiras". Nas ruas que a margeavam, comerciantes da cidade haviam estabelecido seus negócios. Outros, acalentavam projetos de "aformoseamento" e "saneamento" para os espaços centrais da cidade, a exemplo de outras capitais.

As "negras aves africanas" a que se referiu o liberal Dutra eram os libertos, que foram ali representados pela ave "Anu", de cor preta e barulhenta. Embora libertos africanos, mulheres de qualquer origem e escravizados, não pudessem votar, o resultado das eleições lhes interessava e, suas posições e apoios faziam diferença na vida política da cidade. O clube eleitoral dos conservadores parece ter sofrido essa influência, articulada no propósito comum de manter o pequeno comércio, marcado pela forte presença africana, na praça central da cidade, o que contemplava também seus negócios nos arredores.

Na eleição de 1847, os conservadores ganharam o pleito e também a disputa sobre o mercado, que seria construído ali mesmo na praça. Em janeiro de

1851, foi inaugurado o primeiro Mercado Público de Desterro, no alinhamento da Rua do Príncipe (atual Conselheiro Mafra), junto ao mar.

Foi trabalhando nesse mercado que pessoas como a quitandeira Maria Mina acumularam pecúlio para a compra de sua liberdade, enquanto pequenos produtores, comerciantes e caixeiros vendiam seus produtos, e prostitutas encontravam seus clientes nos arredores da praça, onde passavam carregadores e carroceiros e barqueiros.

O primeiro Mercado Público de Florianópolis não existe mais. Foi substituído, no final do século XIX, por outro prédio, num local próximo, mas fora da praça principal. As tradicionais quitandeiras de origem africana foram excluídas do novo Mercado. Parte de um imaginário que cultua Santa Catarina como o "estado mais branco do Brasil", a memória que foi construída sobre os primórdios do Mercado elimina completamente o papel dos africanos, celebrando a presença "açoriana" e dos colonos alemães. No entanto, os/as trabalhadores/as negros não desapareceram. Continuaram carregando, comerciando e lutando por seus direitos. Foram comuns as reclamações de quitandeiras enviadas à Câmara Municipal contra os altos impostos que pagavam para expor seus produtos na praia. Em 1900, o escritor Virgílio Várzea registrava a presença dessas vendedoras negras passando com suas frutas e verduras por vários pontos da cidade, denominando-as de "formigas carregadoras". Entre aves e formigas, esses homens e mulheres identificados por sua cor foram parte fundamental dos mundos do trabalho da capital catarinense no século XIX e início do XX. O Mercado Público foi seu principal território, um lugar de memória dos trabalhadores e trabalhadoras negligenciado pela história oficial.

Referências Bibliográficas:

DUTRA, Marcelino Antônio Dutra, *A Assembleia das Aves*. Poemeto em quatro cantos dedicado aos amigos e aos verdadeiros amigos do Exmo.Sr. Conselheiro Jerônimo Francisco Coelho. Disponível em: https://www.literaturabrasileira.ufsc.br/_documents/assembleia_das_aves_de_marcelino_antonio_dutra.htm

MAMIGONIAN, Beatriz Gallotti; VIDAL, Joseane Zimmermann (orgs.). *História diversa*: africanos e afrodescendentes na ilha de Santa Catarina. Florianópolis: Ed. da UFSC, 2013.

POPINIGIS, Fabiane, *'Aos pés dos pretos e pretas quitandeiras': experiências de trabalho e estratégias de vida em torno do primeiro mercado público de Desterro – 1840-1890)*. Afro-Ásia, 46, 2012.

VARZEA, Virgílio dos Reis. *Santa Catarina: a ilha*. Florianópolis: IOESC, 1984.

Site para consulta: http://santaafrocatarina.ufsc.br/santaafrocatarina/

Lugares de Memória dos Trabalhadores#17: Solar do Unhão, Salvador, (BA)

Daniel Rebouças

Vista do pátio da Meuron e Cia, na qual vemos um raro registro dos trabalhadores fabris em Salvador, em meados da década de 1880.

Às margens da Baía de Todos-os-Santos, descansa o Solar do Unhão. Um local de ocupação bastante antigo, do início do século XVII, é a sede do Museu de Arte Moderna da Bahia (MAM-BA) desde 1963. Para muitos turistas ou mesmo para moradores de Salvador, o lugar tem uma ligação "natural" com as artes. Além das exposições, faz anos que ocorre lá um prestigiado projeto de música instrumental. Porém, menos conhecida é história do solar com o universo do trabalho no Brasil do século XIX.

Por quase um século, a fábrica da Meuron e Cia funcionou no Unhão. O fundador foi Auguste Frédéric Meuron (1789-1852), membro de uma rica família da região de Neuchâtel, na Suíça. Seguindo no ramo do comércio exterior como seus parentes, o estrangeiro apostou em negócios na Bahia, chegando no dia 20 de agosto de 1817, em Salvador. Abriu uma manufatura na chamada "praia de Areia Preta", atual bairro da Ondina, produzindo rapé – espécie de tabaco em pó muito apreciado na época. Concorrendo com o rapé Princesa de Lisboa, importado de Portugal, o suíço mudou de endereço diante da ameaça das tropas de Portugal, durante a Guerra de Independência na Bahia, em 1822. A fabriqueta em Ondina incomodava o nacionalismo dos súditos portugueses.

Passadas as lutas políticas, o suíço mudou a fábrica para o Solar do Unhão em 1827. Alugou o prédio da poderosa família Pires de Carvalho e Albuquerque, que tinha feito, ao longo do século XVIII, uma grande mudança no local, dando elegância à antiga "Chácara do Unhão", antiga posse do desembargador Pedro Unhão de Castello Branco. A influente família tinha erguido um prédio mais vistoso, uma capela, uma ponte com ricos azulejos portugueses, entre outros melhoramentos.

A produção da fábrica cresceu em pouco tempo. Quando deixou a Bahia, em 1837, o dono da Meuron já era o principal produtor de rapé da província e, um dos maiores do Brasil, com filais em Pernambuco e no Rio de Janeiro. Até o final daquele século, o Rapé Areia Preta já era vendido país afora, sendo manufaturado, parte com fumo da Bahia, parte importado da Virgínia, nos Estados Unidos.

Utilizou a mão de obra livre e escrava simultaneamente, fato aliás comum em outras fábricas na Bahia, e fora dela. Não sabemos muitos detalhes sobre as atividades realizadas na fábrica e pouco sobre os recortes de gênero e a remuneração praticada. A direção fabril era geralmente ocupada por suíços ou alemães.

Melhor registradas estão as brigas dos gerentes da Meuron contra as falsificações do seu Areia Preta. Em meados de 1882, por exemplo, a concorrente em Salvador, a Companhia Imperial, tentou registrar seu rapé na Junta Comercial da Bahia. O nome: Areia Parda. Como a confusão seria evidente, o gerente da Meuron na época, o alemão Hermann Ochsenbein, conseguiu, junto ao Ministério da Agricultura, a anulação do registro da concorrente e a apreensão de muitos botes de rapé do adversário. Aos derrotados, restou ir aos jornais, reclamar de monopólio.

Nada abalou o gerente da Meuron até se criticar a mão de obra no Unhão, tema sensível em meio à crise da escravidão no país. Acusava-se a firma suíça de prejudicar o progresso do Brasil pela falta de trabalhadores livres e ainda utilizar o braço escravo, sob terrível violência. Na sua resposta, Hermann Ochsenbein estava em sintonia com boa parte da elite nacional naquele contexto, afirmando que ao usar muitos trabalhadores nacionais contribuía para exterminar a ociosidade e o crime no país. Sobre os escravizados, o estrangeiro alegou ter somente cinco cativos na fábrica, todos sob a "aprendizagem da liberdade". Três eram tratados "como livres há muito tempo", recebendo salário, inclusive. Os outros dois só não recebiam um ordenado "unicamente por culpa deles", ou seja, pelo suposto mau comportamento que vinham tendo. Tão logo dessem "sinal de regeneração", concluía o gerente, seriam "elevados ao mesmo pé dos três referidos."

Todo o trecho já mostra a importância da Meuron para os mundos do trabalho no Brasil do século XIX. Mas Hermann Ochsenbein nos deixou ainda mais. Alguns anos depois, recorreu à fotografia para criar um discurso visual, tal como cafeicultores vinham fazendo em São Paulo, ao encomendar um álbum aos fotógrafos Guilherme Gaensly e Rodolfo Lindemann, artistas muito prestigiados à época. Em uma tomada do pátio, reiterava-se a versão da empresa: diferente da acusação, agia em prol do trabalho livre e da ordem social em um contexto de crise da escravidão. Na visão do plantel da Meuron, mostrava-se os operários – em número considerável comparando-se com outras fábricas na cidade – e os poucos escravizados. E não somente isso. Os cativos – e somente eles – apareciam trabalhando, em uma polissêmica representação da tal "aprendizagem da liberdade".

A fábrica no Solar do Unhão funcionou como Meuron até 1896, quando mudou o nome para Borel & Cia, produzindo mais charutos e cigarrilhas. Após fim das atividades, em 1926, o lugar virou a sede do Trapiche Santa Luzia, até por volta de 1943. Tombado pelo IPHAN, virou museu duas décadas depois, sob a direção da arquiteta Lino Bo Bardi. Poucos indícios restaram do passado fabril, como trilhos de ferro, mas fotografias, e outros documentos, vêm mostrando muito mais, como homens e mulheres trabalhando em uma linha de produção no subsolo do saguão principal do MAM. São memórias do trabalho no Brasil, que aos poucos, ganham nova luz.

Referências Bibliográficas:

Álbum Brésil – Coleção Flávia e Frank Abubakir / Instituto Flávia Abubakir https://www.institutoflaviaabubakir.org/

BANDEIRA, Beatriz Brito at al. *Jazz, rapé e pôr-do-sol: arqueologia das negras areias submersas do Solar do Unhão (Salvador, Bahia).* Arqueologia Urbana em Centros Históricos. Algerve: UALg – Universidade do Algarve, 2019. p. 81-96.

MUAZE, Mariana de Aguiar F. *Violência apaziguada: escravidão e cultivo do café nas fotografias de Marc Ferrez (1882-1886).* Revista Brasileira de História. N. 37, Vol. 74, 2017.

RISÉRIO, Antônio. *Um solar através dos séculos.* A Casa do Brasil. Rio de Janeiro: Topbooks, 2019.

REBOUÇAS, Daniel. *Indústria na Bahia: um olhar sobre sua história.* Salvador: EPP Publicações e Publicidade, 2016.

Lugares de Memória dos Trabalhadores #18: Praça da Sé, São Paulo (SP)

Murilo Leal

Ato pelas Diretas na Praça da Sé (São Paulo-SP, 25 nov. 1984).

Chegando ao topo das escadarias da Catedral da Sé, na capital paulista, o cidadão ou cidadã pode tirar sua câmera da mochila ou o celular do bolso e enquadrar o cenário no visor antes de disparar. Procurará o melhor ângulo, pegando o Marco Zero lá em baixo e os que, à sua volta, observam e fotografam a Catedral, incluindo o(a) fotógrafo(a) no cenário. Com os sentidos aguçados e uma certa tensão, antes de calcar o dedo e fixar a realidade daquele dia, captará, por trás do véu da tarde, cenas que os desatentos deixam passar. Surpreso, encontrará poças de sangue no piso de outra praça, ainda não remodelada pelas obras do metrô, derramado em um 7 de outubro de 1934, durante a *Batalha da Sé*, marco histórico da luta antifascista no Brasil.

Naquele dia, socialistas, comunistas, anarquistas, trotskistas e sindicalistas, em frente única, organizaram uma "contramanifestação" de protesto e enfrentamento à manifestação comemorativa dos dois anos do lançamento do *Manifesto Integralista,* promovida pela Ação Integralista Brasileira (AIB). Os gritos de *Anauê,* a saudação dos integralistas, e a cantoria do hino oficial da AIB foram abafados por palavras-de-ordem antifascistas e logo ouviram-se disparos de várias direções. Policiais da Guarda Civil, do Corpo de Bombeiros, do Exército, cavalarianos, fascistas e antifascistas se enfrentaram e, no final, sete pessoas jaziam sem vida, trinta estavam feridas e a data dos dois anos do documento dos camisas-verdes não pôde ser comemorada.

As disputas pela presença naquele espaço haviam, de fato, começando bem antes e talvez sejam constitutivas de sua própria construção material e simbólica. O erguimento de uma Igreja Matriz no Largo da Sé, na Vila de São Paulo, no século XVI; o início das obras da Catedral, em 1913; a inauguração do Marco Zero pela Prefeitura, em 1934, geravam uma centralidade religiosa e política que atraía também a imaginação dos trabalhadores. Já na greve de 1917, cordões policiais foram rompidos para a realização, naquele local, de um enorme comício após o enterro do jovem anarquista espanhol assassinado em frente à fábrica de tecidos Mariângela, no bairro do Brás.

A instalação de terminais de ônibus na Sé e posteriormente na vizinha Praça Clovis Bevilácqua e a localização de sedes de sindicatos em prédios da própria praça, como o célebre Palacete Santa Helena, que também abrigava ateliês de artistas como Alfredo Volpi e Francisco Rebolo, certamente intensificaram a circulação, os usos e os significados da praça como ponto de encontro para a luta, dos(as) trabalhadores(as) mas também para o lazer nos bares, restaurantes, botequins e salões de sinuca.

Quando as comemorações de 1º de Maio começaram a ganhar as ruas, nas décadas iniciais do século XX, o primeiro local ocupado foi o Largo da Concórdia, no Brás. Logo em 1933, a Federação Operária convocou uma manifestação para a Praça da Sé, impedida pela polícia. Na década de 1950, os sindicatos combativos privilegiavam outros espaços para o Dia do Trabalhador, como o Hipódromo da Mooca (1953/54), o Parque D. Pedro (1955) e o Ibirapuera (1956), embora passeatas importantes, como na Greve dos 300 Mil, que durou 27 dias, de março a abril de 1953, tenham trazido à Sé o semblante desafiador de metalúrgicos, têxteis, vidreiros e gráficos.

Os sindicatos conservadores ou ligados ao catolicismo comemoraram o 1º de Maio na Sé em 1962 e 1963, com a presença do Governador Adhemar de Barros e em 1964 o ritual repetiu-se, com vinda do ditador Castelo Branco em pessoa. O controle oficial do território para comemorações daquela data foi rompido em 1968, quando o governador Abreu Sodré, foi expulso do palanque oficial. Assim, trabalhadores e estudantes reconquistavam, por um momento, o seu dia e a sua praça, tomavam a palavra e as ruas, dirigindo-se em passeata à Praça da República, clamando contra o arrocho salarial e a ditadura militar.

Com a redemocratização, os trabalhadores estabeleceram hegemonia sobre o terreno e diversas manifestações e comemorações foram ali realizadas. Em 27 de agosto de 1978, por exemplo, o Movimento do Custo de Vida, reuniu cerca de 20 mil pessoas no ato de encerramento de uma campanha que colhera cerca de 1.200.000 assinaturas contra a carestia de vida. Foi na Sé que trabalhadores e seus sindicatos participaram ativamente do icônico comício da Campanha das *Diretas Já* em 25 de janeiro de 1984. No ano seguinte, a praça seria o palco de manifestações e assembleias da maior greve bancária da história.

Finalmente, o cidadão ou cidadã comprimirá o botão do obturador e observará o resultado. Surgirão moradores de rua, pregadores religiosos, bancas de jornal e barraquinhas de comida. Parecerá ter captado a imagem da praça de uma cidade do interior, só que maior e mais vistosa. A transformação de São Paulo em uma megalópole polifônica fez com que surgissem outros pontos de encontro para protestos e performances, como o vão do Museu de Arte de São Paulo (MASP), na avenida Paulista, o Vale do Anhangabaú e o Largo da Batata, em Pinheiros, mas a Sé continua sendo um lugar de memória dos trabalhadores e ponto de encontro para suas manifestações.

Referências Bibliográficas:

ABRAMO, Fúlvio . *A revoada dos galinhas verdes.* Uma história do antifascismo no Brasil. São Paulo: Veneta, 2014.

BLASS, Leila Maria da Silva. *Estamos em Greve!*: imagens, gestos e palavras do movimento dos bancários. São Paulo: Ed. Hucitec: 1992.

LEAL, Murilo. *A reinvenção da classe trabalhadora (1953-1964).* Campinas: Editora da Unicamp, 2011.

MONTEIRO, Thiago Nunes. *Como pode um povo vivo viver nesta carestia: o Movimento do Custo de Vida em São Paulo (1973-1982).* São Paulo: Humanitas-Fapesp, 2017.

RUIZ, Vicente Garcia. *De alma aberta:* crônicas libertárias sobre a vida e o chão de fábrica. São Paulo: Edição do Autor, 2015.

Lugares de Memória dos Trabalhadores #19: Prédio do Ministério do Trabalho, Indústria e Comércio, Rio de Janeiro (RJ)

Angela de Castro Gomes

Cartão postal retrata o prédio do Ministério do Trabalho, Indústria e Comércio no Rio de Janeiro (circa 1940).

No dia 8 de setembro de 1997, Arnaldo Sussekind – então o único integrante vivo da comissão que elaborou a Consolidação das Leis do Trabalho (CLT), de 1943 – era o centro das homenagens de uma cerimônia que dava seu nome ao edifício que abriga, até hoje, o Tribunal Regional do Trabalho da 1a Região, situado na Avenida presidente Antônio Carlos, 251, no Centro da cidade do Rio de Janeiro. Em discurso de agradecimento, relembrou a forte carga simbólica do prédio que passava a se chamar Fórum Ministro Arnaldo Sussekind, uma vez que o próprio terreno onde fora edificado tinha uma história que remontava aos eventos da Revolução de 30.

Naquele local situava-se a movimentada Esplanada do Castelo, onde, em 2 de janeiro de 1930, Getúlio Vargas realizou um comício de campanha que se tornou célebre, não só porque reuniu milhares de pessoas (o que era incomum), como porque foi nesse momento que ele anunciou o compromisso de elaborar leis de proteção social ao trabalhador. O "Discurso da Esplanada" transformou-se numa peça chave da plataforma do candidato da Aliança Liberal que, se não inovou ao tratar da "questão social", foi o primeiro a reconhecê-la como uma real questão econômica, que precisava ser enfrentada. Para Vargas, ignorar a necessidade de regulamentar as relações capital-trabalho era o que prejudicava o progresso do Brasil, não o contrário.

Lembrado diversas vezes depois de Vargas chegar ao poder, esse discurso demonstraria o vínculo existente, "desde o início", entre o presidente Vargas e o "povo trabalhador" do Brasil. Não por acaso, logo depois de tomar posse, em novembro de 1930, Vargas criou dois novos ministérios para assinalar as grandes mudanças que a Revolução de 30 desejava promover: o ministério da Educação e Saúde (MES) e o ministério do Trabalho, Indústria e Comércio (MTIC). Considerados como os "ministérios da revolução", eles evidenciavam a presença do Estado em assuntos de "interesse social", o que exigia a montagem de uma nova e moderna burocracia, que se dedicasse a elaborar políticas públicas destinadas à resolução dos problemas existentes nessas áreas tão importantes e, até então, estranhas à regulamentação estatal.

Portanto, os dois ministérios nascem destinados a ocupar uma posição central na administração pública, com ministros poderosos politicamente, espelhando, em suas ações, o perfil do Estado que se inaugurava em 1930. No caso do MTIC, esse propósito foi cumprido à risca. Pode-se dizer que entre 1931 e 1937, principalmente durante as gestões dos ministros Lindolfo Collor e Salgado Filho, portanto, antes da instalação do Estado Novo, a maioria absoluta da legislação trabalhista e previdenciária foi planejada e implementada, além de fiscalizada, ainda que com muitas dificuldades. Contudo, esse ministério não tinha uma sede, abrigando-se provisoriamente em outros espaços públicos. Quando se decidiu que ganharia sua sede, não por acaso, o local escolhido foi justamente um grande terreno, situado junto à Esplanada do Castelo.

O edifício do MTIC foi concebido em dimensões monumentais e seguindo os princípios da moderna arquitetura de inspiração norte-americana, cujos requisitos eram funcionalidade e comodidade. O projeto, em estilo "art déco brasileiro" – uma das variantes da arquitetura moderna da época – era do engenheiro Mário Santos Maia, funcionário do próprio ministério. Embora os estudos para a construção datem de 1933, a pedra fundamental só foi lançada em agosto de 1936, com a inauguração ocorrendo na data festiva de 10 de novembro de 1938, o primeiro aniversário do Estado Novo. Nesse momento Vargas discursou usando o vocativo "Trabalhadores do Brasil", que se tornaria seu bordão ao encarnar o papel de líder trabalhista. A ocasião foi festiva, havendo um desfile de organizações sindicais, algo bem ao gosto das manifestações patrióticas que passariam a acontecer, até o fim do regime, em 1945.

O "Palácio do Trabalho", em seus primeiros anos, foi muito mais o símbolo do poder de um Estado autoritário, que rigidamente procurava controlar os sindicatos e as reivindicações dos trabalhadores. Mas já nos anos 1950, sob o segundo governo Vargas, essa situação começou a se alterar, em especial na gestão do ministro do Trabalho, João Goulart (1953/4). Ele iria estabelecer a prática de receber tanto lideranças sindicais como simples trabalhadores, para conversar sobre variadas questões afetas a esse ministério. Dessa forma, o pesado prédio passou a ser um lugar em que os trabalhadores transitavam com frequência e desembaraço. Com a transferência da capital para Brasília, em 1960, o edifício perdeu sua principal finalidade, mas continuou vinculado ao mundo do trabalho, sediando o TRT da 1a Região.

Porém, em 2019, um dos primeiros atos do governo Bolsonaro foi acabar com o ministério do Trabalho e Emprego, numa indicação evidente do espaço que os trabalhadores ocupariam em sua agenda de políticas públicas. Contudo, ele acabou por recriá-lo em 2021, embora tal ação estivesse longe de um reconhecimento da importância dos direitos sociais do trabalho. Algo, que o terceiro governo de Luís Inácio Lula da Silva promete realizar, com o objetivo de promover o desenvolvimento econômico do país, em aliança com o bem-estar dos trabalhadores.

Referências Bibliográficas:

CAVALCANTI, Lauro. *Moderno e brasileiro: a história de uma nova linguagem na arquitetura (1930-1960)*, Rio de Janeiro, Jorge Zahar Editor, 2006.

GOMES, Angela de Castro. *A invenção do trabalhismo*, Rio de Janeiro, Ed. FGV, 2015 (3a ed.).

GOMES, Angela de Castro. *O Tribunal Regional do Trabalho da 1a Região e a Justiça do Trabalho no Brasil*, Rio de Janeiro, TRT, 2006.

Lugares de Memória dos Trabalhadores #20: Colégio Nossa Senhora de Sion, São Paulo (SP)

Josué Medeiros

Encontro Nacional de Fundação do PT (São Paulo-SP, 10 fev. 1980) [Colégio Sion]

Nas narrativas sobre as origens do Partido dos Trabalhadores, o ato de fundação do partido é lembrado com orgulho e emoção. O encontro marcava um novo momento da esquerda brasileira, reunindo lideranças populares de todo o país, jovens sindicalistas como Olívio Dutra, Jacob Bittar e Lula; históricos militantes como Manoel da Conceição e Apolônio de Carvalho e intelectuais e artistas do porte de Lélia Abramo, Paul Singer, Sérgio Buarque de Holanda, Antônio Cândido e Mario Pedrosa. O local de fundação, no entanto, merece pouca atenção. O Colégio Nossa Senhora de Sion, localizado em Higienópolis, bairro de elite da cidade de São Paulo, é sempre mencionado en passant, como um detalhe a mais, tal como o horário ou o dia do ato.

As cerca de 2 mil pessoas presentes no Colégio Sion representavam uma miríade de tradições políticas, organizações, movimentos sindicais e sociais, intelectuais, movimentos religiosos vinculados à teologia da libertação, que lutavam pela redemocratização do país e tinham como projeto estratégico a constituição de uma ação política autônoma e permanente das classes populares. Mais importante, representavam a energia da explosão social verificada no Brasil desde 1978, com as greves do ABC paulista lideradas por Luiz Inácio Lula da Silva, e que logo se espalhou para todo o país.

"O PT surge da necessidade sentida por milhões de brasileiros de intervir na vida social e política do país para transformá-la". Esta primeira frase do Manifesto de Fundação sintetizava o momento histórico e as tarefas vindouras: era preciso legalizar o partido, o que só foi feito dois anos depois, e viabilizá-lo politicamente, o que só ocorreria, de fato, nas eleições presidenciais de 1989, quando Lula quase chegou lá.

De toda forma, havia um (aparente) paradoxo no fato de um partido de trabalhadores ser fundado em um colégio tradicional da elite paulistana. O Colégio Sion foi criado em 1901 pela Congregação das Religiosas de Nossa Senhora de Sion, influente ordem religiosa internacional. Inicialmente voltado para o ensino feminino, logo se tornou conhecido como a "escola das meninas ricas da cidade".

Apesar de suas origens, o Colégio Sion, desde os anos 1960, seria fortemente influenciado pela teologia da libertação e pela marcante presença do catolicismo progressista na cidade de São Paulo, sob a liderança do Cardeal Dom Paulo Evaristo Arns. O colégio foi, por exemplo, a sede paulista do Centro Ecumênico de Documentação e Informação (CEDI), importante organização de assessoria aos movimento sociais. Do ponto de vista pedagógico, a escola foi pioneira na adoção do Método Montessori, considerado uma forma de ensino humanista.

Apolônio de Carvalho, histórico militante comunista que lutou na Guerra Civil Espanhola e na Resistência Francesa contra o Nazismo e que foi dirigente petista até 1987 comentou a atmosfera que envolvia o colégio no final dos anos 1970:

> "Passei a ir a certas reuniões, no Colégio Sion, o que me permitia admirar profundamente a imagem, envelhecida

> aparentemente, mas tão radiosa, tão jovem, tão cheia de vida, da diretora do colégio, que abrigava o empenho de formação de um novo partido popular, dentro do seu colégio ligado às camadas sociais mais altas".

A escolha do Colégio Sion para sediar a fundação do PT indicava os profundos vínculos entre o catolicismo progressista e o movimento político que deu origem ao partido. Também havia razões práticas. A localização central da escola facilitava o acesso e fornecia o conforto necessário para muitos dos convidados, vários deles políticos e intelectuais idosos. Mas havia igualmente estratégia política. A reunião no Colégio Sion dava respeitabilidade e prestígio a um partido de massas, que se pretendia aberto a todos os setores progressistas que reconhecessem o protagonismo dos trabalhadores.

O Colégio Sion representa simbolicamente um momento de abertura de parte das elites à ideia de que o Brasil precisava de um partido popular, que representasse os "de baixo". No final dos anos 1970, a oposição policlassista à ditadura possibilitou um raro momento de convergência em torno da ideia de que só teríamos democracia com um sério enfrentamento das desigualdades sociais e com a ação autônoma das classes trabalhadoras. Não é por acaso que ao PT aderem personalidades importantes das classes altas. Um exemplo foi a ex-aluna do Colégio Sion, Marta Suplicy, que anos depois seria prefeita de São Paulo, deputada e senadora, além de ministra de Lula e Dilma. No mesmo sentido, podemos dizer que o rompimento de Marta com o PT durante o golpe de 2016 simboliza o atual fechamento das elites econômicas e políticas brasileiras à possibilidade de uma democracia que aceite o protagonismo popular.

Distante da efervescência política do final da ditadura, o Colégio Sion permanece como uma das mais importantes instituições de ensino da cidade. Seu prédio, projetado por Ramos de Azevedo, foi tombado como Patrimônio Estadual em 2016. Mas foi aquele histórico e entusiasmado encontro de militantes no dia 10 de fevereiro de 1980 que marcou para sempre o Colégio Sion como um fundamental lugar de memória dos trabalhadores e trabalhadoras brasileiros.

Referências Bibliográficas:

FERREIRA, Marieta; FORTES, Alexandre (Org.). *Muitos caminhos, uma estrela: memórias de militantes do PT*. São Paulo: Editora Fundação Perseu Abramo, 2008. v.1.

FUNDAÇÃO PERSEU ABRAMO. *Projeto Memória e História. Partido dos Trabalhadores: Trajetórias – das origens a vitória de Lula.* São Paulo: Editora Fundação Perseu Abramo, 2003.

PARTIDO DOS TRABALHADORES. *Resoluções de Encontros e Congressos (1979-1998).* São Paulo: Fundação Perseu Abramo, 1998.

SECCO, Lincoln. *História do PT.* 5 ed. São Paulo: Ateliê, 2016.

VANNUCCHI, Camilo. *Marisa Letícia Lula da Silva.* São Paulo: Alameda Editorial, 2020.

Lugares de Memória dos Trabalhadores #21: Companhia Cimento Portland Itaú, Contagem (MG)

Carolina Dellamore

Companhia Cimento Portland Itaú em funcionamento. .

Em vários pontos de Contagem, na região metropolitana de Belo Horizonte, é possível avistar as chaminés da antiga Companhia Cimento Portland Itaú. Fundada em 1941 e desativada em 1984, a Itaú segue sendo lembrada. Se de um lado, os antigos operários guardam uma memória positiva da fábrica, por outro, muitos moradores da cidade recordam a emissão de pó de cimento das chaminés e as doenças respiratórias advindas da poluição. Nos anos de 1970, muitos deles engajaram-se na luta ambiental, mobilizando-se para exigir a instalação de filtros antipoluentes na empresa.

A fábrica de cimento Itaú foi a primeira implantada no Parque Industrial de Contagem. O Parque, projeto do governo de MG, procurava estimular o desenvolvimento industrial do Estado. Sua implantação atraiu trabalhadores de diversos municípios mineiros e de outros estados do país para empregarem-se na construção da fábrica, sendo absorvidos como operários posteriormente. Construíram grandes galpões, um prédio administrativo em estilo Art Déco e quatro fornos com suas respectivas chaminés. No terreno da Companhia também foi erguida uma vila operária destinada aos trabalhadores considerados indispensáveis à produção de cimento.

Os moradores não pagavam aluguel, as casas eram emprestadas e vinham mobiliadas. A vila possuía posto médico e dentário, farmácia, clube, cinema, armazém, capela e um teatro. Além do Conjunto Musical Itaú, que animava os bailes, havia um time de futebol e a banda de música Sociedade Musical Itaú.

Tudo isso criou um modo de vida dos trabalhadores que contribui para a construção, de uma maneira geral, de uma memória positiva do "tempo da vila". Contudo, os trabalhadores que ali viviam também se reclamam da falta de privacidade e de ficarem totalmente à disposição da empresa, já que a produção de cimento se estendia pelas 24 horas do dia.

A instalação da Itaú em Contagem, no entanto, representou um desafio para a empresa, pois a jazida de calcário, matéria prima necessária para a produção de cimento ficava em São José da Lapa, na época distrito de Lagoa Santa. Para solucionar a questão, a Itaú construiu um teleférico com 28 quilômetros de extensão ligando a jazida à Contagem. Formado por uma estrutura de postes de concreto por onde passavam cabos de aço que sustentavam caçambas, o teleférico além do transporte de calcário, servia aos moradores da região para transportar alimentos e outras mercadorias e não era raro ver trabalhadores da fábrica e crianças pegarem carona nas caçambas. O teleférico foi desativado há muitos anos, mas os postes ainda podem ser vistos na paisagem local, remetendo a lembranças divertidas das caronas, principalmente de moradores do bairro Água Branca.

Nos anos 1960, a Itaú já tinha implantado mais três fornos, aumentando sua capacidade produtiva e convertendo-a na principal fornecedora de cimento para a construção de Brasília. A ampliação da produção, contudo, elevou consequentemente os níveis de poluição em Contagem. A imagem dos telhados brancos das casas em função do pó de cimento que caia diariamente das chaminés é algo muito comum nas memórias dos moradores que também conviviam com diversos problemas de saúde, principalmente respiratórios.

Na década de 1970, a situação tornou-se insustentável, provocando grande mobilização popular para exigir a instalação de filtros antipoluentes. Em 1975, pressionada, a Prefeitura de Contagem, por meio de um decreto municipal determinou o fechamento da fábrica até que fossem colocados os filtros. Os moradores reforçaram a ação da prefeitura e saíram às ruas, em passeata, exigindo o cumprimento do decreto.

No entanto, um dia depois de iniciado o fechamento da Itaú, o presidente da República, General Ernesto Geisel, promulgou um decreto que tornava responsabilidade exclusiva do governo federal "determinar ou cancelar a suspensão do funcionamento de estabelecimento industrial cuja atividade seja considerada de alto interesse do desenvolvimento e da segurança nacional". Assim, em plena ditadura militar, o fechamento da Itaú era cancelado. Alguns moradores do entorno da fábrica foram monitoradas pela polícia política durante toda mobilização. Transformada em questão de segurança nacional, a fábrica de cimento seguiu funcionando sem os filtros antipoluentes e lançando pó de cimento no ar de Contagem até sua desativação em 1984.

Em 1998, a Itaú foi parcialmente demolida para a construção de um complexo comercial. Em função da rápida ação dos técnicos da Diretoria de Memória e Patrimônio Cultural e do Conselho Municipal do Patrimônio Cultural de Contagem (Compac) as quatro chaminés e o prédio administrativo da Companhia foram tombados como patrimônio cultural do município em 2001 e incorporados ao novo empreendimento. Essas edificações patrimonializadas são marcas materiais da efervescência da indústria em Contagem e possibilitam conhecer um tipo de industrialização e o modo de vida de trabalhadores, sua memória e seus saberes. Além disso, as chaminés que tanto poluíram, preservadas, podem ser lidas como símbolo da luta dos trabalhadores da região por melhores condições de vida.

Referências Bibliográficas:

ANDRADE JÚNIOR, Adebal de. *Abrindo patrimônios: objetos, práticas e sentidos do tombamento.* Rio de Janeiro: Multifoco, 2016.

CONTAGEM. Secretaria Municipal de Educação e Cultura. *Dossiê de tombamento das Chaminés e prédio administrativo da antiga Companhia Cimento Portland Itaú.* Contagem: Superintendência de Cultura, 1999.

DELLAMORE, Carolina. *Forjando lideranças: comportamentos políticos e militância operária no Sindicato dos Metalúrgicos de Belo Horizonte e Contagem (1957-1984).* 2019. 443f. Tese (Doutorado) – Universidade Federal de Minas Gerais, Programa de Pós-Graduação em História, Belo Horizonte/MG.

NEVES, Magda de Almeida. *Trabalho e Cidadania: as trabalhadoras de Contagem.* Petrópolis-RJ: Vozes, 1994.

SILVA, Ronaldo André Rodrigues. *Patrimônio industrial: história, memória e cultura.* Revista Por dentro da história, Contagem, n.5, 2012, p. 12-15. Disponível em: http://www.contagem.mg.gov.br/arquivos/publicacoes/revistapordentrodahistoria1608bx5-20190614030541.pdf?x=20191027121922

Lugares de Memória dos Trabalhadores #22: Praça da Bandeira, Moreno (PE)

Marcio Romerito da Silva Arcoverde

Bloco operário, Moreno anos 1950.

A Praça da Bandeira foi construída no centro da cidade operária de Moreno simultaneamente à construção da fábrica e de outras edificações no início do século XX. Fica localizada entre a fábrica têxtil, parte da vila operária e o clube Societé. A cidade de Moreno foi planejada pela Societé Cotonière Belge Bresilienne S. A., empresa belga que montou todo o aparato urbano nas terras do outrora engenho açucareiro Catende. Além de uma fábrica com vila operária e outros espaços públicos e privados, a Societé construiu a praça, que até hoje é o maior centro de sociabilidade da cidade.

Localizada estrategicamente em frente ao portão principal da fábrica, a praça reunia centenas de operários e operárias diariamente esperando a abertura dos portões para trabalhar. Nas horas de lazer, entre conversas e festividades diversas, era um ponto de encontro dos jovens operários. Nas memórias de alguns antigos trabalhadores ela aparece como um importante espaço de sociabilidade. Como se lembra Zita Brito, na praça "tinha retreta. Sabe o que é retreta? *Retreta* era assim; porque Moreno tinha uma banda musical. E então tinha semanas que se fazia retreta." As retretas musicais embalavam diversões dos jovens que "ficavam passeando ali, em volta da praça, e a banda lá, tocando. Era um dos divertimentos também da época".

As *retretas* realizadas pela banda da fábrica atraíam centenas de trabalhadores que, em suas horas de lazer, buscavam divertimento ao som empolgante da banda operária. Ao seu embalo, os operários confraternizavam-se nos fins de semana, nas festividades carnavalescas e após as festas no clube *Societé*. Em muitos momentos, festas no clube eram animadas ao som da Jazz Band e na praça pelo frevo do bloco operário. "No auge da alegria, os invejados tricolores [referência aos que compunham o clube *Societé*] improvisaram assaltos à Praça da Bandeira, ao som do magnífico conjunto de Neco Pedrosa, onde se fez apreciar gigantesco desfile dos foliões que faziam o acrobático passo pernambucano", noticiava o jornal *Correio de Moreno* em março de 1950.

Era também na praça onde se realizavam os festejos e comícios políticos, as mobilizações dos trabalhadores e a distribuição dos boletins e jornais operários, como os da ação grevista contra as mudanças administrativas de 1952. Foi na Praça da Bandeira que muitos operários foram presos pela polícia política da DOPS, tidos como "comunistas que levam seus boletins subversivos" para a agitação do operariado.

Era também nela que se comemoravam as vitórias dos movimentos grevistas ou ocorriam comícios. Foi o que ocorreu, por exemplo, em agosto de 1954, quando o deputado João Cleofas e o ex-ministro do trabalho João Goulart foram recebidos pelo prefeito Ney Maranhão, assim como seus convidados, membros do Partido Trabalhista Brasileiro (PTB).

O espaço público da Praça da Bandeira foi componente no fazer-se da classe trabalhadora local com suas sociabilidades, reivindicações, atuações e interlocuções políticas. Era um espaço de encontro para articular as reivindicações nascidas no chão da fábrica, um ponto de sociabilidade, de divertimento, um lugar de trocas de ideias e de mobilização de classe.

Hoje a praça não conta mais com a presença dos operários a caminho do trabalho. A *Societé Cotonière Belge Bresilienne* encerrou suas atividades na década de 1960. Porém, a Praça da Bandeira ainda concentra os principais acontecimentos culturais e políticos da cidade. Em frente aos portões cerrados da antiga fábrica se reúnem, diariamente, dezenas de ex-operários nas suas conversas e rodas de jogos. A configuração econômica e social do município mudou, mas podemos afirmar que muito da tradição cultural e política de Moreno foi forjada pelos operários e operárias de tecido em suas atividades e cotidiano na Praça da Bandeira.

Referências Bibliográficas:

ARCOVERDE, Márcio Romerito da Silva. *Lutas operárias num espaço semirrural: Trabalho e conflitos sociais em Moreno- PE. (1946-1964)* Dissertação (Mestrado em história social da cultura regional) - Universidade Federal Rural de Pernambuco, Departamento de História, Recife, 2014.

ABREU e LIMA, Maria do Socorro. *Construindo o sindicalismo rural: lutas, partidos, projetos.* 2 ed. - Recife: Ed. Universitária da UFPE, 2012.

LOPES, José Sergio Leite. *A tecelagem dos conflitos de classe na cidade das chaminés.* São Paulo/ Brasília, Marco Zero/ Editora da UnB, 1988.

Lugares de Memória dos Trabalhadores #23: Pedra Lisa, Japeri (RJ)

Leonilde Servolo de Medeiros

Camponeses de Pedra Lisa após conflito com grileiros e a política. .

Pedra Lisa é uma pequena localidade rural, situada no município de Japeri, a poucos quilômetros da cidade do Rio de Janeiro. Hoje, os moradores reivindicam para ela o estatuto de "Comunidade Tradicional dos Camponeses de Pedra Lisa".

Uma enorme pedra, em formato de pão-de-açúcar, indica a origem do nome do local. No sopé da pedra, um campinho de futebol, usado pelas crianças e demais moradores, uma escola e uma casa, esta, até há pouco, mal conservada. Na sua parede, lia-se até antes da reforma realizada pelos moradores por volta de 2016, uma inscrição bastante apagada: "Cooperativa de Pedra Lisa", entidade criada pela Sociedade de Lavradores e Posseiros de Pedra Lisa, no final da década de 1940. Hoje, a casa é a sede do "Núcleo Agrário Miguel Couto Filho".

Na frente da escola, há uma placa de bronze, onde se lê:

> *Os camponeses de Pedra Lisa, posseiros de mais de séculos dessas terras, por sucessões hereditárias e de compra e venda, perseguidos por grileiros, que lhes queimavam as casas e destruíam as plantações, testemunham neste bronze sua imorredoura gratidão ao governador Miguel Couto Filho, pelo seu ato justo e sábio desapropriando estas mesmas terras em favor daqueles que as ocupam e as cultivam e resolvem dar o seu nome a este núcleo agrário, que passará, de hoje em diante, chamar-se Miguel Couto Filho. 13-07-58.*

Pedra Lisa é um dos lugares mais significativos das memórias das lutas por terras no estado do Rio de Janeiro. A área de influência da Associação de Lavradores e Posseiros, criada em 1948 e uma das primeiras associações de lavradores do estado, abrangia terras que passaram a ser disputadas pelas famílias Guinle e Paes Leme. Os limites são imprecisos, mas nela se situava também a localidade de Jaceruba, atualmente pertencente a Nova Iguaçu (até 1991, Japeri era um distrito de Nova Iguaçu).

A principal liderança da associação, José Matias, foi assassinada por um jagunço em novembro de 1953. Desde então, na liderança dos posseiros, destacou-se a figura de Bráulio Rodrigues da Silva. A história do grupo não se separa da trajetória desse líder. Nascido em Minas Gerais, veio para o município de Volta Redonda, Rio de Janeiro, onde se tornou operário e depois foi para a "roça" para, como militante do Partido Comunista, organizar "camponeses", como eram chamados pelos comunistas os lavradores do país. Na Baixada Fluminense, esses camponeses eram em sua grande maioria posseiros, muitos deles descendentes de migrantes, vindos, do Nordeste, de Minas Gerais ou mesmo de outras localidades do estado do Rio, em busca de local para morar e trabalhar. Havendo terras "livres", ou seja, abandonadas, nelas se fixavam.

As disputas por terra em Pedra Lisa, bem como em outras áreas do Rio de Janeiro, se iniciaram quando os que se diziam proprietários passaram a tentar expulsar os posseiros, quer por meio de violência direta, quer por despejos judiciais. Na entrada da região, considerada pela imprensa como "região conflagrada", havia uma tabuleta onde se lia: "Aqui em Pedra Lisa não entra polícia. Nem grileiros. Estas terras têm donos. Cada palmo de chão roubado há de custar a vida de todos nós". Em 1956, ocorreu um primeiro confronto aberto:

os posseiros resistiram, armados (foices, picaretas, armas de caça), a uma tentativa de despejo. O fato repercutiu na imprensa e, após muitas pressões, conseguiram, em 1958, a desapropriação, pelo então governador, Miguel Couto Filho, das fazendas Santo Antônio do Mato e Limeira, alguns dos polos dos conflitos. Dois anos depois, a Fazenda São Pedro, vizinha a elas, mas situada em Jaceruba, foi desapropriada no governo seguinte, de Roberto Silveira.

A ação da Sociedade dos Lavradores e Posseiros de Pedra Lisa, sob liderança de Bráulio Rodrigues, foi além dos limites municipais, levando os camponeses de Pedra Lisa a prestarem apoio a lavradores, em situação similar, em outras localidades da Baixada Fluminense, como Itaguaí e Duque de Caxias.

Quando ocorreu o golpe de 1964, foi forte a repressão na região. Casas foram invadidas, revistadas com violência. Os militares e a polícia queriam saber onde estavam as armas (e só achavam velhas espingardas de caça) e as lideranças. Bráulio Rodrigues saiu da região e ficou escondido em diferentes lugares por mais de dois anos, só sendo preso bem depois.

Após os momentos iniciais de violência, parte das famílias optou por permanecer no local, mantendo as atividades agrícolas e dando à região, ainda hoje, características bastante rurais. Mesmo com pouco apoio governamental sobrevivem nas terras que conquistaram a duras penas. Muitos ainda se lembram das atividades da antiga associação e têm uma memória viva e carinhosa de Bráulio Rodrigues, falecido em 20 de junho de 2019.

A criação de uma nova associação, a reivindicação pelo seu reconhecimento como camponeses e a recuperação, pelos próprios moradores, da sede da antiga associação são indicadores da permanência das lembranças dos conflitos e da luta desenvolvida para garantir a permanência na terra.

Referências Bibliográficas:

BASTOS, Gabriel Souza. *Conflitos de terra em Nova Iguaçu: uma análise a partir do caso de Pedra Lisa. Estudos Sociedade e Agricultura*, fevereiro de 2017, vol. 25, n. 1, p. 179-207.

GRYNSZPAN, M. *Mobilização Camponesa e Competição Política no Estado do Rio de Janeiro (1950-1964).* (dissertação de mestrado) Rio de Janeiro: Programa de Pós-Graduação em Antropologia Social/UFRJ, 1987.

MEDEIROS, Leonilde Servolo de (org), *Ditadura, conflitos e repressão no campo: A resistência camponesa no estado do Rio de Janeiro.* Rio de Janeiro: Consequência, 2018.

SILVA, Bráulio Rodrigues da. *Memórias da Luta pela Terra na Baixada Fluminense.* Rio de Janeiro: Mauad X, 2008. Introdução, organização e notas de Leonilde Servolo de Medeiros.

Lugares de Memória dos Trabalhadores #24: Praça do Comércio, Manaus (AM)

Luís Balkar Sá Peixoto Pinheiro

Praça do Comércio, circa 1953.

Na virada do século XIX para o XX, o Norte do país vivenciou um momento de grandes transformações motivadas pela expansão da economia de exportação da borracha. Entre 1880 e 1910, a borracha foi o segundo principal produto na pauta de exportações brasileiras. Naquele período, afluíram para a região levas significativas de migrantes nacionais e estrangeiros, que contribuíram para uma sensível mudança na face da região, em especial nas duas capitais (Belém e Manaus) exportadoras do produto.

O chamado *boom* da borracha foi fundamental para o processo de urbanização de Manaus. Atribui-se ao governador Eduardo Ribeiro (1890-1896), o principal administrador e urbanista do período, a façanha de ter transformado uma pequena aldeia em cidade moderna, o que, a seguir, acabou dando vazão à representações apologéticas da capital amazonense como a "Paris das Selvas", vivendo o frescor de sua *belle époque*.

Em tais representações, foram comuns as descrições do urbanismo modernizador, seu ambiente cosmopolita, seus magazines, vitrines, praças e passeios públicos por onde desfilavam cavalheiros enfatiotados e senhoras em elegantes musselines, em meio a carruagens e as não menos atraentes cocotes "francesas". Tais representações, no entanto, produziram silêncios importantes sobre um conjunto de práticas e de sujeitos sociais que compunham o universo popular e os mundos do trabalho.

Tendo recebido diversas denominações desde o final do século XIX, o espaço revitalizado nos primeiros anos do século XX, compreendendo o triângulo que se estendia entre os jardins da Igreja matriz, os Armazéns da Manáos Harbour e à Av. Eduardo Ribeiro, com o Prédio da Alfândega em seu vértice, a Praça do Comércio foi local de entrada exclusivo para a capital amazonense até a década de 1940 e, por isso mesmo, o espaço de grandes manifestações populares, que acorriam para ela, seja para a recepção de lideranças políticas chegadas à cidade, seja para as comemorações de datas e eventos cívico religiosos. Mas ela também foi um espaço para as manifestações e protestos da classe operária que começara a se formar e se organizar desde a última década do século XIX.

Foi exatamente a Praça do Comércio, o local escolhido pelos trabalhadores portuários – estivadores, carroceiros, catraieiros e carregadores – para a realização das assembleias e para a concentração de trabalhadores, quando estes decidiram pela realização daquela que pode ser considerada a primeira grande greve operária em Manaus, ocorrida em janeiro de 1899.

A escolha daquele espaço unia, de forma vantajosa, a proximidade dos espaços de trabalho – os armazéns portuários e os trapiches – à dinamicidade do comércio do entorno, o mais importante da cidade e, por isso mesmo, espaço de intenso trânsito de populares. Visto por esse ângulo, a informação de época, de que o movimento grevista de 1899 chegou a concentrar 3.000 pessoas na praça – cerca de 5% da população de Manaus –, não parece exagerada.

Além de impactar centralmente a dinâmica da cidade, as greves de trabalhadores que passaram a ocupar a praça com grande frequência, durante todo o período da Primeira República, frequentemente recebiam a solidariedade da população manauara. Pela imprensa amazonense é possível perceber como os trabalhadores disputaram os espaços da cidade e, em muitos momentos tomaram-nos a seu favor para entabular suas demandas, reivindicações e protestos. Assim, em 1911, um diário da cidade, o *Jornal do Comércio*, informava que às seis horas da manhã do dia 4 de janeiro de 1911, os trabalhadores portuários ocuparam a praça com "avultado comparecimento", para em seguida enfatizar que no início da tarde, "já era extraordinário o movimento de trabalhadores na Praça do Comércio".

O mesmo ocorreu em 1919, quando os trabalhadores de diversas categorias da cidade ensaiaram uma greve geral, transformando novamente a praça no espaço central das mobilizações e manifestações operárias, o que a imprensa noticiou como um "movimento popular extraordinário".

Com o crescimento de Manaus e o consequente espraiamento do solo urbano, a Praça do Comércio foi lentamente cedendo espaço como lócus prioritário das concentrações e mobilizações populares e operárias. A Praça do Comércio, no entanto, jamais saiu de cena e, mesmo hoje, ainda é um importante espaço de manifestações, ao lado das praças da Saudade e São Sebastião, assim como em outros momentos dividiu essa função com o Teatro Alcazar ou o ginásio do Olímpico Clube. Como na Praça do Comércio, em Manaus, a história e memória do trabalho e dos trabalhadores impregnam os espaços da cidade ressignificando-os com suas vivências, aspirações e lutas, e incrustando neles memórias silenciadas que precisam vir à tona.

Referências Bibliográficas:

DIAS, Edinea Mascarenhas. *A ilusão do fausto: Manaus, 1890-1920.* Manaus; Valer, 1999.

COSTA, Deusa. *Quando o viver ameaça a ordem urbana: trabalhadores de Manaus* (1890/1915). Manaus: Valer/Fapeam, 2014.

MESQUITA, Otoni Moreira de. *Manaus, história e arquitetura, 1852-1910.* Manaus: Edua, 1997.

PINHEIRO, Maria Luiza Ugarte. *A cidade sobre os ombros: trabalho e conflito no porto de Manaus (1899-1925).* 3ª ed. Manaus: Edua, 2015.

PINHEIRO, Luís Balkar Sá Peixoto; PINHEIRO, Maria Luiza Ugarte. *Mundos do trabalho na cidade da borracha: trabalhadores, lideranças, associações e greves operárias em Manaus (1880-1930).* Jundiaí, SP: Paco Editorial, 2017.

Lugares de Memória dos Trabalhadores #25: Quadra dos Bancários, São Paulo (SP)

Lincoln Secco

Assembleia dos trabalhadores do Banespa na Quadra dos Bancários, setembro de 1988.

A história recente do Sindicato dos Bancários e Financiários de São Paulo, Osasco e Região, a partir da emergência do chamado novo sindicalismo, se confunde com a Quadra dos Bancários, espaço fundamental de mobilizações e celebrações não apenas da categoria, mas dos trabalhadores e trabalhadoras de uma maneira geral.

A ampliação do patrimônio do sindicato foi decorrência do novo ciclo de greves bancárias aberto em 1979 e que teve seu auge na greve nacional de 1985. Augusto de Campos, que presidiu o sindicato após a vitória da oposição sindical dos bancários em 1979, contava que, para organizar as greves, os bancários se reuniam no pátio do Colégio São Bento. No entanto, devido aos confrontos com a polícia os monges não quiseram mais alugar o espaço. A Casa de Portugal, localizada no bairro da Liberdade, foi a outra opção. Mas o espaço ficou apertado para as assembleias e, em 1980, o sindicato decidiu comprar um terreno na Rua Tabatinguera. Foi ali que se construiu a Quadra.

Desde logo, a Quadra dos Bancários tornou-se um dos espaços mais importantes da vida sindical e política da cidade de São Paulo. Em 11 de abril de 1983, por exemplo, ela foi palco da comemoração dos 60 anos do sindicato. Naquele dia 2.500 pessoas assistiram ao histórico debate entre Lula, Luiz Carlos Prestes e Teotônio Vilela, que naquele momento representavam vias distintas na luta contra a ditadura. A Quadra também era o espaço de eventos esportivos e festivos da categoria. As assembleias de funcionários de diferentes bancos eram feitas na Praça da Sé, na Casa de Portugal e na Quadra, como aconteceu na greve nacional de 1985 e nas campanhas salariais daquela década.

Sua posição geográfica carrega as marcas da formação de São Paulo. Afinal, o Sindicato dos Bancários sempre teve suas sedes dentro ou nas proximidades do Triângulo histórico formado pelas ruas Direita, São Bento e XV de Novembro, no centro da cidade. A Quadra se situa entre a Capela de Santa Luzia e a Igreja de Nossa Senhora da Boa Morte. E fica próxima à Praça Clóvis e à própria Catedral da Sé, palco de reuniões e conflitos sociais ao longo do século XX. Além disso, a localização das sedes do sindicato (no edifício Martinelli, na Rua São Bento); da Contraf – Confederação Nacional dos Trabalhadores do Ramo Financeiro da CUT (na Rua Libero Badaró); e da própria Quadra refletiram a concentração bancária paulistana, antes da expansão da praça financeira para a Cidade Nova, além do Anhangabaú; e, posteriormente, para as Avenidas Paulista, Faria Lima e Berrini.

Ao longo dos anos 1980, o sindicato teve maior capacidade de quebrar a rotina do trabalho e introduzir um caráter lúdico no seu cotidiano. A Quadra era assim, um local tanto das assembleias, quanto de sociabilidade e confraternizações da categoria bancária. A partir dos anos 1990, a Quadra também passou a ser utilizada pelo Sindicato como espaço para a devolução da contribuição assistencial. De espaço da greve, do conflito e da sociabilização dos trabalhadores/as, a Quadra também se tornou uma repartição burocrática onde bancários não sindicalizados uma vez por ano enfrentavam uma fila para abonar a contribuição assistencial.

Mudanças no setor bancário, no perfil da categoria e uma nova conjuntura sindical modificaram, ao longo dos anos 1990, o sentido político da Quadra. A categoria bancária perdeu metade dos seus membros em função da terceirização e da automação. O Internet banking e os caixas eletrônicos se disseminaram. Houve diminuição das greves e, especialmente, de sua dimensão festiva.

Paralelamente, no mesmo período, houve o crescimento institucional do Partido dos Trabalhadores (PT) e a Quadra passou a ser um lugar simbólico para os petistas da cidade e do estado de São Paulo. Seminários, comícios fechados, encontros e festas de aniversário do partido passaram a ser feitos ali. Até encontros nacionais do PT se realizaram na Quadra dos Bancários. Em abril de 2006, por exemplo, o presidente Luiz Inácio Lula da Silva participou da abertura do XIII Encontro Nacional do partido. Na ocasião, discursou durante cerca de 1 hora e 10 minutos para quase 2.000 petistas presentes. Também foi para a Quadra dos Bancários que Lula se dirigiu após sua condução coercitiva no dia 4 de março de 2016. Naquele momento ele se declarou candidato às próximas eleições presidenciais e chorou diversas vezes diante de milhares de militantes

A Quadra é ainda hoje um lugar simbólico da presença na cidade de São Paulo do campo político nascido nas greves do final dos anos 1970 e que tem em Lula sua principal e indiscutível liderança. É ainda um lugar de encontro da classe trabalhadora em sua multiplicidade, portanto, muito além da categoria bancária. Mais que um espaço, ela é uma personagem da história revivida nas assembleias e nos encontros políticos. Em cada um desses momentos as pessoas ali presentes tecem a teia de experiências que as vinculam às gerações passadas, construindo a Quadra dos Bancários como um fundamental lugar de memória da classe trabalhadora em São Paulo.

Referências Bibliográficas:

ALMEIDA, Guilherme Ribeiro. *Reestruturação do Setor Bancário na Década de Noventa*. Campinas, Unicamp, Instituto de Economia, 2003.

BLASS, Leila Maria. *Estamos em greve! Imagens, gestos e palavras do movimento dos bancários*. São Paulo: Hucitec, 1992

FONTES, Paulo; MACEDO, Francisco Barbosa e SANCHES, Ana Tércia. (Orgs.). *90 anos fortalecendo a democracia: bancários de São Paulo (1923-2013)*. São Paulo: Atitude, 2013.

KAREPOVS, Dainis (org). *A Historia dos Bancários. Lutas e Conquistas. 1923 a 1993*. São Paulo: Sindicato dos Bancários, 1994.

SECCO, Lincoln. *História do PT*. 5 ed. São Paulo: Ateliê, 2016.

Lugares de Memória dos Trabalhadores #26: Estação da Calçada, Salvador (BA)

Robério S. Souza

Fachada frontal da Estação de Jequitaia (Calçada).

Os caminhos de ferro são antigos na Bahia, datam dos primórdios da segunda metade do século XIX. A primeira ferrovia – Bahia and San Francisco Railway – começou a ser construída em 1858, com o traçado que partia de Salvador em direção ao interior. Esse empreendimento demandou muitos recursos financeiros, além do engajamento de uma multidão de homens imigrantes e nacionais livres, libertos e escravizados. Naqueles tempos, as máquinas, instrumentos de trabalho, ferragens, entulhos ou a presença dos operários de construção logo passaram a compor e alterar o cotidiano e a fisionomia do local onde as obras começavam. Dentre estas, a então monumental Estação da Calçada, onde começava a linha do trem.

Erguer aquele imponente edifício exigiu não só a supervisão de engenheiros, mas, sobretudo, muito suor de seus trabalhadores, que se desdobravam nas escavações, nos serviços de terraplanagem, remoção de entulhos, preparação de massa de concreto, na carpintaria, fundição, alvenaria, entre outros. Alguns trabalhadores arriscavam suas vidas pendurados entre as ferragens, montando a pesada estrutura metálica ou os suportes necessários para a elevação do prédio. Não por acaso, aquele foi o cenário de diversos acidentes de trabalho. Às 3 horas da tarde de 12 de janeiro de 1861, por exemplo, uma das arcadas de ferro da parte que integrava as paredes do edifício desabou, tirando a vida de José Maria, além de ferir gravemente outros trabalhadores.

Localizada na zona limítrofe da área urbana de Salvador, a Estação da Calçada se tornaria assim "a principal edificação da Bahia and San Francisco Railway e a mais importante estação de quase todas as ferrovias que viriam ser construídas na Bahia". Destinada ao transporte de passageiros e mercadorias, a Estação também se tornou um espaço fundamental de trabalho e trânsito para seus trabalhadores.

Em 1909, os trabalhadores ferroviários da Bahia and San Francisco Railway protagonizaram um dos mais importantes movimentos grevistas da Primeira República. Na imprensa da época circularam as primeiras notícias da insatisfação entre os operários da Estação da Calçada. Longas jornadas de trabalho, esquema clássico da exploração da classe trabalhadora, seriam o estopim da parede. Os trabalhadores também denunciavam os baixíssimos salários e as constantes multas e transferências, prejudicando a sua vida familiar e afetiva.

Essas foram as principais razões para que aqueles homens dessem início a uma onda grevista que se espalhou ao longo da linha do trem, tirou o sossego das elites e abalou a ordem pública baiana. No calor da greve, os trabalhadores da Estação da Calçada montaram uma comissão central encarregada de negociar com os patrões, além de usarem os telégrafos da estação para se comunicarem com as comissões setoriais nas cidades e vilas do interior, com vistas a debater a pauta de reivindicações e construir coletivamente o movimento.

Os patrões e as autoridades baianas sabiam desde cedo que a Estação da Calçada, juntamente com a de Periperi, à aproximadamente onze quilômetros dali, constituíam o front da resistência em Salvador. Assim, sob o argumento do restabelecimento da ordem pública, conseguiram que, durante uma madrugada, a polícia fosse designada para arrancar das mãos dos trabalhadores as duas estações. Na tentativa de inviabilizar a comunicação entre os núcleos grevistas pelo telégrafo, a polícia encarcerou o telegrafista da Estação da Calçada,

Domingo Gusmão. Além de aplicar demissões exemplares, os patrões tentaram impor fura-greves, quando não usaram da coação e violência física para forçar o fim da greve.

A intransigência e as arbitrariedades praticadas pelos administradores da estrada de ferro aumentaram a insatisfação dos trabalhadores fazendo com que o movimento ganhasse força. Não foi à toa que, na calada da noite, os grevistas executaram o plano de tomar as locomotivas desde a estação da Calçada até Periperi, conduzindo-as para Alagoinhas, um dos núcleos grevistas no interior do Estado. Tropas foram enviadas para tentar recuperar as locomotivas, que só foram entregues após o presidente da República nomear um interventor federal nas estradas de ferro da Bahia, fragilizando o poder dos arrendatários. Assim, as negociações foram retomadas e, aos poucos, o movimento foi suspenso.

Quase duas décadas depois, a Estação da Calçada ainda era um espaço importante de organização dos ferroviários. Em 1927, ao tomar conhecimento de mobilizações operárias em Sergipe, os trabalhadores reuniram-se na Estação da Calçada e declararam-se em greve, fazendo com que os patrões acionassem as forças policiais. Hoje em dia, a Estação da Calçada ainda permanece de pé, servindo de local de embarque e desembarque dos trens de passageiros oriundos ou com destino ao subúrbio ferroviário, em Salvador. Além de ter sido local de relações opressivas de trabalho, a Estação da Calçada se constituiu para os trabalhadores como um lugar de memória de suas lutas.

Referências Bliliográficas:

FERNANDES, Etelvina. *Do mar da Bahia ao Rio do Sertão.* Salvador: Secretaria da Cultura e Turismo, 2006.

FONTES, José Raimundo. *Manifestações operárias na Bahia: O movimento grevista. 1888-1930.* Salvador: UFBA, 1982. (Dissertação de mestrado).

SANTOS, Mário Augusto da Silva dos. *A República do povo: sobrevivência e tensão* Salvador (1890-1930). Salvador. EdUFBA, 2001.

SOUZA, Robério Santos. *Trabalhadores dos trilhos: imigrantes e nacionais livres, libertos e escravos na construção da primeira ferrovia baiana (1858-1863).* Campinas: Editora da Unicamp, 2015.

Lugares de Memória dos Trabalhadores #27: Fábrica Nacional de Motores (FNM), Xerém, Duque de Caxias (RJ)

José Ricardo Ramalho

Operários na Linha de Montagem do FNM 2000 – modelo JK.

Fundada em 1942, no contexto da Segunda Guerra Mundial, e localizada em Xerém, distrito do município de Duque de Caxias, no Estado do Rio de Janeiro, a Fábrica Nacional de Motores (FNM) foi construída pelo Estado, sob o rigor da disciplina militar e do apelo ao patriotismo. Assim como a Companhia Siderúrgica Nacional, a Companhia Nacional de Álcalis e a Companhia Vale do Rio Doce, o projeto da fábrica se enquadrava na estratégia de desenvolvimento industrial do período Vargas. A escolha da Baixada Fluminense visava garantir a realização de uma "Cidade dos Motores", autossuficiente em alimentação e moradia, quase como a ideia de um laboratório.

Inicialmente concebida como uma indústria de motores aeronáuticos, a empresa estatal passou, a partir de 1949, a fabricar caminhões e, posteriormente, automóveis. Seus vagarosos e resistentes caminhões ficaram conhecidos como

"Fenemê" ou "João Bobo", e seu automóvel ganhou o nome do presidente JK. Sua história estava entrelaçada com o desejo de parte da elite governamental, militar e empresarial de transformar o "homem brasileiro" em um "trabalhador brasileiro".

As exigências do processo de trabalho fabril ainda eram desconhecidas para a maioria dos trabalhadores, em sua maioria migrantes mineiros e nordestinos. A fábrica chegou a ter perto de 5.000 operários no final da década de 1950, um quarto deles vivendo nas vilas operárias construídas ao redor da fábrica. A ênfase na disciplina e no respeito às chefias eram elementos centrais de um sistema que se implantava com apelo aos valores de "dignidade" e "caráter". Eram relações de trabalho marcadas pelo exercício da subordinação com características militares, paternalistas e de controle sobre a esfera da reprodução social.

Quando a política "invadiu a FNM", principalmente nos anos 1960, aquele modelo de dominação passou a sofrer questionamentos. Com uma estratégia de estar mais presente dentro da fábrica, o Sindicato dos Metalúrgicos da Guanabara não só passou a ter representantes em cada seção, como passou a discordar publicamente das decisões que prejudicavam os operários, chegando, em certos momentos, a reverter algumas delas, graças a paralisações parciais ou mesmo greves.

Foi o que ocorreu em março de 1961, quando pela primeira vez na história da fábrica, os operários paralisaram totalmente o trabalho. Como destacou o jornal Última Hora, foi uma "vigorosa manifestação de protesto contra os baixos salários e que a administração da empresa se nega a reajustar". A greve era a confirmação do fortalecimento do movimento sindical e teve como consequência a construção de uma subdelegacia do sindicato nos domínios da FNM, em plena vila operária.

Como parte desta ação sindical de ocupação do espaço político, particularmente em empresas estatais, foram deslocados para a FNM, desde o final dos anos 1950, metalúrgicos militantes de partidos políticos, em especial do Partido Comunista Brasileiro (PCB). A presença de operários politicamente mais experientes no chão da fábrica estimulou a organização dos trabalhadores enquanto classe. Aquele também foi um período de intensas disputas políticas entre os próprios operários. Além da militância comunista, o Círculo Operário Católico atuava com vigor no interior da FNM.

Embora defendessem a empresa como baluarte da indústria nacional (o nacionalismo era uma das principais linguagens do sindicalismo daquele período), os militantes sindicais colocaram em xeque os mecanismos de dominação utilizados no cotidiano de trabalho e nas atividades extra-fabris (vilas, cooperativas). Assim, transformaram o ambiente da FNM, marcado pela " tranquilidade", em um espaço onde o sindicato passou a ser respeitado e a ter suas reivindicações levadas em conta.

A presença sindical virou uma referência na vida cotidiana dos trabalhadores e nas próprias decisões corporativas da gerência. A delegação da FNM era chamada de "Conselho 51" (no início dos anos 1960, o Sindicato dos Metalúrgicos da Guanabara possuía cerca de 80 Conselhos Sindicais), e como relata uma liderança da fábrica, por volta de 1964, "não se fazia nada na empresa sem que fosse ouvido o Conselho 51".

O golpe de 1964 atingiu em cheio toda essa organização. Os trabalhadores da FNM foram os primeiros a sentir a intensidade da repressão militar. Na madrugada do golpe, quando tropas desciam de Minas Gerais para o Rio de Janeiro, a fábrica, que ficava no caminho, foi imediatamente ocupada e muitas prisões foram feitas. A própria FNM não resistiu à nova orientação econômica dos governos militares e foi vendida em 1968 para a Alfa Romeo (em seguida incorporada pela multinacional FIAT).

No entanto, uma persistente tradição de luta sindical acabou por influenciar os trabalhadores mais jovens durante as greves dos metalúrgicos do Rio de Janeiro no final da ditadura militar, em particular em julho de 1979 e especialmente em maio de 1981, quando os operários da FIAT realizaram uma longa greve "pelo direito ao trabalho". Em crise econômica, a empresa italiana decidiu fechar a fábrica em 1985, transferindo a produção para Betim (MG). Décadas após o encerramento de suas atividades, a presença de várias edificações relacionados à FNM ainda marcam o cenário urbano e as lembranças do cotidiano de trabalho e lutas ainda permanecem na memória de muitos moradores de Xerém e da Baixada Fluminense.

Referências Bibliográficas:

GOMES, Angela Castro. *"O Redescobrimento do Brasil". In Estado novo* – ideologia e poder. Rio de Janeiro, Zahar, 1982.

RAMALHO, José Ricardo. *Estado Patrão e Luta Operária. O caso FNM.* São Paulo, Paz e Terra, 1989.

RAMALHO, José Ricardo. *"Empresas Estatais de Primeira Geração: Formas de gestão e ação sindical".* In ABREU, Alice & PESSANHA, Elina (Orgs), O Trabalhador Carioca: Estudos sobre trabalhadores urbanos do Estado do Rio de Janeiro. Rio de Janeiro, J.C. Editora, 1994.

VALLE Rogério. *A Experiência da FNM.* Rio de Janeiro, GPCT/Coppe-UFRJ, 1983.

Lugares de Memória dos Trabalhadores #28: Tecejuta, Santarém (PA)

Daniela Rebelo Monte Tristan

Instalações da Tecejuta em 1975.

A Companhia de Fiação e Tecelagem de Juta de Santarém, conhecida como Tecejuta, foi a primeira e mais importante fábrica têxtil desse município paraense. A Tecejuta produzia sacos confeccionados com fibra vegetal, principalmente a juta, para acondicionamento de grãos. A planta, de mesmo nome, da qual é extraída a fibra, foi introduzida na Amazônia por japoneses na década de 1930, poucos anos após o início da imigração nipônica para a região. A produção de fios e tecidos de juta constituiu um importante ramo da indústria na Amazônia, sobretudo nos estados do Pará e do Amazonas.

Embora tenha sido fundada na década de 1950, a fábrica só começou a funcionar em 1965 e fechou definitivamente suas portas em 1990. A companhia foi fundada por Kotaro Tuji, um dos responsáveis pela introdução da juta na Amazônia, em associação com um grupo de empresários locais. Ao longo de sua existência, no entanto, a empresa teve diversas modificações em sua composição acionária.

Um dos maiores empregadores do Baixo Amazonas, a Tecejuta, em seu auge, chegou a empregar cerca de 900 trabalhadores(as). Na sua maioria eram antigos pescadores, lavadeiras, carregadores do porto e trabalhadores rurais originários de Santarém e de regiões próximas. Como em outras experiências industriais no Brasil, a maioria dos trabalhadores aprendeu o serviço na prática.

O trabalho fabril disciplinado e pautado pelo ritmo das máquinas causava estranhamento para as operárias e operários. Jurema, ex-trabalhadora da Tecejuta, rememora seu primeiro contato com a máquina: "A primeira vez, quando eu entrei, foi uma sensação estranha, esquisita. Eu pensei: 'Meu Deus, como as pessoas operam isso aqui?' Coisa de outro mundo! Mas depois de um mês eu mexia toda aquela máquina."

As mulheres compunham mais de 70% da mão-de-obra da fábrica. Sua presença provocava escândalo na cidade, pois mulheres trabalhando ao lado de homens, em especial, no turno noturno, era visto com grande suspeição por boa parte da população local.

Alguns trabalhadores braçais da Tecejuta, que efetuavam serviços como o transporte de fardos de juta, acabaram aprendendo algum ofício dentro da fábrica. Esse é o caso de Nonato Serra, que em 1966 foi admitido para trabalhar na função de braçal, mas em pouco tempo foi chamado para ajudar no processo de funcionamento da caldeira e acabou se tornando operador da caldeira.

Em suas memórias, o antigo operário ressalta a importância da caldeira para a fábrica: "ela era responsável em dar vapor para a engomadeira, para a calandra e fazer a chamada do pessoal". Essa chamada se dava através de um apito, sobre o qual explicou o funcionamento: "Tinha muito vapor na caldeira; então você chegava lá, puxava uma corda e a sirene apitava lá: 'txãããããã'. Essa sirene ia numa distância quase no final da cidade. Aí tudo por lá tinha gente que vinha trabalhar, né?" A sirene da Tecejuta faz parte da memória coletiva da cidade. Os moradores de Santarém a tinham como referência em sua gestão do tempo ao longo do dia.

A Tecejuta criou um novo perfil de trabalhador em Santarém, embora não exatamente o operário disciplinado, em perfeita sintonia com as diretrizes da fábrica, como desejado pela gerência da Companhia. A experiência dos(as) trabalhadores(as) no cotidiano fabril gerou vivências coletivas e um mundo de sociabilidades no chão da fábrica e fora dela, incluindo festas e excursões às praias do rio Tapajós em dias de folga. O cotidiano do trabalho ensejava um senso de identidade como trabalhadores, que se expressou, entre outras manifestações, no entendimento da memória sobre o tempo ali vivido como um patrimônio partilhado em comum.

Ali se trabalhava, ali se resistia, ali se lutava por direitos. Embora no início do funcionamento da fábrica não houvesse um sindicato, apenas uma associação controlada pela direção da empresa, as trabalhadoras e trabalhadores buscavam diferentes formas de defender seus interesses. Em 1966, por exemplo, Miranilce Silva, jovem operária, foi demitida por organizar um movimento reivindicativo no setor da tecelagem em protesto contra uma lista de demissão de cerca de cem trabalhadoras. Miranilce foi à Justiça do Trabalho, obteve ganho parcial de causa e ainda prestou depoimento como testemunha de outras operárias demitidas.

No final dos anos 1980, já com a existência de um sindicato atuante, ocorreram três grandes greves, entre outros motivos, para repor a corrosão do salário pela inflação. A presença das mulheres, tanto na liderança como na base desses movimentos, era majoritária. Na última greve, em 1988, houve uma intensa solidariedade na cidade, com a arrecadação e distribuição de mantimentos para os trabalhadores e trabalhadoras.

Em 1989, em meio à falta de matéria-prima e encolhimento do mercado consumidor de seus produtos, o grupo empresarial que mantinha a Tecejuta decidiu fechar a fábrica. Em 2013, seus edifícios, às margens do Tapajós, foram ocupados para a instalação de um terminal hidroviário. Contudo, a fábrica, espaço marcante de conflitos, lutas, sociabilidades e de construção de identidades, permanece como uma fundamental referência na memória da população de Santarém.

Referências Bibliográficas:

FERREIRA, Aldenor da Silva. *Fios dourados dos Trópicos: culturas, histórias, singularidades e possibilidades (juta e malva-Brasil e Índia).* Tese (Doutorado em Ciências Sociais) – Instituto de Filosofia e Ciências Humanas, Universidade Estadual de Campinas, Campinas, 2016.

SOUZA, José Camilo Ramos. *"Parintins e Vila Amazônica: Uma história de construção de vida urbana de imigrantes nipônicos"*. In: HOMMA, Alfredo Kingo Oyama. Imigração japonesa na Amazônia: contribuição na Agricultura e vínculo com o desenvolvimento regional. Manaus: EDUA, 2011.

MATOS, Maria Izilda Santos de. *Trama e poder: a trajetória e polêmica em torno das indústrias de sacaria para o café* (São Paulo, 1888-1934). 2ª. ed. Rio de Janeiro: Sette Letras, 1996.

TRISTAN, Daniela Rebelo Monte. *Trabalhadores da Tecejuta: experiência operária e construção da memória numa fábrica têxtil no Oeste do Pará* (Santarém, 1951-1990). Dissertação (Mestrado em História) - Universidade Federal do Amazonas, Manaus, 2016.

Lugares de Memória dos Trabalhadores #29: Usina Cinco Rios, Maracangalha, São Sebastião do Passé (BA)

Idalina Maria Almeida de Freitas

Fachada da Usina Cinco Rios.

O pequeno distrito de Maracangalha onde se encontram as ruínas da Usina Cinco Rios, está situado no município de São Sebastião do Passé, no Recôncavo Baiano. Local que inspirou a famosa canção de Dorival Caymmi na década de 1950, as histórias que envolveram o "ir para Maracangalha" e a exímia "sambadeira", a Anália, personagem imortalizada pelo poeta, que nasceu e morou na região, são memórias ainda vivas entre os moradores.

A Usina Cinco Rios foi fundada em 6 de novembro de 1912, sucedendo a antiga Usina Maracangalha. O engenho Maracangalha, que deu origem à usina, já existia desde 1757. Inicialmente de propriedade da tradicional família Costa Pinto, a Usina foi adquirida nos anos 1930 por Clemente Mariani, famoso empresário e político baiano. Fechou e reabriu na mesma década, passando para a administração de Álvaro Martins Catharino. No final da década de 1940 esteve à frente Augusto Novis, um dos mais conhecidos usineiros da Bahia. Em meio à decadência de outras usinas no Estado, teve êxito considerável entre as décadas de 1950 e 70.

Cinco Rios foi uma das mais bem equipadas usinas baianas, com maquinário de última geração e força motriz de máquinas a vapor. Possuía propriedades agrícolas que forneciam a cana de açúcar, direcionadas para as moendas e caldeiras. Ao longo do tempo chegou a ter um laboratório químico de controle de qualidade, oficina mecânica, serraria, carpintaria, fundição e outros serviços auxiliares capacitados a produzir peças de reposição. Além de utilizar a estrada de ferro Centro Oeste da Bahia (EFCOB), dispunha de 8 quilômetros de linha férrea, e uma pequena estação própria, juntamente com três locomotivas que realizavam o transporte da cana vindas de suas propriedades agrícolas.

Como várias usinas no Nordeste, Cinco Rios oferecia casas para a acomodação dos trabalhadores e suas famílias. No livro de notas da Usina da década de 1940, por exemplo, encontram-se registros de residências de trabalhadores; uma casa de oração; hospedaria; escritório; uma casa da sociedade dos operários; uma escola, todos com serviços sanitários, cobertas de telhas e com luz elétrica instalada.

Os/as trabalhadores/as da Usina eram, em sua grande maioria negros e negras, descendentes de famílias que há muito habitavam antigas fazendas da região, nos entornos de São Francisco do Conde, Santo Amaro e São Sebastião do Passé. No seu auge, todo o processo produtivo chegou a empregar cerca de mil trabalhadores.

Para muitos deles, a rotina nos campos começava logo cedo com a limpa da cana e a plantação. Alguns possuíam relação fixa de trabalho na empresa, em geral nos ofícios de cozinhador, soldador, evaporador, motorista, carpinteiro, caldeireiro, pedreiro, entre outros. Já uma outra parcela trabalhava de forma sazonal, nas épocas de corte da cana e transporte até a usina para a moagem. As mulheres trabalhavam no corte da cana nos campos. Algumas também foram professoras dos/as filhos/as de trabalhadores em escolas no entorno. As atividades, em geral, eram penosas e o olhar atento do feitor "lembrava o tempo dos engenhos", em uma memória ainda presente do período da escravidão.

Uma forte sociabilidade cultural dos trabalhadores contrapunha-se ao árduo cotidiano na Usina. Eram comuns os sambas de roda, as brigas de galo, a prática do futebol e de rodas de capoeira. Ainda são recorrentes as lembranças de Besouro, lendário capoeirista temido na região por sua valentia e mandigas.

O largo da capela de Nossa Senhora da Guia, próximo à Usina, era o principal ponto de concentração dos trabalhadores e de suas famílias.

Em 1946, os trabalhadores da Usina Cinco Rios aderiram ao Sindicato do Trabalhadores das Usinas de Santo Amaro que naquele ano ampliou sua representação para São Francisco do Conde e São Sebastião do Passé. Nos anos 1940 duas grandes greves paralisaram as usinas do Estado, inclusive Cinco Rios. Em 1954 uma nova greve generalizada espalhou-se pela região. Naquele período, um sindicalismo ativo, com forte influência da militância do Partido Comunista Brasileiro (PCB), organizou os trabalhadores locais e denunciou as péssimas condições de trabalho e o descumprimento da legislação trabalhista. Com a ditadura militar, a região foi declarada área de segurança nacional e o movimento sindical foi fortemente reprimido, jamais recuperando sua pujança anterior.

A Usina Cinco Rios encerrou definitivamente suas atividades em 1987 e hoje encontra-se em ruínas. Quem se aproxima pela estrada de terra e adentra o pequeno distrito de Maracangalha, já avista o que sobrou da imponente construção. Grande parte dos maquinários vindos da Europa e EUA ainda se encontram no local, deteriorando-se sob a ação do tempo. Ao andarmos pela localidade é impossível não ouvir histórias de vidas de gerações de famílias ligadas ao trabalho nas atividades açucareiras. Estão ali as lembranças de jornadas exaustivas, de deslocamentos, de formas de associativismos, dos sambas de roda e capoeira, além da reestruturação nas relações de trabalho por meio da carteira assinada e das lutas por direitos. São diversas histórias e memórias ainda a desvendar de quem foi para Maracangalha.

Referências Bibliográficas:

CASTELLUCI, Aldrin Armstrong Silva; SOUZA, Robério Santos. *Os trabalhadores negros na História Social do Trabalho no Brasil: o longo século XIX*. In XAVIER, Giovana (org.). Histórias da Escravidão e do Pós-abolição para as escolas. Cruz das Almas: EDURFB; Belo Horizonte: Fino Traço, 2016.

CUNHA, Joaci de Sousa. *Amargo açúcar. Aspectos da história do trabalho e do capital no Recôncavo Açucareiro da Bahia (1945-64)*. Dissertação de Mestrado. Universidade Federal da Bahia, 1995.

FRAGA, Walter. *Encruzilhadas da Liberdade. Histórias de escravos e libertos na Bahia (1870-1910)*. Rio de Janeiro: Civilização Brasileira, 2014.

LIMA, Henrique Espada. *Sob o domínio da precariedade: escravidão e os significados da liberdade de trabalho no século XIX*. Topoi. V.6, n°11, jul-dez, 2005.

PAIVA, Neves Valdivino. Maracangalha: *Torrão de Açúcar, Talhão de Massapé*. São Sebastião do Passé. 1996.

Lugares de Memória dos Trabalhadores #30: Estádio de São Januário, Rio de Janeiro (RJ)

Bernardo Buarque de Hollanda

Desfile em celebração do dia Primeiro de maio no Estádio de São Januário.

O estádio do Clube de Regatas Vasco da Gama possui uma história quase centenária. Localizado na zona norte do Rio de Janeiro, no tradicional bairro de São Cristóvão, convertido desde o início do século XX, em um bairro industrial e operário, São Januário tem importância não apenas no âmbito esportivo, mas também na conformação da cultura política brasileira, tendo sido palco de manifestações e da promulgação de direitos da classe trabalhadora no Brasil.

O espaço foi inaugurado em 21 de abril de 1927, após uma extraordinária mobilização dos associados do clube para o soerguimento de um estádio próprio, com capacidade para mais de quarenta mil espectadores. Graças ao empenho dos imigrantes portugueses na arrecadação de contribuições e ao associativismo da colônia lusitana na cidade, o estádio foi construído em torno de onze meses. Em formato semicircular de ferradura, o estádio é considerado um monumento da arquitetura neocolonial, adornada com azulejos e brasões portugueses. Sua fachada é hoje tombada pelo Patrimônio Histórico e Artístico Nacional.

Até 1940, com a criação do Pacaembu, em São Paulo, São Januário foi o equipamento esportivo arquitetônico de maior envergadura no Brasil. No Rio, o campo do Vasco constituiu o principal espaço para a prática do futebol, durante as fases amadora e depois profissional da capital da República. Este status de grandeza durou até o advento do Maracanã, estádio municipal construído para sediar a Copa do Mundo de 1950. Mesmo após a inauguração deste, São Januário continuou a ser referência no universo esportivo brasileiro e permanece em plena atividade

Pode-se dizer que o clube e o estádio simbolizam o processo de popularização e de massificação do futebol no Brasil. O Vasco ficou conhecido como um dos pioneiros na introdução de jogadores negros, mulatos e brancos pobres, recrutados junto às classes trabalhadoras da cidade. Com esse elenco de atletas, em 1923, o Vasco sagrou-se campeão carioca. O feito inédito gerou reações elitistas de parte da entidade responsável pela organização das competições de futebol que impediu a continuidade do time na liga principal, sob o pretexto de ausência de um estádio próprio, fato que motivou a construção de São Januário.

A monumentalidade do estádio tornar-se-ia terreno propício não só para competições desportivas como para eventos de caráter cívicos, com grande repercussão no imaginário político da Era Vargas. Foi em São Januário, por exemplo, que o compositor Villa-Lobos, na condição de músico imbuído do ideário do Estado Novo, desenvolveu nos anos 1940 o projeto educativo nacionalista dos cantos orfeônicos, no qual multidões de crianças entoavam peças do cancioneiro popular e dos repertórios do folclore infantil.

Além das festividades e das cerimônias cívicas, São Januário foi apropriado de igual maneira por atos e manifestações políticas, em especial os desfiles e pronunciamentos de Getúlio Vargas. Frequentador da tribuna de honra nos dias de jogo, Vargas valeu-se da estratégia de utilizar o estádio para fazer discursos de rádio em cadeia nacional. O Dia do Trabalho, comemorado em primeiro de maio no Brasil desde 1925, passou a ser realizado frequentemente no estádio vascaíno durante o Estado Novo.

Em meio a arquibancadas apinhadas de trabalhadores, transmissões radiofônicas e a uma série de ritualizações do poder em campo, anunciaram-se as leis trabalhistas naquelas ocasiões. Um dos auges desse processo ocorreu em 1940, quando se anunciou a criação do salário mínimo, no campo do Vasco. No ano seguinte, seria em São Januário que Vargas instituiria a Justiça do Trabalho.

Correntes políticas que também disputavam a adesão dos trabalhadores igualmente se valeram daquela praça de esportes para a arregimentação de suas bases. Nos estertores do Estado Novo, a promoção de comícios no estádio do Vasco foi uma das estratégias adotadas pelo Partido Comunista do Brasil. Foi ali que, após sair da prisão, o líder do PCB, Luís Carlos Prestes, promoveu um grande ato no dia 23 de maio de 1945. O comício foi uma gigantesca demonstração de força do partido e de prestígio de seu líder, reunindo cerca de cem mil trabalhadores.

Durante a campanha eleitoral de 1950 e no início de seu governo, Vargas e seus seguidores trabalhistas voltariam a eleger São Januário como espaço privilegiado para comícios e mobilizações coletivas. A partir de meados dos anos 1950, o uso do estádio para manifestações de partidos diminuiria de maneira significativa. Isto, entretanto, não significou que as arquibancadas de São Januário deixassem de ser espaço de manifestações e protestos, muitas vezes com clara conotação política, tradição que, de alguma forma, se mantém.

No Rio de Janeiro do século XXI, o outrora bairro operário em que se inscrevia o estádio é hoje uma grande comunidade – a Barreira do Vasco – envolta nos problemas cotidianos que assolam as periferias das grandes cidades. Em meio às novas arenas erigidas para reconfigurar o perfil social dos torcedores de clubes e para se ajustar à nova economia política do futebol internacional, São Januário permanece como um especial lugar de memória dos trabalhadores-torcedores brasileiros.

Referências Bibliográficas:

GOMES, Ângela de Castro. *A invenção do trabalhismo.* Rio de Janeiro: FGV Editora, 2005.

MASCARENHAS, Gilmar. "São Januário, essa força estranha". In: Ludopédio. 20 de outubro de 2017. Acesso em 24/10/2019: https://www.ludopedio.com.br/arquibancada/sao-januario-essa-forca-estranha/

MALHANO, Clara; MALHANO, Hamilton Botelho. *São Januário: arquitetura e história.* Rio de Janeiro: Mauad; Faperj, 2002.

SANTOS, João Manuel Casquilha Malaia. *Revolução vascaína: a profissionalização do futebol e a inserção socioeconômica de negros e portugueses na cidade do Rio de Janeiro (1915-1934).* São Paulo: Tese de Doutorado em História Econômica/USP, 2010.

Site do *Centro de Memória Vasco da Gama*: https://www.vasco.com.br/site/home/centromemoria

Lugares de Memória dos Trabalhadores #31: Praça da Conceição, Porto Alegre (RS)

Isabel Bilhão

Praça da Conceição, detalhe da antiga estatuária.

O Primeiro de Maio viveu, desde o seu surgimento, divergências em torno de seu significado e formas de representação. Para alguns, era dia de festejar, protestar contra as injustiças sociais e homenagear os trabalhadores, ressaltando sua importância para o progresso econômico e social. Para outros, era dia de greve geral pela conquista da jornada diária de oito horas de trabalho e momento de lembrar os mártires operários. Mas, tanto como festividade, quanto como greve, observava-se a necessidade de marcar publicamente a data e torná-la um momento-chave de identificação internacional do operariado.

No final do século XIX, Porto Alegre começava a se industrializar. As primeiras oficinas e fábricas da cidade eram dos ramos alimentício, metalúrgico e de móveis. Portugueses, afrodescendentes, espanhóis, italianos, alemães e poloneses compunham uma nascente e diversificada classe operária. Fundada em

1892 por trabalhadores alemães inspirados na socialdemocracia, a *Allgemeiner Arbeiter Verein* (União Geral de Trabalhadores) foi a primeira e mais influente organização operária porto-alegrense naquele período.

Foi a *Allgemeiner* que, em 1897, iniciou as comemorações do Primeiro de Maio na cidade, congregando, a exemplo de suas congêneres internacionais, o caráter festivo, de confraternização e de protesto. Os relatos encontrados na imprensa apresentam um roteiro de comemorações que parece ter sido seguido na virada do século XIX para o XX.

Conhecida como Praça da Conceição, devido à localização da Igreja da Conceição, a Praça Dom Sebastião (nomenclatura oficializada em 1884) ocupou um papel primordial no roteiro de celebrações do Primeiro de Maio realizadas até pelo menos 1906. A Praça se tornou um ponto de encontro privilegiado para os grupos de trabalhadores que vinham dos variados arrabaldes da cidade, reunindo bandas musicais e associações operárias e populares em geral. Ali, nas primeiras horas da manhã do dia primeiro de maio, se concentravam para ouvir discursos alusivos à data e entoar hinos operários. Também era da praça que saia o desfile que percorreria as ruas centrais da cidade.

Esse cortejo geralmente seguia uma ordem: a comissão organizadora fazia a frente, seguida por uma banda musical formada por trabalhadores e por senhoritas trajando vestes alusivas às aspirações operárias – liberdade, solidariedade e redução da jornada diária de trabalho.

Na sequência, apresentavam-se as organizações operárias e os distintos grupos de trabalhadores, muitas vezes acompanhados de suas famílias. As mais assíduas eram a Liga Operária Internacional, os operários da Companhia Industrial, com sua respectiva banda de música e a mencionada Allgemeiner Arbeitervein. Após percorrer as principais ruas do centro e adjacências – Independência, Ramiro Barcellos, Voluntários da Pátria, Marechal Floriano, Andradas – retornavam à Praça da Conceição para o encerramento das atividades da parte da manhã.

As comemorações do Primeiro de Maio, entretanto, se prolongavam ao longo do dia. No início da tarde, os trabalhadores voltavam a se reunir na Praça da Conceição para rumarem à Chácara Mostardeiro, no bairro Moinhos de Vento. Ali prosseguiam as atividades. Dentre elas: a audição de poesias, apresentações musicais e piquenique. Ao entardecer, regressavam novamente à Praça da Conceição, onde ocorria o encerramento das atividades e a dissolução do préstito.

Observa-se, assim, o visível cuidado do operariado da época para se apresentar publicamente e demarcar espaços simbólicos e geográficos diante das outras classes sociais no dia que lhe era consagrado. Esses desfiles possuíam um forte apelo, não apenas por sua aproximação aos rituais consagrados pela tradição católica, mas também pelo fato de congregarem operários de diversos ofícios, homens e mulheres que, vestindo suas melhores roupas e portando estandartes e bandeiras de suas associações, marchavam lado a lado, reforçando as noções de coesão e unidade, bem como a de honorabilidade operária.

Em outubro de 1906, Porto Alegre viveu, durante 21 dias, sua primeira greve geral. Um dos resultados desse movimento foi a fundação da Federação Operária do Rio Grande do Sul (FORGS). A partir do ano seguinte o ponto de encontro para as comemorações e desfiles do Primeiro de Maio transferiu-se para a sede da Federação, localizada na Rua Comendador Azevedo, no bairro operário chamado Floresta. A Praça da Conceição, situada a aproximadamente três quilômetros, tornou-se paulatinamente o ambiente de um novo público na reorganização urbana da cidade, passando a receber as famílias mais abastadas que tinham suas chácaras nos arredores.

O local segue sendo um importante ponto de encontro e de circulação de uma significativa parcela da população porto-alegrense. Em suas imediações, além da Igreja da Conceição, localizam-se alguns dos prédios que fazem parte do patrimônio histórico e arquitetônico da capital gaúcha, como o do Hospital Beneficência Portuguesa e o do Colégio Marista Rosário. No entanto, houve certo apagamento de sua importância como espaço pioneiro de celebração da data mais importante do movimento operário. Trata-se de um lugar fundamental para a memória dos trabalhadores porto-alegrenses que merece destaque na geografia histórica da cidade.

Referências Bibliográficas:

BILHÃO, Isabel. *Identidade e Trabalho: uma história do operariado porto-alegrense (1898 a 1920)*. Londrina/PR: EDUEL, 2008.

FRANCO, Sérgio da Costa. *Guia Histórico de Porto Alegre* (edição revista e ampliada). Porto Alegre: Edigal, 2018.

PETERSEN, Silvia. *Que a União Operária Seja Nossa Pátria! História das lutas dos operários gaúchos para construir suas organizações.* Santa Maria: Editora UFSM; Porto Alegre: Ed. Universidade/UFRGS, 2001.

Lugares de Memória dos Trabalhadores #32: Corporação Musical Operária da Lapa, São Paulo (SP)

Leonardo Mello e Silva

Corporação Musical Operária da Lapa nos anos 1950.

A Corporação Musical Operária da Lapa surgiu no início do processo de industrialização brasileira. A cidade de São Paulo, a partir da Primeira República, tornou-se o centro da modernidade industrial capitalista do país. A Lapa era um dos vários bairros industriais da cidade que emergiram nesse período.

Naquele contexto, um forte associativismo operário prosperou. Para além de um importante movimento reivindicativo por direitos sociais, cujo maior símbolo e expressão foi a greve geral de 1917, organizações culturais e de lazer, como bandas de música, grupos teatrais, times de futebol e grupos de passeio (tais como saídas para piqueniques), eram marcas características do movimento operário daquela época. Algumas dessas instituições permanecem até os dias hoje, como a Corporação Musical Operária da Lapa

A data oficial de fundação da Corporação é 1914, mas sua origem remonta a 1881. Nos primeiros anos do século XX ela teve a denominação de Banda XV de Novembro, como que a afirmar sua posição pró-republicana. Mas também já se chamou "Lira da Lapa" e "Banda Sete de Setembro", além de "Banda dos Ferroviários", pelo fato de agregar muitos empregados da Sorocabana e da Santos-Jundiaí (a linha coberta pela antiga São Paulo Railway).

Suas apresentações aconteciam inicialmente em procissões, quermesses, além de clubes operários (como o União Lapa Clube) e carnavalescos (como o Carnavalesco Lapeano). Desta forma, ganhou certa projeção na cidade.

A banda era restrita apenas aos músicos homens (o que só mudaria no final dos anos 1970). As primeiras gerações eram compostas apenas por italianos e seus descendentes, muitos deles trabalhadores industriais ou artesãos empregados nas fábricas e oficinas da região.

Em 1930, a Corporação Musical Operária da Lapa construiu sua sede em um terreno doado por Nicola Festa, um imigrante italiano fruticultor e entusiasta das tradições musicais. Desde então, a casinha permanece no mesmo lugar, na rua Joaquim Machado esquina com a passagem que conduz à rua Roma, e por onde anteriormente passava um córrego (chamado então Córrego Mandi), próxima à tradicional estação ferroviária do bairro. Trata-se de uma construção bem simples, composta de uma sala de ensaio, com um curto tablado do lado direito, junto a uma escada que conduz ao mezanino (hoje desativado), além de um pequeno banheiro; as janelas dão para a rua (frente) e para a passagem do antigo córrego (lado).

Com o paulatino declínio de sua composição majoritariamente italiana e o relativo sucesso auferido com as apresentações externas, já a partir da década de 1930, a banda passou a almejar a profissionalização. Na verdade, ela chegou a contar, entre os seus integrantes, com músicos que teriam destaque na cena musical da cidade como foram os casos dos maestros Vicente Santoro e Victor Barbieri, e do clarinetista Nabor Pires Camargo.

Ademais, do ponto de vista de seu formato e do recrutamento de seus membros, a banda musical operária não padecia de acirrada concorrência, a não ser das bandas militares – mas essas últimas tinham exatamente a característica de assegurar o sustento de seus membros, coisa que a Corporação Musical Operária da Lapa não podia fazer, de modo que ela dependia da auto-sustentação dos próprios integrantes para sobreviver. O solidarismo operário, que vinha da própria condição do trabalho, e a manutenção da banda musical numa forma associativa, com certeza reforçaram-se mutuamente.

Com a expansão da indústria cultural, ela foi perdendo a sua exclusividade na animação dos eventos sociais, e uma certa decadência, percebida pelos próprios músicos, adveio. A banda passou a fazer apresentações em festas privadas, de empresas ou shoppings centers que não necessariamente estavam situados no bairro, o que acabou possibilitando a extensão de sua existência, embora não com as mesmas características de origem. Por outro lado, a própria desindustrialização e gentrificação da Lapa e seu entorno contribuíram para a fragmentação, tanto da audiência, quanto do recrutamento de seus membros, quebrando o elo que havia entre os produtores e os consumidores de suas apresentações festivas. Nenhum dos atuais músicos, por exemplo, mora mais no bairro.

No entanto, a Corporação Musical Operária da Lapa ainda se mantém ativa contando com diretoria, regente e estatuto próprios. Foi registrada formalmente como uma associação privada em 1972, e desde então é mantida graças ao caráter voluntário do trabalho de seus membros. Os atuais misturam músicos de ambos os sexos, mas muito mais homens do que mulheres (proporção de seis para uma); idosos mais do que jovens (nenhum menor de 45 anos, grande parte acima dos setenta); e oriundos de locais variados da cidade, mesmo de fora dela. A composição profissional inclui principalmente funcionários públicos e profissionais do setor de serviços. Ensaios abertos ainda podem ser acompanhados por interessados no endereço original, tombado pelo patrimônio histórico municipal em 2009, lembrando tanto aos protagonistas sobreviventes quanto ao seu público de que se trata de uma instituição histórica importante, hoje incorporada à própria vida da cidade.

Referências Bibliográficas:

FONTES, Paulo. *Mapeando o Patrimônio Industrial em São Paulo.* Patrimônio. Revista Eletrônica do IPHAN, Dossiê: Herança Industrial, nº4, março/abril, 2006.

HARDMAN, F. Foot. *Nem pátria, nem patrão! Vida operária e cultura anarquista no Brasil.* São Paulo: Brasiliense, 1983.

MENEGUELLO, Cristina.; MELLO E SILVA, Leonardo.; FONTES, Paulo. *Patrimônio Industrial e Especulação Imobiliária: o caso da Lapa, São Paulo. Minha Cidade* – Vitruvius 107.04, Ano 9, São Paulo, junho, 2009, http://www.vitruvius.com.br/revistas/read/minhacidade/09.107/1847.

SILVA, Juliana S. C. *Práticas Musicais, Comunidade, Locabilidade e Vellhice: um estudo etnográfico sobre a Corporação Musical Operária da Lapa.* Campinas: Dissertação de Mestrado, Unicamp-Instituto de Artes, 2018.

Lugares de Memória dos Trabalhadores #33: Cais do Valongo, Rio de Janeiro (RJ)

Ynaê Lopes dos Santos

DEBRET, Jean-Baptiste. Voyage pittoresque et historique au Brésil. Tome deuxième.

O maior porto escravista das Américas. Essa é a alcunha pela qual o Cais do Valongo ficou conhecido. Foi ali, entre os bairros da Saúde e Gamboa – região central do Rio de Janeiro – que ficava o local que mais recebeu africanos escravizados em toda a história do tráfico transatlântico.

Em 1774, o Vice-Rei Marquês do Lavradio decidiu transferir o local de desembarque e o mercado de africanos escravizados da Praia do Peixe, atual Praça XV, para a região do Valongo, paragem um pouco mais afastada da cidade. A transferência do mercado foi concretizada em 1779. Contudo, apenas em 1811 o cais propriamente dito foi construído, facilitando assim, o desembarque dos navios negreiros.

Os viajantes estrangeiros que visitaram o Cais do Valongo, testemunharam a violência que marcava a instituição escravista e que atravessou a vida de milhares de homens e mulheres retirados de diferentes partes do continente africano, sobretudo da África Centro-Ocidental. Os recém-chegados geralmente estavam desnutridos, doentes e acometidos por imensa tristeza. Não era para menos. Após ficar semanas ou meses em barracões de cidades costeiras na África, a travessa do Atlântico era uma experiência traumática: 40 a 90 dias de confinamento, em porões abarrotados, com pouca comida e água potável, condições higiênicas degradantes que levavam à morte de 30% da embarcação. E no final disso tudo: a escravidão.

Era comum que muitos africanos não fossem postos à venda antes que "melhorassem seu aspecto" e estivessem aptos ao trabalho. Além dos barracões que vendiam os africanos escravizados, também fazia parte do "complexo do Cais do Valongo" o cemitério dos pretos novos, local no qual eram enterrados aqueles que não resistiam à travessia e aos primeiros dias de cativeiro. Parte desse cemitério e das histórias que ele guarda podem ser conhecidos atualmente, graças às ações do Instituto dos Pretos Novos.

Não é mera coincidência que o maior porto escravista esteja localizado justamente no território americano que mais recebeu africanos. Cerca de 40% de todo o tráfico transatlântico tinha o Brasil como destino final. Dos 4,5 milhões de africanos escravizados trazidos para o país, aproximadamente um milhão desembarcou no Valongo. O número de desembarques ficou especialmente elevado entre os anos de 1811 e 1831, período no qual o Brasil passou por uma série de mudanças políticas e sociais – como a Independência em 1822 -, sem que isso abalasse a escolha das elites pela manutenção da escravidão. O Cais do Valongo foi uma espécie de "porta de entrada" para milhares de africanos escravizados, trabalhadores que foram a força motriz do país.

Grande parte dos escravizados que aportava no Cais do Valongo foi vendida para outras localidades das províncias do Sudeste, principalmente para as regiões rurais. Mas também existiram aqueles que não iam para tão longe, vivendo e trabalhando na cidade do Rio de Janeiro, executando um sem número de tarefas e atividades que garantiram o funcionamento daquela que se tornou a maior cidade escravista das Américas. Lavradores de pequenas e grandes propriedades, mineradores, carregadores da Alfândega, quituteiras, padeiros, barbeiro-cirurgiões, vendedores ambulantes, trabalhadores/as domésticos/as eram alguns dos ofícios aos quais esses homens e mulheres eram destinados depois de passar pelo Valongo.

No ano de 1831, após forte pressão da Inglaterra, o governo imperial finalmente aboliu oficialmente o tráfico, fazendo com que todo o complexo do Cais fosse desmontado. Ainda que os traficantes continuassem atuando em portos clandestinos a partir de 1831, o Valongo foi fechado. Em 1843 o Cais do Valongo foi soterrado e no seu lugar foi erguido o ancoradouro que recebeu Tereza Cristina, futura esposa de D. Pedro II, rebatizando o local como Cais da Imperatriz. Décadas depois, em 1904, o local foi novamente aterrado em meio às reformas urbanísticas de Pereira Passos, que transformaram radicalmente o espaço urbano do Rio de Janeiro. Apenas no ano de 2011, com as reformas que preparavam a cidade para as Olimpíadas, escavações permitiram que o Cais do Valongo fosse apresentado ao grande público, trazendo com ele a história e a memória da escravidão. Em 2018, o Cais do Valongo foi oficialmente reconhecido como Patrimônio da Humanidade pela UNESCO.

O reconhecimento da importância histórica do Cais do Valongo foi fundamental para desnudar o que os dois aterramentos aos quais foi submetido tentaram apagar. De um lado, a violência da escravidão e a escolha reiterada do Brasil por toda violência que ela carregou, inclusive a construção do racismo estrutural que nos define socialmente. De outro, a tentativa de silenciar não só a história dos trabalhadores no Brasil, mas também a história e a memória que esses trabalhadores e seus descendentes construíram nas cercanias do Cais do Valongo, uma região que, não por acaso, tornou-se um importante centro de resistência, luta e trabalho de homens e mulheres negros, fossem eles escravizados, libertos ou livres. Por tudo isso, o Cais do Valongo é um lugar de memória fundamental para todos os trabalhadores e trabalhadoras brasileiros.

Referências bibliográficas:

HONORATO, C. de P. *Valongo*: o mercado de escravos do Rio de Janeiro, 1758 a 1831. 2008. Dissertação (Mestrado em História). Instituto de Ciências Humanas e Filosofia, Universidade Federal Fluminense, Niterói, 2008.

MATTOS, H.; ABREU, M.; GURAN, M. (Org.). *Inventário dos lugares de memória do tráfico atlântico de escravos e da história dos africanos escravizados no Brasil.* Niterói: Universidade Federal Fluminense, 2014.

PEREIRA, J. C. M. da S. *À flor da terra: o Cemitério dos Pretos Novos no Rio de Janeiro.* Rio de Janeiro: Garamond: Iphan, 2007.

VASSALO, Simone e CICALO, André, "Por onde os africanos chegaram: o Cais do Valongo e a Institucionalização da Memória do Tráfico Negreiro na Região Portuária do Rio de Janeiro". *Horizontes Antropológicos*, Porto Alegre, Ano 21, n. 43, p. 239-271, 2015.

Site do Instituto de Pesquisa e Memória Pretos Novos (IPN): http://pretosnovos.com.br/

Lugares de Memória dos Trabalhadores #34: Recreio Operário de Fernão Velho, Maceió (AL)

Ivo dos Santos Farias

Evento no Recreio Operário de Fernão Velho. Década de 1960.

Construído em 1948, durante a gestão fabril do grupo Othon Bezerra de Mello (iniciada em 1943), o Recreio Operário é um dos mais imponentes e conservados prédios da antiga vila operária de Fernão Velho, que foi propriedade da Fábrica Carmen de Fiação e Tecelagem, a mais longeva indústria têxtil de Alagoas, inaugurada em 1857. Localizada atualmente na periferia de Maceió, às margens da laguna Mundaú, a fábrica funcionou até janeiro de 2010 e chegou a empregar cerca de cinco mil trabalhadores, entre as décadas de 1940 e 50. Foi a maior indústria têxtil de Alagoas, produzindo tecidos de algodão para o mercado nacional e internacional.

O Recreio foi construído entre dois conjuntos de moradias de operários, ao lado da linha férrea, integrada ao conjunto arquitetônico já existente. Desde a fundação da fábrica, os industriais montaram gradualmente uma estrutura que buscava a organização e o controle sobre a vida dos operários fora do local de trabalho. Diferentes moradias, praças, quadras poliesportivas, igreja católica, cinema, ambulatório, e escolas – todas propriedades dos industriais -, compunham um sistema de "fábrica com vila operária".

Nesse contexto, o Recreio tinha a função de ser um espaço de entretenimento. Os proprietários da Fábrica Carmen propagandeavam-no como um exemplo do bom tratamento supostamente dado aos trabalhadores. Era no Recreio Operário que ocorriam bailes de carnaval, festas do dia das mães, de aniversários e casamento, festejos organizados por times de futebol da localidade, além de espaço para recepção de autoridades políticas e empresariais. Dessa forma, tornou-se um dos mais importantes locais de sociabilidade da classe operária local, mantendo-se ainda hoje como referência constante na memória social.

As festas em espaços públicos, por sua vez, representavam um instrumento pensado pelos industriais para o controle do tempo livre do operariado, inspecionando seu ócio e buscando evitar o "prazer desregrado". Por isso, a gerência fabril se preocupava com a administração das atividades recreativas realizadas na vila operária. Em Fernão Velho havia um gerente, conhecido como Sr. Campina, responsável pelo lazer dos trabalhadores.

Entretanto, o que foi pensado como espaço de controle tornou-se também importante local da fermentação de uma identidade de classe. Consolidou-se como o lugar da recreação "popular" na localidade em oposição a outro, dentro da vila operária, de caráter "elitista". Segundo o operário Veríssimo Ferreira, maestro da orquestra da fábrica e ex-presidente Sindicato dos Trabalhadores Têxteis nos anos 1970, em Fernão Velho havia dois ambientes de cerimônias que distinguiam as classes sociais. O carnaval, segundo ele, era celebrado com "baile na Sede e baile no Recreio. No Recreio era popular, na Sede era para uma sociedade que tinha aqui, a Sociedade Recreativa Othon: só entrava sócio. No Recreio entrava todo mundo".

Além de lugar de festividades, o espaço do Recreio também foi utilizado pelo Sindicato dos Trabalhadores Têxteis, particularmente no efervescente contexto político que antecedeu o golpe de 1964. Foi ali que, em 21 de abril de 1962, tomou posse a direção sindical presidida por José Conrado Alves. Foi um concorrido evento, contando com a presença de diversas lideranças sindicais de Alagoas, do delegado regional do Trabalho e do próprio governador do estado, o General Luiz Cavalcante. Em agosto daquele mesmo ano, o Sindicato lideraria uma vitoriosa greve, que paralisou toda a produção da fábrica por três dias.

O Recreio, desse modo, tornou-se um articulador da identidade de classe, servindo de elo entre o passado e o presente do operariado têxtil de Fernão Velho. Décadas depois, antigos operários e seus "herdeiros fabris" retomam e ressignificam, na memória social local, aquele espaço como um lugar de rememoração de seus encontros e lutas. São comuns nos relatos dos/as antigos/as trabalhadores/as o orgulho de dizer que artistas de reconhecimento nacional, como Luiz Gonzaga, Jackson do Pandeiro, entre outros, se apresentaram no Recreio. Os bailes de domingo, os carnavais ou as festas juninas que aconteciam no local também são recorrentes nas recordações operárias

Com o primeiro fechamento da Fábrica Carmen, em 1996 (o definitivo só se deu em 2010), o Recreio passou a pertencer à Prefeitura Municipal de Maceió. Durante alguns anos o espaço ficou abandonado. No início da década de 2000, porém, o prédio foi reformado e reutilizado pelos moradores da localidade para o funcionamento do CRAS (Centro de Referência de Assistência Social), com atividades esportivas, artísticas e educativas. Assim, de certa forma, esse importante lugar de memória dos trabalhadores alagoanos foi retomado, para as mãos daqueles que podem ser considerados os herdeiros fabris de uma longa tradição cultural de lutas, trabalho e resistência.

Referências Bibliográficas:

CORREIA, Telma de Barros. *Pedra: plano e cotidiano operário no sertão*. Campinas: Papirus, 1998.

FARIAS, Ivo dos Santos Farias. *Nossa casa é do patrão: dominação e resistência operária no núcleo fabril de Fernão Velho (Maceió-AL)*. Curitiba: Appris, 2014.

LOPES, José Sérgio Leite. *A tecelagem dos conflitos de classe na cidade das chaminés*. São Paulo: Editora Marco Zero; Brasília Editora da Universidade de Brasília, 1988

Lugares de Memória dos Trabalhadores #35: Trevo do Bairro Alto, Guariba (SP)

Julia Chequer

Piquete da greve de Guariba, 1984.

Na madrugada do dia 15 de maio de 1984, enquanto vários trabalhadores e trabalhadoras rurais se preparavam para pegar os "caminhões de turma", que os levariam para os canaviais de Guariba e da região de Ribeirão Preto, no interior paulista, outros seguiam em direção às saídas da cidade para formar piquetes. Uma greve havia começado no dia anterior, quando várias turmas pararam de trabalhar nas lavouras, exigindo o fim do regime de sete ruas, que tornava o corte de cana mais penoso e diminuía os ganhos de uma remuneração baseada na produção – medida em toneladas de cana cortada por cada trabalhador.

Os piquetes nas saídas da cidade foram fundamentais para a eclosão do movimento grevista que tomaria as ruas da cidade, se espalharia para outros municípios da região e tornaria Guariba conhecida em todo o país, assim como a situação de miséria dos chamados boias-frias. Era dessa forma que ficaram conhecidos os trabalhadores rurais transportados diariamente para a lavoura em traseira de caminhões junto com seus instrumentos de trabalho e suas refeições, as "boias", que já estariam frias na hora do almoço.

A entrada principal da cidade leva ao trevo do Bairro Alto, através da rodovia José Corona, nomeada em 1981 em homenagem ao fundador da usina Bonfim. A rodovia dá acesso às maiores usinas do entorno e algumas das grandes produtoras nacionais de álcool e açúcar: a Bonfim, em Guariba, a São Martinho, em Pradópolis, e as usinas São Carlos e Santa Adélia, em Jaboticabal. Ponto estratégico, o trevo na entrada do Bairro Alto foi o palco dos principais piquetes de greve.

O bairro foi o primeiro bolsão periférico da cidade, em uma expansão que teve início nos anos 1950 e acompanhou o ritmo de crescimento da agroindústria canavieira na região, com notável salto a partir de 1975, com a promulgação do Programa Nacional do Álcool. O local ganhou o apelido de João-de-Barro pelo tipo de casas, muitas vezes construídas pelos próprios residentes. Os cerca de 10 mil trabalhadores rurais de Guariba eram compostos em sua maioria por famílias de migrantes, sobretudo da região do Vale do Jequitinhonha (MG), do Nordeste e do Paraná. Em grande parte eram negros e negras, de modo que a segregação espacial da cidade também foi marcada por uma dimensão racial.

Naquela terça-feira, os trabalhadores que desceram dos caminhões engrossaram os piquetes e, em seguida, se juntaram às milhares de pessoas que partiram em direção ao centro da cidade, com seus instrumentos e vestimentas de trabalho – uma sobreposição de peças para proteger ao máximo o corpo do sol, da palha da cana, da fuligem e de insetos.

O primeiro alvo da ira dos grevistas foi a Sabesp, empresa que passara a prestar serviços de saneamento na cidade alguns anos antes e que colecionava queixas acerca do péssimo serviço e do alto valor das cobranças. O escritório da companhia foi destruído. Em seguida, foi saqueado um supermercado local, cujo dono havia sido um "gato", nome dado aos intermediadores de mão de obra rural.

A chegada de batalhões de choque de cidades vizinhas deu início a um trágico enfrentamento que deixou 30 pessoas feridas e um morto. Acuado, o movimento – que ainda crescia com piquetes nas lavouras e com o retorno de outros trabalhadores em greve para a cidade – retornava aos bairros periféricos, onde a Polícia Militar perseguiu indiscriminadamente seus habitantes em violentas ações de repressão, que incluiu a invasão de domicílios.

A mobilização tomou de surpresa a cidade, os fazendeiros e mesmo a direção do Sindicato dos Trabalhadores Rurais de Jaboticabal, que possuía uma subsede em Guariba. Auto-organizado, o movimento ganhara forma na noite anterior, nas ruas, nos bares e nos espaços de sociabilidade dos trabalhadores.

O Bairro Alto foi o epicentro da greve. Os piquetes no trevo foram fundamentais para o sucesso do movimento e remetem a uma memória de resistência, já que décadas antes, em novembro de 1961, outra (pouco conhecida) greve de canavieiros provavelmente teve início ali, de onde os trabalhadores também tomaram o centro da cidade e conquistaram a assinatura de um acordo por usineiros e governantes.

Em 1961, no entanto, setores do sindicalismo católico mediaram a assinatura do acordo, ao passo que, em 1984, pela primeira vez, patrões e governantes sentaram para negociar diretamente com uma comissão de trabalhadores para firmar o chamado Acordo de Guariba. Não demorou para que essas conquistas fossem pautadas por uma série de mobilizações que se espalharam pela região. Em 1985, o Sindicato dos Trabalhadores Rurais de Guariba seria refundado. Ainda que as mulheres tenham demorado a fazer parte das diretorias e sejam pouco associadas à imagem do boia-fria, sua participação na greve e na força de trabalho é notável nos testemunhos.

Em um contexto de redemocratização, a greve de Guariba em 1984 tornou os boias-frias sujeitos políticos de importância central. Juntamente com outras mobilizações do período, como as dos canavieiros de Pernambuco, denunciou a miséria e os limites do "novo agronegócio" promovido pela ditadura, além de contribuir para a renovação do sindicalismo rural e para a conquista de direitos que teria na Constituição de 1988 um momento crucial. Um repertório de lutas gestado por anos e experimentado nos trevos e nas ruas do Bairro Alto tornam esses espaços fundamentais lugares de memória dos trabalhadores e trabalhadoras rurais de Guariba e do país.

Referências Bibliográficas:

CHEQUER, Julia. *Memórias ocultas*: experiências de mulheres canavieiras em Guariba (1975-1985). Dissertação (mestrado) - Programa de Pós-Graduação em História, Política e Bens Culturais, CPDOC/FGV, 2019.

NOVAES, J. R., ALVES, F. *Guariba 1984* (vídeo). São Paulo: FERAESP, UFRJ e UFSCar, 2002a.

PENTEADO, Maria Antonieta Gomes. *Trabalhadores da cana:* protesto social em Guariba - maio de 1984. Maringá: Eduem, 2000.

VETTORASSI, Andréa. *Espaços divididos e silenciados*: um estudo sobre as relações sociais entre nativos e os "de fora" de uma cidade do interior paulista. Dissertação (Mestrado em Ciências Sociais) - UFSCar, São Carlos, 2006.

WELCH, Clifford Andrew. *A semente foi plantada*: as raízes do movimento sindical camponês no Brasil, 1924-1964. São Paulo: Expressão Popular, 2010.

Lugares de Memória dos Trabalhadores #36: Matte Larangeira, Laguna Carapã (MS)

Vitor Wagner Neto de Oliveira

Trabalhadores e moradores de Campanário (década de 1920).

Na fronteira entre Brasil, Paraguai e Argentina, a exploração da erva-mate foi uma das primeiras atividades econômicas de características capitalistas que "abriu" a região ao mercado regional e internacional. Área até então de domínio indígena, essa região que inclui o atual estado de Mato Grosso do Sul passou por profundas transformações entre a segunda metade do século XIX e as primeiras décadas do século XX. Empreendimentos dedicados à exploração da erva proliferaram pela tríplice fronteira. Em sua maioria eram espécies de enclaves industriais semi-autônomos, frequentemente transnacionais, com leis, códigos e moedas próprios.

No sul de Mato Grosso, uma empresa em especial se tornou o maior empreendimento deste tipo. A Cia. Matte Larangeira teve sua origem em 1874, quando Thomaz Larangeira, funcionário da comissão de demarcação de fronteiras após a Guerra da Tríplice Aliança com o Paraguai, começou a explorar a erva-mate do lado paraguaio. Em 1882, o governo do Império do Brasil concedeu-lhe autorização para exploração de grande extensão de terras no sul de Mato Grosso. A renovação e ampliação constante das concessões de terras continuou durante o período republicano, graças às relações estabelecidas com famílias que dominavam a política do Mato Grosso, como os Murtinho, acionistas da empresa desde 1891. Em 1902, o controle da empresa passou para o grupo Francisco Mendes & Cia e a matriz estabeleceu-se definitivamente em Buenos Aires. No Brasil, a vila de Campanário, inaugurada em 1921 no município de Ponta Porã, tornou-se o principal centro administrativo e de oficinas da Matte Larangeira.

Assim como em outros empreendimentos ligados à exploração da erva-mate, muitos dos trabalhadores que extraiam, beneficiavam (cancheavam) e transportavam o produto nos ervais da Matte Larangeira eram arregimentados entre os indígenas guarani e kaiowa que dominavam tradicionalmente o uso da planta. Grande parte trabalhava em família, recebendo por produção. O porto de Posadas, na província argentina de Misiones, era o principal centro de contratação de trabalhadores não indígenas, em particular paraguaios. Esses trabalhadores eram contratados por intermediários, os conchavadores, que além de antecipar uma parte do salário, eram responsáveis pelo transporte e vigilância dos trabalhadores até seu embarque para os ervais.

Nos ervais da empresa, o dialeto corrente era o guarani. A "moeda" em que se pagavam os vales e se consumia nos bolichos (pequeno comércio de secos e molhados e pontos de encontro para jogar e beber) era o giro, um tipo de "papel" emitido pela empresa que circulava por toda a região. Existia ainda o sistema do barracão, em que o trabalhador era pago em mercadoria fornecida pela própria empresa, endividando-se, quase sempre. Estimativas indicam que, em seu auge, até 10 mil trabalhadores foram empregados na Matte Larangeira.

Ao longo dos anos, as fugas tornaram-se uma das principais formas de resistência dos trabalhadores diante das opressivas condições impostas pela empresa. Era um grande risco diante das violentas forças de vigilância da Matte Larangeira e da Força Pública do Estado, sempre dispostas a "caçar" e prender os "infratores". A União dos Trabalhadores de Campo Grande chegou a denunciar ao recém criado Ministério do Trabalho nos anos 1930 as condições de trabalho que levavam à fuga dos trabalhadores. Sabotagens na produção e lutas pelo controle do tempo também foram comuns, em particular entre os trabalhadores da extração. Muitas vezes essas ações provocaram alterações importantes nas relações de trabalho na empresa.

Os conflitos, frequentemente violentos, entre a Matte Larangeira e pequenos produtores pela posse da terra na região também foram recorrentes. A tensão se intensificou a partir de 1916, quando o Estado deu garantias legais para a permanência de posseiros já estabelecidos. Em 1932, posseiros e pequenos produtores chegaram a organizar a Liga dos Combatentes em Ponta Porã, que promovia campanha contra o monopólio de arrendamentos por parte da empresa

Além disso, os processos migratórios para a região também enfraqueceram o monopólio da empresa sobre a terra. Em 1943, no contexto da campanha da "Marcha para o Oeste" do Estado Novo, o governo de Getulio Vargas criou a Colônia Agrícola Nacional de Dourados, cedendo glebas para migrantes nordestinos, e cancelou a concessão de terras para a Matte Larangeira. No final da década de 1940 a empresa deixou de explorar os ervais na região, mantendo, contudo, ervais na Argentina e a sede em Buenos Aires. No Mato Grosso permaneceu com extração de madeira até o ano de 1957.

Para operação no imenso território que compunha seus domínios, a Matte Larangeira implantou diversos portos e vilas, sendo que algumas se tornaram cidades. Os prédios, residências e armazéns da antiga Vila Campanário são hoje patrimônio da Fazenda Campanário na rodovia MS-156, no município sul-mato-grossense de Laguna Carapã. A fazenda, de 37 mil hectares, é um típico latifúndio moderno do agronegócio em uma região de alta concentração fundiária. Mas os vestígios arquitetônicos da Vila Campanário também são lugares de memória do trabalho e da resistência dos povos locais. Resistência atualizada pela luta contemporânea de novos sujeitos como os sem-terra e os indígenas expulsos dos seus territórios.

Referências Bibliográficas:

ARRUDA, Gilmar. *Frutos da terra*: os trabalhadores da Matte-Larangeira. Londrina: Editora UEL, 1997.

GUILLEN, Isabel Cristina Martins. *O imaginário do sertão: lutas e resistências ao domínio da Companhia Matte Larangeira (Mato Grosso: 1890)*. Tese (Doutorado em História). Campinas: IFCH/UNICAMP, 1991.

OLIVEIRA, Vitor Wagner Neto de. "Sin él, en el Chaco no hay ingenio, ni obraje, ni algodonal": o mundo do trabalho nas fronteiras do Cone Sul. In: ESSELIN,

Paulo Marcos e FONSECA, Vinicius Rajão da (Orgs.). *O expansionismo brasileiro sobre a Bacia Platina e a Guerra da Tríplice Aliança contra o Paraguai.* Porto Alegre: PPGH; FCM, 2019.

QUEIROZ, Paulo Roberto Cimó. "A Companhia Mate Laranjeira, 1891-1902: contribuição à história da empresa concessionária dos ervais do antigo sul de Mato Grosso". *Territórios e Fronteiras.* 8 (1), 2015.

Filme *Selva trágica* (1963), direção Roberto Farias. https://www.youtube.com/watch?v=G_4NUUOAcmg

LUGAR LUGARES DE MEMÓRIA DOS TRABALHADORES #37: Sede da União Operária Primeiro de Maio, Alegrete (RS)

Anderson Pereira Corrêa

Prédio da União Operária 1º de Maio, de Alegrete, construído em 1955. A casa, em primeiro plano, pertence à família Castilhos, os doadores do terreno para construção da sede.

A União Operária foi fundada em 25 de abril de 1925 no Teatro Rio Branco, Praça XV de Novembro (atualmente Centro Administrativo Integrado Renato Mendes Jacques, na praça Getúlio Vargas). Em 1927, a União adquiriu seu espaço próprio à Rua Vinte de Setembro, 241. O prédio da sede, que existe até hoje, começou a ser construído em 1955. Em seus primeiros anos, a União Operária foi uma entidade pluriclassista, sindical, de mútuo socorro (mutualista) e de assistência. A entidade foi fundada por trabalhadores de variados ofícios, incluindo artesãos (sapateiros, ferreiros, marceneiros), servidores públicos, comerciantes, vendedores de lenha, aguadeiros, lavadeiras e empregadas domésticas. Após a década de 1950, adotou o complemento "Primeiro de Maio".

Alegrete foi uma das primeiras cidades a desenvolver uma economia urbana no Rio Grande do Sul, na virada do século XIX para o XX. Embora sua base econômica fosse alicerçada na produção primária, principalmente a pecuária, na cidade havia muitas oficinas, manufaturas, algumas indústrias e um comércio bem estruturado. Além disso, possuía uma importante estação da Viação Férrea e, a partir da década de 1920, iniciou um processo de ampliação dos serviços públicos. Esse relativo desenvolvimento econômico atraiu imigrantes, em particular italianos e alemães. Em 1921, o município possuía 30.905 habitantes, dos quais 7,8% eram imigrantes. A proporção de imigrantes na população de todo o Rio Grande do Sul naquele período era de 6,9%.

Assim como em outros lugares do país, desde o final do século XIX, associações operárias de categorias específicas e pluriprofissionais surgiram em Alegrete. A presença de imigrantes na economia urbana e na organização das primeiras associações operárias foi bem significativa. Em 1882, por exemplo, foi fundada na cidade uma associação mutualista italiana. A Mútua Proteção Operária da cidade foi criada em 1897 e registros indicam a existência de uma Associação dos Empregados no Comércio em 1905 e de um Centro Operário em 1915. O Primeiro Congresso Operário do Rio Grande do Sul, realizado em Porto Alegre em 1898, foi presidido pelo marceneiro Eduardo Mallmann, então presidente da Mútua Proteção Operária de Alegrete.

A União Operária organizava conferências, assembleias e participou ativamente dos congressos da FORGS (Federação Operária do Rio Grande do Sul) em 1927 e 1928. Possuía, inclusive, uma escola e realizava atividades de confraternização e protesto no dia 1º de maio. Na União também foram discutidas a implantação das novas regulamentações do trabalho, de assistência, previdência e organização sindical a partir da década de 1930. No entanto, a nova legislação trabalhista, com seu caráter corporativo e de organização dos trabalhadores em categorias profissionais, acabou por enfraquecer o papel de entidades como a União Operária, que reunia várias categorias e prestava socorro através do mutualismo (pecúlio com fins de ajuda mútua em caso de doença). Com as novas leis, seu caráter mutual e sindical foi se esvaziando. A partir da década de 1950, a União Operária foi assumindo cada vez mais características de um clube recreativo, com a realização de bailes e carnavais.

Embora em seus primeiros anos, a presença de imigrantes tenha sido predominante entre seus sócios e dirigentes, a União Operária rapidamente caracterizou-se como um espaço de união de trabalhadores de diversas nacionalidades e etnias. Em particular, os trabalhadores afrodescendentes, rejeitados em outras associações da cidade, assumiram um lugar de destaque na União.

A partir do final da década de 1930 trabalhadores negros passaram a ocupar os cargos na direção, inclusive a presidência da entidade. Tal processo atingiu seu ápice na década de 1970, quando a União Operária Primeiro de Maio passou a ser conhecida como "Clube dos Negros", por reunir a comunidade afrodescendente do bairro e da cidade como um todo.

Após um período de decadência e inatividade, a União Operária Primeiro de Maio foi reativada por um grupo de ativistas sindicais e culturais com o objetivo de preservar a memória das lutas sociais da cidade e promover discussões políticas e culturais sobre questões relacionadas à classe, gênero e etnias. O prédio-sede da União é atualmente compartilhado com a União das Associações de Bairros de Alegrete (UABA) e encontra-se em condições precárias, necessitando de uma reforma e "restauração" de suas características arquitetônicas. Como um lugar de memória fundamental para a história dos trabalhadores e trabalhadoras de Alegrete, há uma campanha em curso para que seja tombado e reconhecido como Patrimônio Histórico do município.

Referências Bibliográficas:

CORRÊA, Anderson R. Pereira. Movimento operário em Alegrete: a presença de imigrantes e estrangeiros (1897 – 1929). Porto Alegre, *dissertação (História-PUCRS)*, 2010. http://tede2.pucrs.br/tede2/handle/tede/2325

CORRÊA, Anderson R. Pereira. "A Formação da Classe Operária em Alegrete: a participação de imigrantes (República Velha)", R*evista do Instituto Histórico e Geográfico do Rio Grande do Sul*, v. 01, p. 13-35, 2015. https://seer.ufrgs.br/revistaihgrgs/article/view/60828

CORRÊA, Anderson R. Pereira. *Uma história operário-sindical de Alegrete*; a formação da classe operária alegretense. Bagé, RS: Faith, 2018. v. 01. 86p. https://docplayer.com.br/84643036-Uma-historia-operario-sindical-de-alegrete-a-formacao-da-classe-operaria-alegretense.html

PETERSEN, Sílvia Regina Ferraz; LUCAS, Maria Elizabeth. *Antologia do movimento operário gaúcho (1870-1937)*. Porto Alegre: Ed. Universidade/UFRGS/Tchê!, 1992.

PETERSEN, Sílvia Regina Ferraz. *Que a União Operária seja a Nossa Pátria* – História das lutas dos gaúchos para construir suas organizações. Porto Alegre: Ed.Universidade/UFRGS, 2001.

Lugares de Memória dos Trabalhadores #38: Sede do Sindicato dos Ensacadores e Carregadores de Café do Rio de Janeiro (RJ)

André Cicalo

Comemoração religiosa da posse de diretoria do sindicato em 1961 na Igreja de Santo Antonio dos Pobres no centro do Rio de Janeiro.

No dia 20 de Abril de 1931, na rua Santo Cristo dos Milagres 309, região portuária do Rio de Janeiro, aconteceu uma importante reunião de trabalhadores avulsos em café, que buscavam organizar um sindicato próprio. De fato, a lei de sindicalização n. 19.779, instituída no mês anterior, oferecia novas oportunidades aos trabalhadores, até então pouco protegidos. Nascia assim o Sindicato dos Carregadores e Ensacadores de Café do Rio de Janeiro (SCECRJ), popularmente conhecido como Sindicato do Café.

Ao organizar os trabalhadores especializados no armazenamento e transporte de café no cais do porto do Rio, o Sindicato do Café visava a profissionalização da categoria e procurava tirar vantagens das leis trabalhistas prometidas pelo novo governo de Getulio Vargas. Apenas entre abril de 1931 e janeiro de 1936 foram cadastrados 1.832 sócios (todos homens), sendo aproximadamente 83% deles brasileiros, 15% portugueses e 2% de outras nacionalidades.

A maioria desses trabalhadores, como era tradicional no transporte de café no Rio de Janeiro, era composta por negros que provinham de áreas rurais do estado mas também de outros lugares do país, como Minas Gerais, Espírito Santo e Pernambuco. Essa presença negra pode ser notada de forma imediata nas fotografias tiradas em vários momentos da história do sindicato. Além disso, é possível perceber uma identidade e conexões étnicas que muitos desses trabalhadores desenvolveram a partir da memória relativamente recente da escravidão e de suas relações com o mundo do carnaval carioca.

Em 1940, o Sindicato aprovou seu primeiro estatuto. Ele previa a prestação de assistência jurídica e financeira para os trabalhadores, a criação e manutenção de cursos de alfabetização, escolas, hospitais e ajuda para funerais, entre outros serviços. Também estabelecia regras rigorosas em relação à ética do trabalho, especialmente contra a conduta não-profissional, a falta de cumprimento das diretivas sindicais e as ausências injustificadas ao trabalho. Em 1947, a organização pôde finalmente adquirir uma sede própria no bairro de Gamboa, na Rua Silvino Montenegro 104. Composto de quatro andares, o local foi solenemente inaugurado no dia Primeiro de Maio de 1950 pelo Presidente da República Eurico Gaspar Dutra.

Entre os anos 1950 e 1960, o Sindicato do Café incrementou seu poder político e econômico na região portuária, assim como no âmbito estadual e federal. A sede sindical era palco de grandes comemorações para celebrar os aniversários do Sindicato e as posses das novas diretorias. Nessas ocasiões era frequente a presença de personalidades do calibre do Governador da Guanabara, Carlos Lacerda, de representantes do Ministério do Trabalho e de políticos próximos ao Sindicato, como os deputados José Gomes Talarico e Tenório Cavalcanti. Os eventos eram geralmente acompanhados de missas celebradas nas Igrejas de Santo Antônio dos Pobres, de São Jorge (patrono do Sindicato) e da Candelária.

Em 1960, além da sede própria, o Sindicato dos Carregadores e Ensacadores de Café possuía um considerável patrimônio. Nessa época, eram notáveis as ligações do Sindicato com o Partido Trabalhista Brasileiro (PTB), especialmente com Luthero Vargas e José Gomes Talarico. Um testemunho da simpatia pela tradição varguista, pode ser visto na Revista do Sindicato que, em 1961, lembrava que Getúlio Vargas "possibilitou que o Trabalhador [do Café] ocupasse, positivamente lugares de destaque nos cenários econômico, jurídico e político [do país]".

No início dos anos 1960, em um momento de efervescência política, crise do setor cafeeiro e aumento vertiginoso do custo de vida no Brasil, o Sindicato se tornou um centro importante de organização de greves e paralisações. É possível supor que as redes formais e informais de resistência negra cumpriram um importante papel na organização e manutenção das mobilizações dos ensacadores e carregadores de café do Rio de Janeiro naquele período.

Com o golpe militar de 1964, as manifestações operárias foram reprimidas violentamente, enquanto a vida cotidiana do proletariado portuário era intensamente vigiada pela policia política. Com a ditadura militar e a perda progressiva da importância do café na economia nacional, o Sindicato entrou numa lenta e irreversível crise, da qual nunca mais se recuperaria.

Em meados dos anos 1980, a associação tentou ampliar sua base de representação, convertendo-se no Sindicato de Movimentadores de Carga do Rio de Janeiro (SINTRAMAERJ). Essa nova organização chegou a incorporar em sua esfera o extinto Sindicato do Sal e a categoria dos ajudantes de caminhão. Apesar dessas mudanças, sua decadência foi inexorável. Hoje, longe das glórias do passado, encontra-se à beira da extinção. No entanto, a sede do antigo Sindicato dos Ensacadores e Carregadores de Café e suas memórias continuam resistindo, tanto ao esquecimento histórico, quanto à especulação imobiliária e expropriações alimentadas pelo processo de reconversão urbanística no porto do Rio de Janeiro.

Referências Bibliográficas:

CHALHOUB, Sidney. *Trabalho, lar e botequim: o cotidiano dos trabalhadores no Rio de Janeiro da belle époque*. São Paulo: Brasiliense, 1986.

CICALO, André. "Campos do pós-abolição: identidades laborais e experiência "negra" entre os trabalhadores do café no Rio de Janeiro (1931-1964)". *Revista Brasileira de História*, vol. 35, n. 69, 2015.

CRUZ, Maria Cecília Velasco. "Da tutela ao contrato: "homens de cor" brasileiros e o movimento operário carioca no pós-abolição". *Topoi*, v.11, 2010.

GOMES, Angela de Castro. *A invenção do Trabalhismo*. Rio de Janeiro: Ed. FGV, 2005.

GOMES, Flávio dos Santos. "Quilombos do Rio de Janeiro no século XIX." In REIS, João José e GOMES, Flávio dos Santos. *Liberdade por um fio: história dos quilombos no Brasil*. São Paulo: Companhia das Letras 1996.

Lugares de Memória dos Trabalhadores #39: Campo de Concentração de Senador Pompeu (CE)

Frederico de Castro Neves

Canteiro de obras de construção do Açude Lima Campos, em 1932.

Originalmente, as edificações que formaram o que ficaria conhecido como Campo de Concentração da cidade de Senador Pompeu, no Ceará, faziam parte da estrutura criada por uma empresa inglesa que iria construir um açude. No entanto, em 1923, a obra foi interrompida e os prédios abandonados. Em 1932, com mais uma grande seca no estado, foram incorporados à estrutura administrativa do campo de concentração, como parte de uma ampla intervenção governamental para controlar as migrações dos trabalhadores sertanejos pobres.

O Campo de Senador Pompeu, que chegou a reunir mais de 18 mil pessoas em maio de 1932, foi inicialmente planejado para a retomada das obras de construção do açude Patu, de forma a incorporar a mão-de-obra "disponível" durante a seca, quando milhares de camponeses ficaram sem trabalho. No entanto, a direção da IFOCS (Inspetoria Federal de Obras contra as Secas) decidiu priorizar outros açudes e outras barragens de menor porte. Os trabalhadores alistados nas obras saíam do campo somente para o trabalho nas obras públicas; as famílias (idosos, crianças e mulheres) deveriam permanecer no interior da cerca de arame farpado, realizando tarefas relacionadas à alimentação e manutenção das moradias. Camponeses, portanto, eram concentrados em espaços reduzidos, em barracas improvisadas, compartilhando espaços de descanso, alimentação e trabalho com desconhecidos, submetidos a regras despóticas inexistentes na agricultura familiar que, em sua maioria, praticavam.

Únicas construções de alvenaria, os prédios sediavam atividades de controle de alistamento nas obras, distribuição e armazenamento de alimentos, constituindo-se, por isso mesmo, em locais de conflitos e reinvindicação dos trabalhadores. Em torno desses prédios, os trabalhadores dividiam seus sofrimentos, disputavam alimentos e remédios, exigiam vagas nas obras públicas, reclamavam da qualidade da comida ou do atendimento médico, experimentavam novas formas de luta coletiva e de enfrentamento com o poder do Estado. Grupos de retirantes ameaçavam os mercados e as cidades vizinhas e manifestações de protesto reuniam centenas de trabalhadores, no interior e nos arredores do campo.

As condições de vida eram as piores possíveis e a mortalidade (especialmente entre as crianças) muito alta, principalmente com a eclosão de uma epidemia de cólera, que fez com que um cemitério fosse apressadamente construído ao lado da barragem, com os corpos amontoados em valas comuns, contrariando os preceitos religiosos praticados costumeiramente pelos camponeses.

O Campo de Senador Pompeu não foi o único. Foram criados outros seis por todo o estado: Urubu e Matadouro (em Fortaleza), Burity (em Crato), Cariús, Ipu e Quixeramobim. Destes, Matadouro e Quixeramobim foram fechados poucas semanas depois de abertos. Os outros funcionaram como centros de recepção, assistência, controle e trabalho dos retirantes entre março de 1932 e fevereiro de 1933, acolhendo milhares de camponeses deslocados de suas terras em função da destruição da produção local pela ausência de chuvas regulares e mecanismos de proteção social. O maior de todos os campos, o Burity, chegou a receber cerca de 60 mil retirantes.

A criação dos Campos, em 1932, obedecia a uma política oficial de controle dos pobres durante o Governo Provisório de Getúlio Vargas (1930-1934), que reunia o Ministério de Viação e Obras Públicas (MVOP), a Inspetoria de Obras Contra as Secas (IFOCS) e a Interventoria Federal do Ceará, que chegou a criar uma secretaria especial (o Departamento das Secas) para administrar os campos e todas as iniciativas governamentais de assistência aos retirantes. Não era a primeira vez que a expressão "campo de concentração" era utilizada em documentos oficiais ou na imprensa para designar esses mecanismos de isolamento social dos retirantes. Em 1915, o Campo de Concentração do Alagadiço, em Fortaleza, reuniu cerca de 8 mil pessoas. Era uma iniciativa do governo estadual para evitar que multidões de retirantes famintos ocupassem o espaço público da cidade.

Com exceção do campo de Senador Pompeu, poucos vestígios materiais restaram dos campos de concentração cearenses e das experiências daquelas famílias de trabalhadores. Os prédios daquele campo permaneceram na memória dos camponeses retirantes como referência de um tempo de dor e sofrimento, de trabalho exaustivo e compulsório, de tarefas repetitivas e muitas vezes inócuas. Logo após o fechamento do campo foi se constituindo um ambiente em que uma crença popular nos milagres atribuídos às "almas da barragem" foi desenvolvida entre os camponeses pobres da região, que passaram a se dirigir em romaria aos pontos de referência dos eventos ligados à seca de 1932. Em 1982, sob influência do cristianismo de libertação, a paróquia local passou a organizar a Caminhada da Seca, que, uma vez por ano, refaz os caminhos da retirada dos camponeses pobres, entre os locais de moradia, a periferia da cidade, as estradas de terra, o cemitério e os prédios remanescentes do campo de concentração, levantando bandeiras de luta contra o latifúndio, a injustiça e a miséria.

Em 2019, a prefeitura local tombou, como patrimônio municipal, os prédios do Campo de Concentração de Senador Pompeu. O lançamento do filme *Currais* sobre a seca de 1932 e os campos, além de uma série de matérias na mídia deram, enfim, alguma visibilidade nacional para esse fundamental lugar de memória dos trabalhadores e trabalhadoras cearenses.

Referências Bibliográficas:

MARTINS, Aterlane. *Das Santas Almas da Barragem à Caminhada da Seca*: Projetos de Patrimonialização da Memória no Sertão Central Cearense (1982-2008). Fortaleza: Museu do Ceará, 2018.

NEVES, Frederico de C. Currais dos Bárbaros: os campos de concentração no Ceará (1915 e 1932). *Revista Brasileira de História*. São Paulo: ANPUH, v. 15, n.29, 1995.

RIOS, Kênia Sousa. *Isolamento e Poder*: Fortaleza e os campos de concentração na Seca de 1932. Fortaleza: Imprensa Universitária UFC/Museu do Ceará, 2014.

SILVA, Karoline Queiroz e. *"Viva as almas da barragem!"*: a construção da Caminhada da Seca, Senador Pompeu-CE. Dissertação (Mestrado em História) - Universidade Federal do Ceará, 2017.

Filme: *Currais*. Direção de Sabina Colares e David Aguiar, 2019. (trailer em https://vimeo.com/310779563)

Lugares de Memória dos Trabalhadores #40: Auditório da Secretaria da Saúde de Minas Gerais (Minascentro), Belo Horizonte (MG)

Samuel Oliveira

Congresso dos Trabalhadores Favelados no Auditório da Secretaria de Saúde de Minas Gerais, Belo Horizonte, maio de 1962.

O edifício do Minascentro foi construído em estilo eclético, com projeto assinado pelos arquitetos Arquimedes Memória e Franciscque Couchet. Fazia parte de um conjunto de edifícios públicos construído pelas elites mineiras na fundação do novo espaço urbano, no contexto da mudança da capital do estado de Ouro Preto para Belo Horizonte. Em princípio deveria abrigar o Ginásio Mineiro, mas acabou abrigando a Escola de Aperfeiçoamento, dirigida por Helena Antipoff, e posteriormente a sede Secretaria de Saúde e Assistência Pública em 1948. Em 1982, o prédio passou a ser utilizado como um centro de convenções. Consolidava-se a erosão da memória social que os trabalhadores construíram naquele espaço, em particular nos anos 1960.

Mesmo sendo um edifício identificado com os ideais elitistas do governo do estado, a Secretaria de Saúde situava-se em área de grande circulação e comércio popular no centro da cidade. Entre a Avenida Augusto de Lima e rua Curitiba, era vizinha do Mercado Central, espaço construído para lidar com a carestia e o desabastecimento de alimentos que foi uma constante no crescimento urbano experimentado nas décadas de 1940 a 1960 e tema de mobilização dos trabalhadores. Na segunda metade do século XX, o progressivo esvaziamento do uso residencial da área central da cidade acentuou a identificação das áreas próximas à Secretaria de Saúde como localidade popular.

Dois importantes eventos marcaram a relação da Secretaria de Saúde e a história dos trabalhadores no país e na cidade. O I Congresso Nacional dos Lavradores e Camponeses Sem Terra (1961) e o I Congresso dos Trabalhadores Favelados de Belo Horizonte (1962) foram realizados no grande auditório da Secretaria. Esses eventos eram parte de um processo de ascensão da classe trabalhadora na esfera política e mudança de uso do espaço da cidade. A expansão dos direitos políticos na redemocratização de 1945 e a crescente participação de trabalhadores na vida política do país ampliou o número de organizações populares e uma intensa discussão sobre a expansão dos direitos sociais e políticos. No centro de Belo Horizonte, o auditório da Secretaria de Saúde, as escadarias da Igreja São José, a Praça Sete de Setembro, a Praça Rio Branco e a Feira Permanente de Amostras – espaço onde era comemorado o 1º de maio – foram sistematicamente ocupados por manifestações políticas que buscavam representar os trabalhadores.

Os dois eventos realizados no auditório da Secretaria de Saúde ocorreram durante o governo de Magalhães Pinto (1961-1964) e mostram a força e o apelo desses movimentos sociais naquela conjuntura. Mesmo um governo de direita e liberal, de uma das lideranças mais expressivas da União Democrática Nacional (UDN), negociava e cedia espaço para a realização de eventos políticos que demandavam a reforma agrária e a reforma urbana. No período, Edgard Godoi da Mata Machado (UDN) era Secretário do Trabalho e Cultura Popular, e foi o responsável por realizar essa articulação do governo de Minas Gerais com os movimentos sociais e setores políticos trabalhistas, comunistas, socialistas e católicos reformistas que participaram desses congressos.

O I Congresso dos Lavradores e Camponeses Sem Terra, realizado em novembro de 1961, foi organizado pela União dos Lavradores e Trabalhadores Agrícolas do Brasil (ULTAB). O evento foi um marco fundamental numa conjuntura de acirramento das lutas sociais no campo brasileiro e nas demandas por uma ampla reforma agrária no país. O congresso foi marcado pelas disputas entre as Ligas Camponesas, lideradas pelo deputado Francisco Julião, a ULTAB, ligada ao Partido Comunista Brasileiro (PCB), e a Ação Popular, organização católica, em torno das definições e estratégias das lutas dos camponeses. Como resultado foi lançada a Declaração de Belo Horizonte, documento que orientou o processo de regularização e reconhecimento de sindicatos rurais, a expansão de direitos sociais no campo, e uma proposta de regulamentação para o governo federal desapropriar terras improdutivas em favor dos trabalhadores rurais.

Meses depois, em maio de 1962, um novo encontro de trabalhadores lotaria o auditório da Secretaria de Saúde de Minas. O Congresso de favelas aprovou a Carta de Direitos do Trabalhador Favelado. Ela sintetizava as demandas por uma reforma urbana articuladas, naqueles anos, por um intenso associativismo comunitário em bairros periféricos e favelas em várias cidades do país. Na capital mineira, essa luta resultou da organização da Federação de Trabalhadores Favelados de Belo Horizonte (FTFBH), que chegou a reunir cerca de 55 associações de moradores. O documento também serviu de pauta de mobilização dos trabalhadores favelados na eleição municipal de 1962, quando Dimas Perim, militante comunista conhecido como o "advogado de favelas", foi eleito vereador de Belo Horizonte pela legenda do Partido Trabalhista Brasileiro (PTB). O mandato de Perim foi cassado após o Golpe de 1964.

Os trabalhadores e suas manifestações foram duramente reprimidos após o golpe civil-militar, mas resistiram e o centro de Belo Horizonte voltou a ser ocupado. Em 1968, o auditório da Secretaria de Saúde e Assistência foi palco para a concentração dos trabalhadores na campanha contra o "arrocho salarial", ocorrida em março e nas comemorações do Primeiro de Maio, em meio a outras manifestações operárias, greves e lutas dos estudantes. A repressão que viria depois do Ato Institucional nº5 intensificou ao fechamento do espaço público urbano e esvaziamento dos protestos dos trabalhadores.

Construído pelas oligarquias estaduais na Primeira República como um lócus de um discurso higienista e racista que representava os trabalhadores nacionais como incivilizados, o edifício, em particular seu auditório, tornou-se palco da luta pela expansão dos direitos e reconhecimento da questão social no meio rural e urbano brasileiro. Nos anos 1980, quando o prédio foi adaptado como um equipamento urbano ligado ao mercado de espetáculos e eventos, a memória dos trabalhadores urbanos e rurais associada a essa localidade foi negligenciada e esquecida. É tempo de recuperá-la.

Referências Bibliográficas:

BORGES, Maria Eliza Linhares. Estilistas urbanos do universo rural: o PCB na luta pela sindicalização rural em MG. *Revista Brasileira de História*, São Paulo, n. 27, 1994, pp.73-86.

CAMISASCA, Marina Mesquita. *Camponeses mineiros em cena: mobilização, disputas e confrontos (1961-1964).* Dissertação (Mestrado em História). Belo Horizonte, Faculdade de Filosofia e Ciências Humanas, Universidade Federal de Minas Gerais, 2009.

DEZEMONE, Marcus. A questão agrária, o governo Goulart e o golpe de 1964 meio século depois. *Revista Brasileira de História*, São Paulo, v.36, n.71, 2016.

OLIVEIRA, Samuel Silva Rodrigues de. *O Movimento de Favelas de Belo Horizonte (1959-1961).* Rio de Janeiro: E-papers, 2010.

OLIVEIRA, Samuel Silva Rodrigues de. O Golpe de 1964 e a repressão ao movimento de 'Trabalhadores Favelados'. *Revista Antíteses*, Londrina, v. 8, p. 336-339, 2015.

OLIVEIRA, Samuel Silva Rodrigues de, CAMISASCA, Maria Mesquita. O auditório da Secretaria de Saúde e Assistência Pública de Minas Gerais: lugar de memória dos trabalhadores em Belo Horizonte (1961-1964). *Tempo e Argumento*, Florianópolis, v.13, n.34, set./dez.2021.

Lugares de Memória dos Trabalhadores #41: Rua Caetano Pinto, Brás, São Paulo

Luigi Biondi

Cortejo do funeral de José Martinez, 11 de julho de 1917.

Na manhã do chuvoso dia 11 de julho de 1917, uma multidão de trabalhadores se reuniu em frente ao número 91 da Rua Caetano Pinto, no bairro paulistano do Brás, aguardando a saída do féretro de José Gimenez Martinez, um operário de origem espanhola de 21 anos e membro do grupo anarquista "Jovens Incansáveis", que ali morava. Martinez havia sido assassinado dois dias antes num embate entre grevistas e a força pública em frente à Tecelagem Mariangela do grupo Matarazzo. O cortejo, com cerca de 10.000 pessoas, levou o corpo ao cemitério do Araçá encabeçado por duas bandeiras vermelhas listradas de preto. Uma simples rua de trabalhadores simbolicamente se alongou naquele dia por toda a cidade, apropriando-se do espaço das elites da capital paulista. Aquele foi um momento marcante de uma greve que se generalizaria nos dias seguintes por diversas categorias profissionais e outras cidades do Estado de São Paulo e marcaria as relações de trabalho no país.

A greve de 1917 foi a mais importante mobilização operária em São Paulo na Primeira República. A paralisação chegou a bloquear toda a cidade por vários dias e teve nos embates de rua e na ocupação de fábricas em bairros como Brás e Mooca algumas de suas principais características. A sociabilidade operária de ruas como a Caetano Pinto, pontuada por fábricas, moradias populares, associações e grupos políticos, certamente possibilitou a intensidade do movimento. O envolvimento comunitário, com particular papel das mulheres, assemelha a greve de 1917 às dinâmicas sociais de outras grandes mobilizações urbanas naquele período.

A Rua Caetano Pinto, cujo nome homenageia um antigo proprietário de terras na região, localiza-se no coração do Brás, principal e pioneiro bairro operário de São Paulo no início do século XX. Trata-se de uma transversal que corre da esquina com a Rua Visconde de Parnaíba até a Rangel Pestana, avenida que corta o bairro em duas partes e que, durante décadas, conectou a cidade operária ao então centro burguês. Ainda hoje essa região marca o início da Zona Leste, a *ZL trabalhadora* dos paulistanos. A rua, que ainda era um descampado no mapa de 1881, já aparecia urbanizada em 1895. Ficava no meio de um conjunto de quadras densamente povoadas, onde se alternavam oficinas e grandes estabelecimentos fabris, galpões, armazéns, depósitos, sobrados modestos e diversos cortiços, entre eles o Quintalão, o maior do Brás. Era uma das muitas ruas do bairro que sempre concentrou migrantes, inicialmente estrangeiros e, a partir das décadas de 1930 e 1940, brasileiros: feição característica da formação da classe trabalhadora paulistana, uma riqueza multicultural unificada e ressignificada na condição operária.

Martinez, símbolo da luta sangrenta dos dias da greve geral de 1917, havia chegado em São Paulo com a família da Espanha no começo daquele ano. Ao olharmos os nomes dos seus companheiros na pequena fábrica de calçados Bebé, onde trabalhava, reconhecemos uma grande maioria de espanhóis e italianos. A Caetano Pinto fica a três quadras da Hospedaria dos Imigrantes (hoje Museu da Imigração), por onde passaram milhares de trabalhadores estrangeiros e brasileiros, sobretudo de Minas Gerais e dos estados do Nordeste.

Naquele período, a Caetano Pinto era a "rua dos napolitanos". Muitos imigrantes da região italiana da Campânia ali se empregavam em oficinas, fábricas e no pequeno comércio. Em 1900, foi construída uma pequena igreja dedicada à Nossa Senhora de Casaluce, popular na região de Nápoles e, desde então, uma das principais festas populares do Brás, dedicada à santa, é ali realizada. Os empresários Matarazzo, também de origem campana, tentaram desfrutar das fidelidades étnicas apoiando as atividades da igreja e suas festas.

As fábricas dos Matarazzo estavam espalhadas pelo bairro. O Moinho e a Tecelagem Mariangela, situavam-se algumas quadras mais ao norte da Caetano Pinto. Em 1933, a Metalúrgica Matarazzo, uma das primeiras grandes fábricas do setor em São Paulo, transferiu-se exatamente para a Rua Caetano Pinto, bem em frente à igreja. Apesar do paternalismo patronal praticado pelos empresários, greves seriam comuns na Metalúrgica e nas demais fábricas do grupo.

A dinâmica demográfica e social do Brás, que se realizava de forma exemplar na Rua Caetano Pinto, articulava fortemente a experiência da migração à de classe, o que ficava ainda mais evidente em momentos críticos de conflito social. Apesar do gradual processo de desindustrialização do Brás a partir dos anos 1970, ainda hoje existem na rua uma fábrica têxtil e unidades manufatureiras menores, depósitos de maquinários, comércio popular e conjuntos residenciais modestos. Próximos à velha igreja católica, cultos neopentecostais prosperam. A rua continua a manter seu perfil popular e o aspecto do trabalho fabril não se perdeu totalmente.

Em 1995, a Central Única dos Trabalhadores (CUT) transferiu sua sede nacional para o prédio da Metalúrgica Matarazzo, desativada há alguns anos. A ocupação por uma central sindical da antiga fábrica de um dos mais famosos grupos industriais do país, representou uma apropriação simbólica icônica. O elo com a história operária paulistana foi celebrado por ocasião dos 100 anos da greve geral de 1917, quando uma série de atividades promovidas pela CUT e pela Fundação Perseu Abramo foram realizadas no Brás. A Rua Caetano Pinto é o lugar de memória que conecta mais de 100 anos de lutas dos trabalhadores e trabalhadoras brasileiros.

Referências Bibliográficas:

BIONDI, Luigi e TOLEDO, Edilene. *Uma revolta urbana.* São Paulo: Perseu Abramo, 2018.

CACCAVELLI, Bruno. *Lazer e sociabilidade de trabalhadores do bairro paulistano da Mooca, 1900-1920.* Dissertação de Mestrado em História, EFLCH-Unifesp, 2015.

DUARTE, Adriano Luiz. *O direito à cidade. Trabalhadores e cidadãos em São Paulo, 1942-53.* São Paulo: Alameda, 2018.

HALL, Michael M. "O movimento operário na cidade de São Paulo: 1880-1954". In: PORTA, Paula. *História da cidade de São Paulo*, v. 3. São Paulo: Paz e Terra, 2004, pp. 259-289.

RIBEIRO, Suzana Barreto. *Italianos no Brás. Imagens e memórias*. São Paulo: Brasiliense, 1994.

Lugares de Memória dos Trabalhadores #42: Cooperativa dos Ferroviários, Santa Maria (RS)

Glaucia Vieira Ramos Konrad

Sede da Cooperativa dos Empregados da Viação
Férrea do Rio Grande do Sul, Santa Maria.

Santa Maria é considerada o centro geográfico do estado do Rio Grande do Sul. A localização estratégica da cidade possibilitou a construção daquele que seria o principal entroncamento ferroviário do estado e que impulsionou o desenvolvimento de toda a região. A ferrovia mudou o traçado urbano da cidade e criou uma rede de serviços, comércio, escolas e instituições. Em torno da Estação formou-se o bairro de Itararé, formado majoritariamente por ferroviários. O Monumento ao Ferroviário, erguido na década de 1930, marca o cenário da cidade até os dias de hoje. Clubes e associações como o Clube Treze de Maio (formado por ferroviários negros), o Riograndense Futebol Clube (fundado em 1912) e o Círculo Operário Ferroviário (criado nos anos 1920), entre outros, foram vitais na vida comunitária local. Não à toa, durante grande parte de sua história, Santa Maria foi conhecida como a Cidade Ferroviária.

Em 1905, através de uma concessão federal, a empresa belga Compagnie Auxiliare de Chemins de Fér au Brésil tornou-se arrendatária da Viação Férrea do Rio Grande do Sul (VFRGS), quando Santa Maria passou a ser a sede da rede ferroviária do estado. Ao longo do século XX, a rede ferroviária passou por diversas administrações. Em 1913, a Brasil Railway assumiu o controle da rede férrea no estado. Sete anos depois, o governo do Estado encampou a VFRGS. Em 1957, foi criada a Rede Ferroviária Federal (RFFSA), absorvendo todas as empresas da VFRGS em uma só.

Os ferroviários de Santa Maria formavam uma categoria bastante diversificada, com a presença de trabalhadores negros, alemães, italianos, portugueses, judeus, entre outros. Em que pesem suas diferenças internas, os ferroviários logo se destacariam por sua capacidade de organização e poder de barganha. Os baixos salários, as constantes demissões e os acidentes de trabalho foram respondidos com frequentes greves e com a criação de uma forte cultura de solidariedade de classe e apoio mútuo.

Seus movimentos reivindicatórios frequentemente contavam com o apoio da comunidade local. Durante as greves, as famílias dos ferroviários ajudavam a impedir que os trens saíssem e procuravam convencer os fura-greves a aderir aos movimentos. As mulheres tinham uma ação destacada nesses momentos, criando uma rede de apoio para manter a subsistência das famílias nos períodos de paralisação e também tomando à frente das barricadas para impedir o avanço das forças policiais.

Foi no contexto da grande greve ferroviária de 1906 que surgiu a ideia da criação de uma entidade que proporcionasse aos ferroviários acesso aos produtos de consumo mais baratos. Mas seria apenas em 1913 que, por iniciativa do Sindicato dos Ferroviários da VFRGS, foi fundada a Cooperativa de Consumo dos Empregados da Viação Férrea do Rio Grande do Sul (COOPFER) em Santa Maria. Sua sede era na Vila Belga, um conjunto habitacional construído pela Viação em 1907.

O objetivo da Cooperativa era o de fornecer gêneros alimentícios, vestuário, calçados, medicamentos e assistência hospitalar aos ferroviários associados. Ao longo do tempo a COOPFER criou quinze armazéns e dezesseis farmácias em todo o Rio Grande do Sul, além de um hospital, a Casa de Saúde de Santa Maria. A Cooperativa também foi responsável pela instalação de duas escolas na cidade, voltadas para o ensino profissional e para as mulheres da comunidade ferroviária. Além destas escolas, ao longo das linhas férreas, foram criadas as Escolas Turmeiras com o objetivo de alfabetizar adultos nas pedreiras. Entre as décadas de 1950 e 1960, chegou a ser considerada umas das maiores cooperativas da América do Sul, chegando a ter cerca de 23 mil associados.

Com importante atuação de socialistas em suas origens e, posteriormente, de ativistas comunistas e trabalhistas, a COOPFER também se tornou um importante espaço para o movimento operário. Para além dos próprios ferroviários, tornou-se uma referência para diversas categorias de trabalhadores que, em momentos de greves e protestos, uniam-se para reivindicar direitos e melhores condições de trabalho. A ação da Cooperativa, apesar de muitas vezes permeada por tensões e disputas, foi fundamental para manter os trabalhadores em momentos de ação coletiva e nos períodos de grande carestia econômica, vendendo produtos a preços mais baixos.

Após o golpe civil-militar de 1964, a COOPFFER sofreu intervenção militar, acusada de promoção de "atividades comunistas" e de ser a base física e econômica da "subversão" no meio ferroviário do Rio Grande do Sul. Muitos trabalhadores da cidade foram denunciados, demitidos e perseguidos, sendo que alguns figuram na lista de mortos (como Onofre Ilha Dornelles), torturados (como Baltazar Mello) pela violenta perseguição aos trabalhadores ferroviários.

A falta de investimentos, sucateamento e a adoção de uma política em favor do transporte rodoviário, levou ao declínio da RFFSA e a sua privatização na metade da década de 1990. Após um longo período de decadência, a COOPFER encerrou suas atividades. O Sítio Ferroviário de Santa Maria, incluindo a antiga sede da Cooperativa, foi tombado pelo Instituto do Patrimônio Histórico e Artístico do Estado (IPHAE) no ano 2000. A história dos trabalhadores ferroviários ainda resiste e seus lugares de memória continuam a ser reivindicados e revisitados em Santa Maria.

Referências Bibliográficas:

FLÔRES, João Rodolpho Amaral. *Fragmentos da história ferroviária brasileira e riograndense: fontes documentais, principais ferrovias, Viação Férrea do Rio Grande do Sul (VFRGS), Santa Maria, a "Cidade Ferroviária"*. Santa Maria: Palotti, 2007.

FLÔRES, João Rodolpho Amaral. *Os trabalhadores da V.F.R.G.S. - profissão, mutualismo, cooperativismo*. Santa Maria/RS: Pallotti, 2008.

KONRAD, Glaucia Vieira Ramos. Mundos do Trabalho em Santa Maria e a Greve dos Ferroviários no Estado Novo. In: WEBER, Beatriz Teixeira; RIBEIRO, José Iran. (Org.). *Nova História de Santa Maria: Contribuições Recentes*. Santa Maria: Palotti, 2010.

IPHAE (INSTITUTO DO PATRIMÔNIO HISTÓRICO E ARTÍSTICO DO ESTADO). *Patrimônio ferroviário no Rio Grande do Sul: Inventário das estações; 1874-1959*. Porto Alegre: Palotti, 2002.

MELLO, Luiz Fernando da Silva. *O pensamento utópico e a produção do espaço social: a Cooperativa de Consumo dos Empregados da Viação Férrea do Rio Grande do Sul.* Tese (Programa de Pós-graduação em Planejamento Urbano e Regional) Universidade Federal do Rio Grande do Sul. 2010.

Lugares de Memória dos Trabalhadores #43: Conjunto Residencial do IAPI de Realengo, Rio de Janeiro (RJ)

Andrej Slivnik

Família de trabalhadores residente no Conjunto Residencial do IAPI em Realengo, Rio de Janeiro.

Nasceu uma cidade, com praças e jardins, onde há três anos só havia pântanos e desertos". Assim o jornal *O Radical* anunciava a inauguração do ambicioso projeto do Conjunto Residencial do Realengo, bairro da zona oeste carioca, em junho de 1943. "Antecipando para o Brasil de nossos dias as conquistas sociais do mundo de amanhã!"

As 1.400 casas iniciais, assim como as primeiras obras de urbanismo, foram edificadas segundo projeto de Carlos Frederico Ferreira, engenheiro-arquiteto que ajudaria a instituir a equipe de profissionais do Instituto de Aposentadorias e Pensões dos Industriários (IAPI), órgão responsável pela obra. O IAPI era o maior dos institutos previdenciários criados nos anos de 1930, que tinham como finalidade oferecer aposentadorias, pensões e assistência médica, além de facilitar o acesso de trabalhadores à habitação.

O conjunto contava com residências para trabalhadores da indústria e fora construído na região de Realengo, em terreno próximo à linha férrea que ligava o centro do Rio de Janeiro à parte oeste da cidade. O local facilitava o acesso de seus moradores à importante zona industrial de Bangu. Às casas entregues na primeira inauguração se juntariam outros edifícios, além de centros comerciais, clubes recreativos, postos de assistência médica e uma escola, nomeada segundo o espírito do período: "Presidente Roosevelt".

A questão da habitação esteve desde cedo no centro das demandas e expectativas de trabalhadores com a Previdência Social. Não à toa, sua memória está materializada em construções e bairros inteiros, que ainda hoje reconhecemos pelo nome dos IAPs e que seguem povoando lembranças afetivas de seus novos e antigos habitantes. É o caso, por exemplo, dos "Bancários", na Praça São Salvador, no Rio de Janeiro, da "Vila do IAPI", bairro da capital gaúcha, e do "Condomínio Conjunto do IAPI", na Várzea do Carmo, região central de São Paulo.

Evidentemente, o potencial das ações habitacionais dos IAPs na mobilização de apoio popular foi desde sempre percebido por lideranças de variados campos políticos. Inaugurações de conjuntos habitacionais por presidentes da República foram parte fundamental da propaganda política de lideranças à direita e à esquerda. A inauguração da segunda expansão do IAPI do Realengo, em outubro de 1948, contou com a presença do Presidente Eurico Dutra, em evento que demonstra, como poucos, o papel mobilizador de entregas públicas de benefícios concretos aos "trabalhadores brasileiros".

No entanto, tão logo se encerravam as celebrações, os problemas surgiam e se avolumavam as reivindicações. Na imprensa, as queixas dos moradores pipocavam. O preço da carne no único açougue do bairro: "uma fortuna". A creche prometida no anúncio do governo: "jamais construída". Além das viúvas de operários que eram despejadas com seus filhos.

Muitas vezes apareciam em forma de galhofa. Foi o caso da nota publicada em março de 1953, no jornal Última Hora: "Gozado para sopa de vesgo tá mesmo é no conjunto do IAPI. Iluminação tipo disco-voador, invisível. Polícia tipo água, ausente! Com isso sai cada uma. Ih!. De noite tudo muito escuro, sabem? Um ele vai entrando e esbarra numa ela e pergunta: Você é minha mulher? E ela: Sei lá! Não tô vendo nada!".

Episódios do quotidiano familiar e comunitário, vividos entre as ruas e paredes do conjunto, que iam se materializando em demandas concretas, encaminhadas ou entregues pessoalmente a autoridades. Ou, então, que ensejavam a organização de grupos políticos, como o Centro Cultural Feminino, o Centro Cultural do Realengo, além de células locais do Partido Comunista do Brasil (PCB), que chegou a lançar uma moradora do conjunto como candidata à Constituinte, em 1945. A efervescência de organizações de trabalhadores e seus familiares chegou a ser tão significativa que o conjunto ficou conhecido como "Moscouzinho" e recebeu a visita do líder comunista Luiz Carlos Prestes.

Não foram poucos os encontros dos trabalhadores-moradores do IAPI do Realengo com figuras políticas de maior relevo na história brasileira. Aplaudiam e agradeciam a construção de novas casas, mas também reivindicavam melhores condições, reclamavam contra a subtração de serviços que atendiam a suas necessidades e lutavam para se apropriar daquele espaço, tão marcado pela presença de um Estado que procurava impor seus próprios ideais, enquanto deixava para um futuro cada vez mais distante, as "conquistas sociais do mundo de amanhã".

Com o golpe militar de 1964 e a unificação dos IAPs, a política habitacional foi separada da previdenciária, passando a ser coordenada pelo Banco Nacional da Habitação (BNH), com recursos do Fundo de Garantia do Tempo de Serviço (FGTS). Os precários conjuntos residenciais financiados nesse modelo foram uma das marcas da política social da ditadura, enquanto os antigos conjuntos construídos pelos IAPs seguiam destinos variados. No caso de Realengo, inserido num contexto local de crescente pobreza e violência, as características arquitetônicas e urbanísticas foram diluídas pelo crescimento desordenado das comunidades vizinhas. Mas o conjunto ainda mantém sua marca proletária e as memórias das lutas sociais ainda estão vivas em seu cotidiano.

Referências bibliográficas:

ARAVECCHIA-BOTAS, Nilce. *Estado, Arquitetura e Desenvolvimento*: a ação habitacional do IAPI. São Paulo, Editora Unifesp: 2016.

MANGABEIRA, Wilma. "Lembranças de Moscouzinho (1943-1964): Estudo de um conjunto residencial operário". In: *Revista de Ciência Sociais*, Rio de Janeiro, vol. 32, n. 2, 1989.

SLIVNIK, Andrej. *A Previdência Social no Brasil: uma abordagem histórica (1923-1945)*. Dissertação (Mestrado em História). Instituto de Filosofia e Ciências Humanas, Universidade Estadual de Campinas, Campinas, 2018.

Lugares de Memória dos Trabalhadores #44: Hospedaria Tapanã, Belém (PA)

Lara de Castro

Trabalhadores nordestinos rumo a Amazônia durante a "Batalha da Borracha", 1943.

A fome, as doenças e a morte eram as companheiras permanentes das famílias migrantes que foram abrigadas na Hospedaria Tapanã, na periferia de Belém do Pará. Construída em 1942 pelo Serviço Especial de Mobilização de Trabalhadores para Amazônia (SEMTA) para servir como "pouso de imigrantes" da *Batalha da Borracha* durante a Segunda Guerra Mundial, a também chamada Hospedaria do Diabo ou Hospedaria do Inferno foi o lugar por onde passaram milhares de trabalhadoras e trabalhadores, especialmente nordestinos. Enquanto aguardavam para ocupar postos de serviços nas cidades ou no interior da floresta amazônica, os migrantes sobreviviam a um cotidiano de agruras, permanecendo isolados, enfrentando condições degradantes, sob vigilância constante da polícia.

A entrada dos Estados Unidos na Segunda Guerra Mundial e a supressão do fornecimento de borracha asiática aos países Aliados estimularam a assinatura dos "acordos de Washington" em 1942, pelos quais o Brasil se comprometia a garantir o suprimento daquela matéria-prima essencial ao esforço de guerra norte-americano. Assim, o governo brasileiro criou o programa *Batalha da Borracha*, que arregimentou milhares de trabalhadores para a lida nos seringais amazônicos. O contexto de seca foi a justificativa ideal para o envio de nordestinos pobres à região amazônica naqueles anos. A presença de nordestinos na Amazônia não era uma novidade, já que milhares de migrantes daquela região também haviam trabalhado nos seringais durante o *boom* da borracha no final do século XIX e início do século XX.

Por meio do SEMTA foi implantado um projeto que visava selecionar trabalhadores homens, assistir suas famílias, garantir alojamentos por meio da construção de pousos, assistência médica e alimentação até o momento da alocação nos seringais. Os chamados "soldados da borracha" eram alistados em barracões do SEMTA espalhados pelo Nordeste, que tinha um escritório central em Fortaleza (CE). A promessa, difundida em intensa propaganda, era garantir uma experiência laboral decente aos migrantes desde as partidas de seus estados de origem. Conforme os contratos de encaminhamento, ao chegar à Amazônia, os trabalhadores teriam direito ao cultivo de um hectare de terra, coleta de castanhas, pele de animais abatidos, extração de madeira de seringueiras e castanheiras. A borracha extraída era permutada em produtos para consumo próprio e familiar nos barracões dos seringais. Não havia pagamento em dinheiro.

Alistados ao SEMTA, os trabalhadores, muitas vezes acompanhados de suas famílias, partiam em vapores, especialmente do Ceará, rumo a Belém. Durante o trajeto, em virtude das precárias condições de viagem, era comum a rápida propagação de doenças e mortes. Chegando à hospedaria, aguardavam a oportunidade de serem encaminhados aos seringais do Pará, Rondônia, Acre e Amazonas.

Na hospedaria Tapanã, os trabalhadores e suas famílias dividiam barracos insalubres em espaços aglomerados, em péssimas condições. Gastroenterites e malária, além de tifo, tuberculose, entre outras doenças eram frequentes.

Além disso, as centenas dos "soldados da borracha" doentes que retornavam dos seringais à hospedaria, ampliava a reincidência dos surtos epidêmicos. A alimentação na Tapanã era de péssima qualidade e insuficiente. Em função disso, trabalhadoras e trabalhadores buscavam pequenos serviços na cidade para garantir meios de contornar a fome. Frequentemente, mulheres e crianças fugiam da hospedaria, burlando a vigilância da segurança armada. Essas condições aviltantes resultaram em grande número de mortos, apesar do serviço médico e de assistência social mantidos pelo SEMTA.

Nos seringais, os trabalhadores vivenciavam condições de trabalho altamente degradantes. As garantias firmadas em contrato com o Estado eram totalmente desrespeitadas. Doentes, mal nutridos, explorados e vigiados pelos patrões e seus guardas, presos ao aviamento – sistema marcado pelas dívidas exorbitantes dos seringueiros aos donos de barracões no isolamento da floresta -, as relações de trabalho eram análogas à escravidão. Em resposta a essas agruras, os trabalhadores resistiram de variadas formas. As fugas eram frequentes, bem como a organização em redes de apoio informais com outros migrantes e ribeirinhos, na luta pelo controle de seu tempo e formas de trabalho.

A situação de pousos como Tapanã e as condições de trabalho nos seringais provocavam indignação em setores da sociedade da região amazônica. Religiosos, entidades de caridade e parte da imprensa frequentemente denunciavam a exploração dos trabalhadores seringueiros. Em 1946 uma CPI sobre o tema chegou a ser instalada no Congresso Nacional. Os "soldados da borracha", no entanto, teriam que esperar décadas por algum reconhecimento e reparação, só alcançada com a Constituição de 1988, quando passaram a receber uma pensão por parte do Estado.

Após a *Batalha da Borracha*, a "Hospedaria do Diabo" continuou a receber, até meados dos anos 1950, migrantes que tinham como destino a Amazônia. Conforme o jornal cearense *Gazeta de Notícias*, cerca de 63.000 nordestinos passaram por este alojamento entre 1942 e 1953. Ao redor do antigo "pouso", a ocupação de antigo núcleo habitacional se intensificou, transformando-se no bairro Tapanã. Lugar marcado por uma memória catastrófica de surtos epidêmicos, fome e corajosa lida de trabalhadores e trabalhadoras pela sobrevivência, o bairro da periferia de Belém ainda guarda profundas marcas da pobreza, exclusão e desigualdades sociais.

Referências Bibliográficas:

GONÇALVES, Adelaide; COSTA, Pedro Eymar Barbosa. (Org.) *Mais Borracha para a vitória*. Fortaleza: MAUC/NUDOC; Brasília: Ideal Gráfica, 2008.

SECRETO, María Verónica. *Soldados da borracha: Trabalhadores entre o sertão e a Amazônia no governo Vargas*. São Paulo: Editora da Fundação Perseu Abramo, 2006.

GOIS, Sarah Campelo Cruz. *As linhas tortas da migração: estado e família nos deslocamentos para a Amazônia (1942-1944)*. 2013. Dissertação (Mestrado), Universidade Federal do Ceará, Programa de Pós-graduação em História, Fortaleza, 2013.

Lugares de Memória dos Trabalhadores #45: Sede da Sociedade Perseverança e Auxílio dos Caixeiros de Maceió (AL)

Osvaldo Maciel

Sede da Perseverança e Auxílio, inaugurada em 1917.

A Sociedade Auxílio e Perseverança dos Caixeiros de Maceió, criada em 1879, foi uma das primeiras entidades organizadas pelos trabalhadores em Alagoas, numa época em que a escravidão ainda existia. Conhecida como Sociedade Perseverança, era composta pelos trabalhadores do comércio, denominados de caixeiros até as primeiras décadas do século XX. Como outras organizações similares naquele período, a Sociedade procurava auxiliar os caixeiros em caso de doenças e dificuldades financeiras, além de colaborar com sua formação profissional e intelectual. A associação foi fundamental para a elaboração de uma identidade coletiva para a categoria e na defesa dos interesses de seus associados no mercado de trabalho local.

Antes de ter sua sede definitiva, a Sociedade Perseverança abrigou-se em várias outras moradas provisórias no centro de Maceió, ao longo das duas últimas décadas do século XIX e primeiros anos do século XX. A Perseverança participou ativamente da luta republicana e abolicionista. Grande parte dos caixeiros maceioenses era adepta de uma espécie de florianismo popular de matriz positivista, baseada no imaginário construído em torno da liderança do Marechal Floriano Peixoto, alagoano de nascimento.

Também nessa época, os caixeiros se engajaram fortemente nas campanhas pelo "Fechamento das Portas", lutando pelo encerramento diário do comércio no começo da noite e para que feriados, domingos e dias santos fossem reservados para descanso e lazer de toda categoria. Essas campanhas envolviam intenso período de mobilização, com reuniões de caixeiros nos salões da Sociedade para definir táticas de ação, debates públicos na impressa escrita e desfiles cívicos pelas principais ruas da cidade. Elas remontavam ao período imperial, porém tiveram maior destaque em Maceió no período entre 1891 e 1894, no ano de 1905 e entre 1911 e 1913, quando finalmente uma lei municipal regulamentou a jornada de trabalho, o que significou uma importante vitória da Perseverança e dos trabalhadores do comércio em geral.

Com uma organização fortalecida e um quadro de sócios ampliado que chegou a ter mais de 150 associados efetivos, a necessidade de uma sede própria tornou-se uma questão premente para a Sociedade Perseverança. A ausência de espaço apropriado para as várias reuniões, solenidades, cursos, palestras, festas cívicas e outras atividades promovidas pela Sociedade era um problema evidente. Ademais, a Perseverança era dona de uma das maiores bibliotecas da cidade e possuía um museu desde o início do século XX. Bibliotecas e museus eram propostas comuns de várias entidades mutuais e beneficentes, mas nem sempre elas conseguiam concretizar esse intento, como no caso da Perseverança. Além de importante acervo que foi sendo adquirido ao longo dos anos, a sociedade dos caixeiros expôs e guardou em seu museu os artefatos, objetos e a cultura material recolhidos no violento Quebra de 1912, perseguição político-religiosa que destruiu vários terreiros de matriz afrodescendentes em Maceió.

O desejo de uma nova sede não era, no entanto, apenas uma questão de falta de espaço. Uma sede própria era patrimônio almejado por entidades associativas. Além do simbolismo de perenidade, ela fornecia uma importante imagem de respeitabilidade para a categoria. Assim, os caixeiros se esforçaram por adquirir sua sede. Em 1913 compraram um terreno na então Rua 15 de Novembro (atual Rua do Sol) e conseguiram a ajuda do governo do Estado para isenção de impostos. O projeto arquitetônico do prédio foi elaborado pelo prestigiado artista italiano radicado em Alagoas, Luiz Lucarini. O edifício foi inaugurado em 15 de novembro de 1917, não por acaso na data de comemoração da Proclamação da República.

A suntuosidade da sede da entidade também representava uma busca de reconhecimento dos caixeiros como parte das camadas médias de Maceió e a consolidação de alianças políticas com setores da oligarquia local. Ao longo das primeiras décadas do século XX, apesar de não deixar de presenciar importantes debates para a categoria, o espaço da Perseverança foi frequentemente usado para palestras públicas e sessões cívicas de celebração de efemérides tradicionais (por exemplo, a Emancipação Política de Alagoas) e homenagem a personalidades consideradas importantes pela elite local (como no caso do Marechal Deodoro da Fonseca). O culto de um beletrismo empolado, com tintas conservadoras, era comum entre os dirigentes da sociedade. Além disso, com a criação da Academia de Ciências Comerciais, a Perseverança voltou sua atuação para a formação técnica dos comerciários para o pequeno mercado de trabalho local.

Com a consolidação da estrutura sindical corporativa a partir dos anos 1930, a Sociedade Perseverança entrou em decadência, mas ainda funcionou até a década de 1950. Com sua extinção, seu pomposo prédio transformou-se na sede do Sindicato dos Empregados do Comércio de Maceió, quando também abrigou a Escola Técnica de Contabilidade de Alagoas (ETCAL). Em 2014, a partir de uma negociação envolvendo o Governo do Estado e a direção do sindicato, o prédio foi doado ao Instituto Histórico e Geográfico de Alagoas. Restaurado, passou a funcionar como espaço de exposição de parte do acervo museológico e guarda do acervo documental dessa instituição. Apesar de seus novos usos, as paredes e os salões daquele prédio antigo guardam as lembranças da importante história dos trabalhadores do comércio de Maceió.

Referências Bibliográficas:

LIMA JR., Félix. *Maceió de outrora- vol 1* . Maceió: DAC-MEC/APA-SENEC, 1976.

MACIEL, Osvaldo. *A Perseverança dos caixeiros: o mutualismo dos trabalhadores do comércio em Maceió (1879-1917)*. Recife: EDUFPE, 2011.

POPINIGIS, Fabiane. *Proletários de casaca: trabalhadores do comércio carioca (1850-1911)*. Campinas: Edunicamp, 2007.

Lugares de Memória dos Trabalhadores #46: Mina do Cauê, Itabira (MG)

Cristiane Maria Magalhães

Operários da Companhia Vale do Rio Doce carregando o minério manualmente e o transportando em balaios para encher os vagões.

Vista do alto, como num voo de pássaro, a cidade de Itabira parece estar dentro da mineração a céu aberto. A Mina do Cauê, durante anos a principal da cidade, foi o local de origem da Companhia Vale do Rio Doce em 1942. Nos últimos anos, a Vale tornou-se mundialmente conhecida pelos criminosos desastres ambientais e humanos provocados pelo rompimento de duas de suas barragens de rejeitos de minérios localizadas em jazidas nas cidades de Mariana e de Brumadinho. Todavia, a trajetória da empresa, muito antes de se espalhar pelo Brasil e pelo mundo, se amalgamou à história de Itabira, transformando a localidade numa "cidade operária". As minas a céu aberto que circundam Itabira transmutaram a paisagem e impregnaram de minério de ferro o seu povo e as suas memórias.

O Pico do Cauê, desenhado na bandeira do município, marcou o destino de Itabira. O Pico, que alçava os céus nos seus 1.600 metros de altitude, era um gigante que continha o mais puro minério de ferro. Entre 1911 e 1940, passou a ser explorado pela empresa inglesa Itabira Iron Ore Company. No entanto, em 1942, em meio à Segunda Guerra Mundial, as minas de Itabira, vistas como estratégicas para os interesses nacionais, foram encampadas pelo governo de Getulio Vargas. O mesmo decreto que nacionalizou as minas criou a Companhia Vale do Rio Doce S.A., empresa estatal responsável pela exploração das jazidas e pela exportação do minério de ferro.

Na Mina do Cauê pelo menos três gerações de trabalhadores retiraram dali o seu sustento. Com as mãos, empunhando no ar as picaretas contra as paredes duras de minério de ferro, para depois encher balaios tecidos com bambus, durante anos os mineiros levavam nas costas o pesado mineral até os vagões das locomotivas.Quase todos negros, chegavam a Itabira vindos das adjacências e de outras regiões de Minas Gerais e do país atraídos pela carteira assinada e pelos direitos a ela associados. No ano de 1944 há registros de que 6 mil operários trabalhavam na Companhia em Itabira.

Desde suas origens a Cia. Vale do Rio Doce implementou um modelo paternalista de relações de trabalho, articulado ao discurso corporativistas e às políticas nacional-desenvolvimentistas do governo. Os trabalhadores eram chamados, treinados e disciplinados para produzir em nome dos interesses da nação. A "Vale é mãe" sempre foi um jargão repetido à exaustão na cidade. De um lado, havia um controle e vigilância que ultrapassavam os muros da empresa, chegando às famílias e dominando a própria cidade. Por outro, havia grande estabilidade no emprego e a Companhia era vista como portando objetivos sociais em nome da própria nação.

Apesar da força desse discurso paternalista e da identificação entre empregados e empresa, tensões e conflitos não estavam ausentes do cotidiano de trabalho. Poucas vezes, no entanto, eclodiram no cenário público. Em 1946, uma greve articulada por militantes do Partido Comunista do Brasil (PCB) paralisou a Mina do Cauê e foi intensamente reprimida pelas forças policiais. De toda forma, o Sindicato Metabase, criado em 1945, consolidou-se na vida política e associativa de Itabira. Apenas em 1989, uma greve de grandes proporções ocorreria novamente. Liderada pelo Metabase, agora filiado à CUT, a paralisação duraria 5 dias, com importante impacto no cotidiano da cidade.

No início da década de 1980 não existia mais o Pico do Cauê. No seu lugar se formou um platô e, depois, uma enorme cratera reluzente. O impacto ambiental e simbólico foram enormes e são sentidos até os dias de hoje. Ao redor da cidade, mantém-se a mineração a céu aberto, formando grandes crateras. Há décadas, o pó do minério de ferro, levado pelo vento, brilha em cada superfície de Itabira e em seus habitantes. Nos famosos versos do poeta Carlos Drummond de Andrade, os itabiranos foram transformados em "homens de ferro: noventa por cento de ferro nas calçadas/ oitenta por cento de ferro nas almas".

Em 1997 a Companhia Vale do Rio Doce foi privatizada e renomeada apenas como "Vale". Atualmente, é uma das maiores empresas do mundo no setor de mineração. As antigas relações de trabalho paternalistas foram abolidas, a mecanização da exploração do minério intensificou-se e boa parte da mão de obra foi terceirizada. No entanto, ainda é considerado um "privilégio" ser funcionário da Vale. Em Itabira, modernas escavadeiras e gigantescos caminhões Caterpillar de 7,6 metros de altura retiram e transportam dia e noite o minério das crateras do entorno da cidade.

A cor do uniforme dos trabalhadores da antiga Vale do Rio Doce, que era marrom semelhante à terra das entranhas de Itabira, foi substituída, com a privatização, pelo verde, como sinal de uma mudança lenta que se precipita há algumas décadas. Há muitos anos Itabira vive a expectativa do que virá após a mineradora abandonar suas instalações e deixar o legado ambientalmente danoso. Haverá de vir uma "terceira Itabira", como previu Drummond em *Vila de Utopia*? Talvez, mas será uma cidade sem a Mina do Cauê que tanto marcou a vida de milhares de trabalhadores, suas famílias e a própria identidade local.

Referências Bibliográficas:

ANDRADE, Carlos Drummond. *Confissões de Minas*. São Paulo: Cosac Naify, 2011.

CRUZ, Carlos. *Braços cruzados, máquinas paradas. O dia que a Vale parou fez 30 anos*. Vila de Utopia, 3 de abril de 2019. Disponível em: http://www.viladeutopia.com.br/bracos-cruzados-maquinas-paradas-o-dia-que-a-vale-parou-faz-30-anos/.

MAGALHÃES, Cristiane Maria. *Mundos do Capital e do Trabalho: a construção da paisagem fabril itabirana (1874- 1930)*. Dissertação (Mestrado em História). FAFICH/UFMG, 2006.

MINAYO, Maria Cecília de Souza. *Os homens de ferro: estudo sobre os trabalhadores da Vale do Rio Doce em Itabira*. Rio de Janeiro: Dois Pontos, 1986.

WISNIK, José Miguel. *Maquinação do Mundo. Drummond e a Mineração*. São Paulo: Cia. das Letras, 2018.

Lugares de Memória dos Trabalhadores #47: Empresa Brasileira de Aeronáutica (Embraer), São José dos Campos (SP)

Richard Martins

Operários ocupam a fábrica em 1984, demandando melhores condições de trabalho e remuneração.

Fundada em agosto de 1969, no auge da ditadura empresarial-militar, a Empresa Brasileira de Aeronáutica (Embraer) foi a expressão mais bem-acabada do projeto de construção de uma indústria aeroespacial e bélica no país, amadurecido a partir de 1950 no Instituto Tecnológico de Aeronáutica (ITA) e no Centro de Tecnologia da Aeronáutica (CTA), sediados em São José dos Campos. Até então, as experiências brasileiras no ramo da aviação haviam sido bastante limitadas, e somente uma empresa, a Neiva (mais tarde, adquirida pela Embraer), produzia um avião nacional em série, o Paulistinha. A partir de 1966, engenheiros e oficiais da Aeronáutica desenvolveram o projeto do Bandeirante, aeronave que convenceu o governo ditatorial a assumir a construção de uma empresa de aviação majoritariamente estatal.

Instalada às margens da Via Dutra, a fábrica joseense começou a operar em janeiro de 1970. Ter a gigante General Motors como vizinha favoreceu a Embraer, que recrutou seus primeiros operários junto à indústria automobilística local. No fim daquela década, a empresa aeronáutica já empregava mais de dez mil pessoas, em grande parte, vindas do interior de São Paulo, de Minas Gerais e do sul fluminense. Nas metalúrgicas do Vale do Paraíba, era comum que jovens operários aprendessem seu ofício nas próprias fábricas, embora a formação técnica e experiências prévias no ramo também fossem valorizadas, facilitando a contratação de trabalhadores com esse perfil. Até os anos 1990, a força de trabalho empregada no setor produtivo da Embraer era quase exclusivamente masculina, e mesmo na área administrativa, o número de mulheres era reduzido.

Para seus trabalhadores, ser operário da Embraer era razão de orgulho: poucos produtos representavam tão bem as ideias de progresso tecnológico e desenvolvimento nacional quanto um avião. A estatal pagava salários acima da média regional, mas impunha forte disciplina. Os mecanismos típicos da lógica da suspeição vigente durante a ditadura também se faziam notar, ainda mais em uma fábrica considerada estratégica para os interesses nacionais. Assim como ocorria em outras empresas e repartições públicas, a Embraer possuía uma Assessoria de Segurança e Informações (ASI), subordinada ao Ministério da Aeronáutica e integrada ao Serviço Nacional de Informações, responsável por monitorar o ambiente fabril. O Centro de Informações e Segurança da Aeronáutica (CISA) também acompanhava a estatal e o movimento sindical local.

No fim dos anos 1970, em um momento de fortalecimento do movimento operário em todo o país, a luta contra o arrocho salarial levou trabalhadores(as) de diversas categorias a se chocarem contra o despotismo fabril, a legislação de exceção, as políticas ditatoriais e as burocracias sindicais. Nesse contexto, o Sindicato dos Metalúrgicos da região, dirigido desde sua fundação pelo "pelego" José Domingues, foi incapaz de conter a disposição de luta dos operários. Em 13 de março de 1979, os trabalhadores da Embraer organizaram a primeira greve na estatal, numa campanha que envolveu piquetes em diversas fábricas e nos principais corredores de ônibus da cidade, duramente reprimidos pela polícia. Após a mobilização, formou-se uma oposição, que assumiu o Sindicato em 1981. Com os "novos sindicalistas" à frente da entidade, as greves – e a retaliação patronal – se tornariam comuns na região.

Em julho de 1983, depois de uma greve geral, quatro funcionários da estatal foram demitidos por justa causa como "agitadores". Entre eles, estava Antonio Donizete Ferreira, mais tarde, presidente do Sindicato dos Metalúrgicos. Em agosto de 1984, uma greve com ocupação foi reprimida pela Polícia da Aeronáutica, que expulsou os operários da planta industrial sob a mira dos fuzis. 126 trabalhadores, incluídos dois dirigentes sindicais, João Pires e Francisco de Souza, foram demitidos. Na ocasião, houve interrogatórios ilegais de grevistas, realizados dentro da Embraer por agentes da Polícia Civil e do SNI. A estatal cancelou a eleição de uma Comissão de Fábrica que ocorreria em seguida.

A repressão não impediu que os operários seguissem mobilizados nos anos seguintes, marcados pela crise do setor aeronáutico, em um cenário de inflação desenfreada e ascensão da agenda neoliberal. Durante o governo Collor, começaram os preparativos para a privatização da Embraer, que envolveram mais de 7.000 demissões. O movimento sindical lutou contra a venda da companhia, mas sua resistência não bastou para conter a sanha privatista. Com o leilão da estatal, em 1994, especuladores que dispunham de informações privilegiadas graças a seus vínculos com o governo lucraram fartamente. Consideradas as injeções prévias de recursos e as facilidades oferecidas na negociação, argumenta-se que o prejuízo para os cofres públicos foi sete vezes maior que a arrecadação com a venda da Embraer.

Depois da privatização, radicalizou-se a chamada "reestruturação produtiva", com terceirização de atividades, redução de salários e intensificação do trabalho. Apesar disso, a importância econômica, política e simbólica da empresa para a região de São José dos Campos, a "Capital do Avião", segue sendo inquestionável. A história de organização e luta de seus operários, e sua resistência aos projetos ditatoriais e neoliberais consolidaram a Embraer como um fundamental lugar de memória da classe trabalhadora do Vale do Paraíba.

Referências Bibliográficas:

GODEIRO, Nazareno; SILVA, Cristiano M.; SILVA; Edmir M (Orgs.). *A Embraer é Nossa*: Desnacionalização e reestatização da Empresa Brasileira de Aeronáutica. São Paulo: Sundermann, 2009.

MARTINS, Richard de Oliveira. "A vigilância sobre o movimento operário nos arquivos da polícia política paulista: autoritarismo e suspeição na 'transição democrática' (1984-1985)". *Revista de Fontes*. Unifesp – Guarulhos. vol. 4, nº 7, 2017.

MORAES, Lívia de Cássia Godoi. *Pulverização de capital e intensificação do trabalho*: o caso da EMBRAER. Tese (Doutorado em Sociologia). Campinas: IFCH/ Unicamp, 2013.

RODENGEN, Jeffrey L. *A História da Embraer*. Fort Lauderdale: Write Stuff Enterprises Inc, 2009.

Filme documentário: SINDICATO DOS METALÚRGICOS DE SÃO JOSÉ DOS CAMPOS E REGIÃO. *ARQUIVO: Dossiê Embraer*. 24 min. 2011. Disponível em: <<https://www.youtube.com/watch?v=NKTk5zfBGDI&t=609s>>.

Lugares de Memória dos Trabalhadores #48: Vilas Operárias do Horto, Rio de Janeiro (RJ)

Mariana Costa

Grevistas da Fábrica de Tecidos Carioca reunidos em frente ao edifício da Vila Arthur Sauer, situada na Estrada Dona Castorina, onde residiam numerosos operários da companhia.

Nas décadas finais do Império, a área onde atualmente estão situados os bairros do Jardim Botânico e do Horto, no Rio de Janeiro, era parte do território que compreendia a Freguesia da Gávea. Desde meados da década de 1880, a região passaria a receber alguns dos principais investimentos industriais realizados na cidade, como o da Companhia de Fiação e Tecelagem Carioca, instalada à Estrada Dona Castorina (atual Rua Pacheco Leão), e a Fábrica de Fiação e Tecelagem Corcovado, localizada na Rua Jardim Botânico. Aquele território foi marcado pela história fabril que constituiu elemento fundamental da experiência de muitos dos trabalhadores e trabalhadoras da cidade entre o final do século XIX e início do XX.

Em 1890, quando já se encontrava instalada a Fábrica Carioca e apenas um ano após a inauguração da Fábrica Corcovado, os operários na Freguesia contavam 856 indivíduos. Já em 1906, eram 3.305 os trabalhadores nas indústrias. Se comparados os dados do censo de 1890 e 1906, nota-se um sensível acréscimo de 2.448 pessoas, evidenciando que as fábricas de tecidos instaladas na região durante o período passaram a atrair esses trabalhadores para o bairro. Já no final do século XIX começaram a ser construídas vilas operárias por empresas privadas e pelas próprias companhias têxteis com a finalidade de abrigar a crescente mão de obra industrial.

Em 1889, a Companhia de Saneamento do Rio de Janeiro construiu a Vila Bocayuva à Estrada Dona Castorina, destinada a 800 operários. Por iniciativa da mesma companhia, a Vila Arthur Sauer começou a ser construída em 1891 também à Estrada Dona Castorina. Poucos anos depois, a Companhia de Fiação e Tecelagem Carioca construiu uma vila operária destinada à moradia de seus empregados, instalada à Estrada Dona Castorina, além de diversos outros pequenos núcleos de moradias naquela via e na Rua Lopes Quintas. Muitas das casas de vilas operárias e de outros núcleos de moradias erguidos no final do século XIX e início do século XX ainda encontram-se no bairro. Alguns logradouros menores da área que abrigavam esses conjuntos residenciais, como a Rua Estella e Rua Faro, ainda hoje conservam as suas denominações originais daquele período.

Outra pequena via que concentrava diversas moradias dos trabalhadores fabris no Horto é atualmente denominada Rua Mestre Joviniano. Trata-se de uma homenagem ao operário da Fábrica Carioca chamado Joviniano de Paula Bohemia, que exerceu a prestigiada função de mestre da banda de música do Clube Musical Recreativo Carioca durante as duas primeiras décadas do século XX. Na Estrada Dona Castorina, encontrava-se a sede da associação de lazer fundada ali em 1895 por empregados da própria companhia. Mestre Joviniano também foi membro do Carioca Foot-ball Clube, associação esportiva formada em 1907 pelos mesmos trabalhadores fabris. Desde a sua inauguração, a sede da agremiação se mantém na Rua Jardim Botânico, onde atualmente divide espaço com uma empresa de academia no mesmo endereço.

A partir da década de 1940, a crescente especulação imobiliária na região foi acompanhada por uma transformação significativa das atividades econômicas no bairro, que começava a perder a sua marca fabril. No início da década de 1930 uma crise financeira levou ao fechamento da fábrica Corcovado. Nos anos seguintes, a empresa loteou suas propriedades situadas no Jardim

Botânico, destinando o empreendimento para as camadas médias ascendentes e a elite carioca. No início dos anos 1960, a Fábrica Carioca fechou definitivamente as suas portas. Demolida, seus terrenos no bairro foram loteados, sendo adquiridos, entre outros, pela Rede Globo.

Na década de 1980, o conjunto de imóveis que formava uma das vilas operárias que abrigavam os empregados têxteis, e que ainda hoje encontra-se no Horto, se tornou patrimônio tombado do município. Tratava-se da vila operária conhecida como Chácara do Algodão, construída em 1889 para moradia dos operários da Fábrica Carioca, que abrange parte da Rua Estella, Rua Caminhoá (antiga rua D. Laura), Rua Abreu Fialho (antiga rua Henrique), Rua Alberto Ribeiro, Rua Mestre Joviniano (marco do portão de acesso à Cia. de Fiação e Tecelagem Carioca), Rua Pacheco Leão, Rua Fernando Magalhães (rua Dona Emma), e partes da Rua Faro.

A consolidação de um bairro fabril no Jardim Botânico durante o final do século XIX e primeiras décadas do século XX, quando diversos operários e operárias se estabeleceram nas vilas operárias ali edificadas e vivenciaram seus momentos de lazer e trabalho, é parte da história do Rio de Janeiro. Os vestígios materiais e simbólicos dessa história são encontrados ainda hoje no bairro, convertendo-se em um testemunho eloquente das experiências e desafios enfrentados por esses trabalhadores.

Incrustadas em uma das regiões mais valorizadas do Rio, as vilas operárias do Horto evidenciam a marca popular ainda presente na região, – tanto pela presença de antigos/as operários/as e seus descendentes que ali ainda moram, quanto pela vizinhança da centenária Comunidade do Horto, constituída inicialmente por trabalhadores do Jardim Botânico, e que hoje é palco de lutas contra remoções do bairro que têm passado por um forte processo de gentrificação nas últimas décadas. Em um emaranhado de lembranças e esquecimentos, enraízam-se naquele espaço histórias e memórias que as elites cariocas insistem em negar aos descendentes desses operários ainda nos dias de hoje.

Referências Bibliográficas:

COSTA, Cássio. *Gávea: História dos subúrbios*. Rio de Janeiro: Departamento de História e Documentação Estado da Guanabara, 1950.

COSTA, Mariana B. C. *Entre o Lazer e a Luta: o associativismo recreativo entre os trabalhadores fabris do Jardim Botânico (1895-1917)*. (Dissertação de Mestrado) Pontifícia Universidade Católica do Rio de Janeiro. 2014.

PIMENTA, Ricardo Medeiros. *Retalhos de memórias: trabalho e identidade nas falas de operários têxteis no Rio de Janeiro*. Dissertação de Mestrado apresentada no programa de Pós -Graduação da UFRJ. Rio de Janeiro, 2006.

WERD, Elizabeth Von; BASTOS, Ana Rodrigues. *O Fio da Meada: estratégia de expansão de uma indústria têxtil.* Rio de Janeiro: Fundação Casa de Rui Barbosa, Confederação Nacional da Indústria, 1986.

Site do Museu do Horto. Link: https://museudohorto.wordpress.com/

Lugares de Memória dos Trabalhadores #49: Ginásio da FENAC, Novo Hamburgo (RS)

Evandro Machado Luciano

Assembleia dos trabalhadores do calçado de Novo Hamburgo no Ginásio da FENAC em 5 de setembro de 1979.

O Ginásio de Esportes Alberto Mossmann ficou conhecido entre os trabalhadores e trabalhadoras de Novo Hamburgo, no Rio Grande do Sul, apenas como "Ginásio da FENAC". O prédio, inaugurado em 1972, foi construído para abrigar competições esportivas. Localizava-se junto ao parque de exposições da Feira Nacional de Calçados (FENAC), onde era realizado o mais importante evento das indústrias do Vale do Sinos, na Região Metropolitana de Porto Alegre. O nome oficial do Ginásio faz referência a um antigo empresário calçadista, pai do prefeito em exercício no período de sua construção.

Novo Hamburgo, desde a primeira década do século XX, foi um importante polo industrial com base na produção de couro e calçado. A região é conhecida pela imigração alemã e empresários e trabalhadores teuto-brasileiros protagonizaram o processo de industrialização local. A partir dos anos 1960, no entanto, o crescimento fabril atraiu mão-de-obra de outras regiões do país, alterando as características étnicas e raciais de sua população. Já na década de 1970, mais de 70% dos trabalhadores do setor coureiro-calçadista provinham do interior do Rio Grande do Sul, Santa Catarina e Paraná. Nesse mesmo período, as mulheres ocupavam 40% dos postos de trabalho do setor. A produção de couro era massivamente delegada aos homens negros, por ser considerada um trabalho "sujo" e "pesado" demais para ser executado por operários brancos.

Ainda na década de 1960, o Serviço Social da Indústria (SESI) começou a organizar um campeonato que regulamentava os jogos de futebol e futsal de fábrica. Em Novo Hamburgo, ele ficou conhecido como "Campeonato do SESI" e tornou-se bastante popular. Em várias fábricas, ex-jogadores profissionais eram admitidos e muitos trabalhadores só eram contratados porque eram bons jogadores.

O Ginásio Alberto Mossmann era o mais importante espaço do campeonato, abrigando as grandes decisões, como na final do certame de 1977 em que os times das fábricas Calçados Kilate e Curtume Jaeger se enfrentaram com um público de mais de mil pessoas. Durante as décadas de 1970 e 1980 o Ginásio da FENAC recebeu jogos de futebol de salão (masculino), voleibol (masculino e feminino), shows e apresentações artísticas diversas. Se, de um lado, essas atividades reforçavam mecanismos paternalistas de dominação empresarial, por outro permitiam o compartilhamento de experiências comuns entre trabalhadores e trabalhadoras de diferentes lugares e fábricas de toda região. Assim, o que parecia ser apenas um local de diversão e sociabilidade, também foi um importante espaço para o movimento operário.

Ao final do ano de 1979, em um contexto de efervescência política e mobilização dos trabalhadores em todo o país, o Ginásio da FENAC foi palco de um movimento grevista de proporções inéditas naquele período. Apesar de mobilizações e formas de resistência operária terem existido em Novo Hamburgo durante a ditadura, a organização de trabalhadoras/es em larga escala só eclodiria no dia 4 de setembro daquele ano. Cerca de quinhentas pessoas que trabalhavam na fábrica de calçados Ciro S.A., em sua maioria mulheres, paralisaram suas atividades de forma espontânea e marcharam em direção à sede do Sindicato dos Trabalhadores na Indústria do Calçado de Novo Hamburgo.

No dia seguinte, já eram mais de três mil grevistas que se dirigiram ao Ginásio da FENAC, onde realizaram uma histórica assembleia com o apoio do sindicato e demarcaram aquele espaço como um lugar onde também era possível debater política abertamente. Naquele dia, além do aumento salarial e melhores condições de trabalho, as trabalhadoras também exigiram creches nas fábricas e estabilidade para as gestantes, entre outras demandas.

O Ginásio servia duplamente aos interesses dos trabalhadores. Em primeiro lugar, era um local amplo, necessário para a reunião de milhares de pessoas. Por outro lado, ocupar o ginásio possuía uma carga simbólica. O ato de dirigir-se ao ginásio naquele dia pode ser compreendido como a síntese de uma relação entre o trabalho, o esporte operário e a política durante a ditadura.

A assembléia do dia 5 de setembro de 1979 no Ginásio da FENAC teve forte impacto na dinâmica política e social da cidade. Ainda que a greve não tenha sido inteiramente vitoriosa, a paralisação impulsionou um grande crescimento da mobilização e organização dos/as trabalhadoras e de sua presença na esfera pública local. A greve gerou mudanças significativas na cúpula do Sindicato dos Trabalhadores na Indústria do Calçado de Novo Hamburgo e nas relações intersindicais do Rio Grande do Sul ao longo da década de 1980, tendo impactos na construção da Central Única dos Trabalhadores e em forças políticas como o Partido dos Trabalhadores, entre outros.

As políticas econômicas neoliberais nos anos 1990 afetaram intensamente a indústria calçadista da região, gerando fechamento de fábricas e desemprego. O Ginásio de Esportes Alberto Mossmann também sofreu com a crise e descaso. Sem manutenção, suas instalações deterioraram-se. Nos anos 2000, deixou de abrigar jogos oficiais e em 2015 foi fechado para eventos esportivos e de lazer. Em 2018, foram retomadas obras de reforma, que ainda não resultaram em sua reabertura. Espaço de diversão e luta, no Ginásio de Esportes Alberto Mossmann, o "Ginásio da FENAC", estão presentes as lembranças de das trabalhadoras e trabalhadores de Novo Hamburgo que resistiram aos despotismos dos industriais locais e do regime ditatorial que os apoiavam.

Referências Bibliográficas:

CIOCCARI, M.R. "Mina de jogadores: o futebol operário e a construção da "pequena honra". *Cadernos AEL*, v.16, n.28, 2010.

CORRÊA, L. R. ; FONTES, P. "As falas de Jerônimo: Trabalhadores, sindicatos e a historiografia da ditadura militar brasileira." *Anos 90*, Porto Alegre, v. 23, 2016.

LUCIANO, E. M. *O nascimento dos "velhos": sindicalismos, sociabilidades e a agência de sapateiros/as na ditadura civil-militar (Novo Hamburgo/RS, 1974-1979)*. Dissertação (Mestrado em História) - Universidade Federal do Rio Grande do Sul, Porto Alegre, 2019.

MARTINS, R. P. *A produção calçadista em Novo Hamburgo e no Vale do Rio dos Sinos na Industrialização Brasileira: exportação, inserção comercial e política externa - 1969-1979*. Tese (Doutorado em História) - Pontifícia Universidade Católica, Porto Alegre, 2011.

PRODANOV, C. C. ; MARONEZE, L. A. G. "Primeiro tempo: futebol, sociabilidade e as tensões da modernidade em Novo Hamburgo". *Recorde: Revista de História do Esporte* , v. 8, 2015.

Lugares de Memória dos Trabalhadores #50: Fábrica de Ferro de Ipanema, Iperó (SP)

Jaime Rodrigues e Karina Oliveira Morais dos Santos

Fornos de Fundição da Fábrica de Ferro São João de Ipanema.

A Fábrica de Ferro São João de Ipanema operou oficialmente entre 1810 e 1895, sendo pioneira na produção siderúrgica no Brasil. Foi um empreendimento de capital misto, associando as Coroas portuguesa e brasileira a capitais particulares. Edificada na época colonial, atravessou todo o Império e encerrou sua atividade poucos anos depois da proclamação da República. Localizava-se na atual Floresta Nacional de Ipanema, entre os municípios de Iperó, Araçoiaba da Serra e Capela do Alto, próxima de Sorocaba. O local foi escolhido pela constatação de que ali havia jazidas de ferro, algo que já era sabido desde o final do século XVI.

A Fábrica de Ipanema está inserida em um esforço mais amplo da colonização portuguesa, iniciado na época pombalina, que aliava o estímulo às manufaturas e a exploração dos produtos de base, como foi também o caso da Fábrica de Ferro de Nova Oeiras, erigida na década de 1770 no território hoje incorporado a Angola. Além da expectativa de que a siderúrgica abastecesse o Brasil com um produto de base como o ferro, havia também a intenção de que a Fábrica se tornasse uma espécie de escola de treinamento de trabalhadores, diminuindo assim a dependência de mão de obra estrangeira especializada.

O trabalho na siderúrgica se organizava a partir de oito ofícios principais: carpinteiro, torneiro, fundidor, refinador, moldador, espingardeiro, serralheiro e ferreiro. Uma pluralidade de perfis compunha o conjunto dos trabalhadores de Ipanema: negros livres e escravizados, europeus assalariados, indígenas, sentenciados e os chamados "nacionais", que eram livres e pobres, brancos ou mestiços. Na Fábrica, engendraram-se as histórias de homens, mulheres, crianças, católicos, protestantes e pessoas que professavam religiões de matrizes africanas, entre outros agentes. Todos eles exerciam funções na fundição e, sobretudo mulheres e crianças, no corte e transporte da lenha e no abastecimento dos fornos. A população do entorno de Ipanema dedicava-se ao cultivo e à produção de alimentos voltados também para o abastecimento da Fábrica.

O número de trabalhadores variou ao longo do tempo. Houve momentos em que os escravizados chegaram a representar 80% da força de trabalho na Fábrica. Em 1827, por exemplo, havia 73 empregados nos serviços da siderúrgica, sendo 10 europeus (portugueses, suecos e alemães), 7 brasileiros livres e 56 escravizados. Já entre 1835 e 1842, 51 alemães estavam empregados na Fábrica, além de 144 africanos libertos e 174 escravizados.

Os primeiros trabalhadores assalariados eram majoritariamente suecos e, mais tarde, alemães. Esses homens eram afamados na Europa pelo fabrico do ferro fundido. Chegavam sob contratos, para ocupar cargos especializados. No entanto, trabalhadores escravizados também se tornaram mestres fundidores, cargo reservado quase que exclusivamente a oficiais brancos especializados. Muitos adquiriram conhecimentos no próprio trabalho exercido na Fábrica ou em experiências anteriores de metalurgia. Diversos povos de etnias banto ou da África Ocidental tinham habilidades reconhecidas na mineração, na fundição e no artesanato em ferro.

Embora não haja relatos de revoltas ou levantes de trabalhadores que tenham abalado o empreendimento de Ipanema de modo agudo, o temor de motins era recorrente. As fugas eram frequentes, organizadas de diversas formas, e não envolviam apenas africanos livres ou escravizados. Fugir era uma prática comum também entre os sentenciados e os europeus assalariados. Outras formas de resistência dos trabalhadores também podem ser constatadas. Em 1849, por exemplo, africanos livres que trabalhavam em Ipanema escreveram um raro requerimento de próprio punho a um juiz de Sorocaba. Nele exigiam a liberdade que só era sua nominalmente, pois na prática exerciam o trabalho compulsório. Isso motivou forte repressão e a prisão de um grupo desses homens na cadeia pública da capital paulista.

Em 1860, em função da instabilidade produtiva e de dificuldades no gerenciamento administrativo, a Fábrica foi desmontada e seu patrimônio, compreendendo maquinaria e escravos, foi enviado ao Mato Grosso, onde se iniciava a construção de uma nova siderúrgica. Com a eclosão da Guerra do Paraguai, Ipanema foi reativada em 1865, a fim de fornecer insumos à guerra.

Com o definitivo encerramento da Fábrica, em 1895, o local tornou-se palco de outras atividades, em um processo de esquecimento enquanto lugar de memória. As instalações da antiga Fábrica se tornaram quartel do Exército, depósito, local de exploração de fosfato e de calcário para o fabrico de cimento e espaço de pesquisas nucleares. No final do século XX, em 1992, houve uma ocupação pelo Movimento dos Trabalhadores Rurais Sem Terra (MST). Até hoje existe o Assentamento Ipanema na região. Naquele ano, o governo federal criou a Floresta Nacional de Ipanema, uma área de proteção ambiental onde hoje é possível visitar os remanescentes das edificações da Fábrica e um pequeno museu, além de percorrer trilhas no Morro de Araçoiaba, onde se situava a jazida de ferro.

Pioneira na fundição de ferro no país, espaço de encontros e dissonâncias, a Fábrica de Ferro São João de Ipanema é um fundamental lugar de memória do trabalho e dos trabalhadores. Experiência excepcional na história do trabalho, da siderurgia e da industrialização brasileira, sua trajetória permite conhecer e melhor compreender as múltiplas dinâmicas, diversidades e complexidades dos mundos do trabalho no Brasil escravista.

Referências Bibliográficas:

NETO, Mario Danieli. *Escravidão e indústria: um estudo sobre a Fábrica de Ferro São João de Ipanema – Sorocaba (SP) – 1765-1895*. Campinas: UNICAMP, 2006.

RODRIGUES, Jaime. *No mar e em terra*: *história e cultura de trabalhadores escravos e livres*. São Paulo: Alameda, 2016.

RIBEIRO, Mariana Alice Pereira Schatzer. *Entre a fábrica e a senzala: um estudo sobre o cotidiano dos africanos livres na Real Fábrica de Ferro São João de Ipanema – Sorocaba – São Paulo (1840-1870)*. São Paulo: Alameda, 2017.

SANTOS, Karina Oliveira Morais dos. "Mão de obra na Fábrica de Ferro de São João de Ipanema: um catálogo de documentos do Arquivo Público do Estado de São Paulo (1810-1842)". *Revista de Fontes*, v. 1, p. 35-136, 2017.

Lugares de Memória dos Trabalhadores #51: Companhia de Fiação e Tecidos Piauiense, Teresina (PI)

Felipe Ribeiro

Fachada principal do edificio da Companhia de Fiação e Tecidos Piauhyense
THEREZINA — PIAUHY

Álbum Artístico Commercial do Estado do Piauhy.

"Vejo-a [Teresina] sem o alarido das pipiras tentadoras – as mocinhas pobres, empregadas na Companhia de Fiação e Tecidos Piauiense, ruído de máquinas o dia todo", relembrou o cronista José de Arimathéa Tito Filho, em 1973, ao registrar suas memórias sobre a capital do Piauí. Ele fazia alusão à "fábrica das pipiras", por conta da quantidade expressiva de mulheres operárias na Companhia Piauiense. Em 1946, por exemplo, a fábrica possuía 310 operários, sendo 216 mulheres, ou seja, quase 70% de sua força de trabalho.

Nas memórias do cronista, as "pipiras" eram garotas com "vestidinhos de chita, merendavam banana, daí o apelido que a crônica registra". Era uma referência à ave pipira, bastante comum na Amazônia e na região Meio Norte, entre o Piauí e o Maranhão. Outras memórias indicam que o apelido surgiu com o "vozeiro das tecelãs" de manhã cedo, indo para o trabalho na fábrica, semelhante ao canto estridente da ave. Outros registros dão conta que, ao serem inseridas no trabalho industrial, essas operárias conquistavam um certo *status* diante das demais profissões femininas, adquirindo maior liberdade social, daí a analogia com o "bater de asas" das pipiras.

Porém, este apelido apresentou conotações pejorativas para muitas operárias, vistas sob a ótica machista como mulheres disponíveis a variadas formas de importunação. O próprio Tito Filho descreveu as pipiras como "tentadoras". Este aspecto, aliás, é reiterado em outros relatos sobre a cidade, indicando casos de assédio e romances vivenciados por operárias da fábrica. Alguns deles ocorriam nos "pipirais", bailes populares que eram frequentados por essas trabalhadoras. No próprio cancioneiro popular brasileiro há indicações desse duplo sentido, como a canção "Pipira" do compositor maranhense João do Vale: *"O que é menina? / (...) Fica o povo comentando / Mais um que a pipira biliscou / E tu também tá engordando / Mais uma que a pipira biliscou"*.

A Companhia Piauiense foi um dos símbolos de modernização da capital no início do século XX, inserida em um projeto de desenvolvimento econômico e urbano, especialmente na região central de Teresina, às margens do rio Parnaíba, onde estava a fábrica, na atual Avenida Maranhão. Tendo como sócios influentes comerciantes e proprietários das cidades de Teresina e Parnaíba, a empresa foi organizada em 1889 com o nome de Companhia de Fiação e Tecidos Piauhyense e no mesmo ano foi iniciada a construção do edifício. A unidade fabril foi solenemente inaugurada no dia 1º de janeiro de 1893, mas já vinha funcionando de forma experimental há meses, inclusive com oficinas de aprendizagem para mulheres operárias.

Um dos seus fundadores, Antônio Gonçalves Pedreira Portelada, chegou a ocupar o cargo de Intendente Municipal de Teresina (1897-1900). Em 1926, a fábrica teve seu prédio inundado por conta das fortes chuvas que transbordaram o rio Parnaíba, acarretando um enorme prejuízo, situação que ainda foi agravada pelos efeitos da crise econômica mundial de 1929. A fábrica chegou a fechar, contando com o apoio do governo estadual no retorno de suas atividades. Esta relação estreita parece ter sido intensificada durante o longo governo de Leônidas de Castro Melo (1935-1945), quando a fábrica lançou os brins das marcas "Governador", "Interventor" e "Estadista".

Funcionando até a década de 1950, a Companhia Piauiense era a única fábrica têxtil do Piauí, considerada um dos maiores estabelecimentos industriais do estado, ao lado de fábricas de cigarros, bebidas, laticínios e óleos vegetais. Junto à Companhia formou-se um bairro operário improvisado, com casebres de palha construídos pelos próprios trabalhadores da fábrica. Ao final da década de 1920, a prefeitura, com apoio da direção fabril, demoliu as casas dessas famílias operárias, visando afastar a pobreza da área mais urbanizada da cidade. Na ocasião, foram cedidos terrenos para que diversos trabalhadores, não somente têxteis, construíssem suas casas em uma área periférica, localizada após a linha férrea, a dois quilômetros da fábrica de tecidos. O bairro logo passou a ser chamado de Vila Operária e permanece até hoje.

Durante o Estado Novo (1937-1945), manifestações em comemoração ao 1º de Maio ocorreram em frente à fábrica, como missas campais e concentrações para desfiles cívicos e passeatas. A associação profissional dos trabalhadores têxteis de Teresina foi organizada neste período, sendo reconhecida como sindicato em 1948. Foi no contexto de organização sindical que conflitos trabalhistas na fábrica ganharam maior visibilidade, com reivindicações de aumento salarial, denúncias de atrasos nos pagamentos e demissões sem a devida indenização.

Em 1953, a Companhia Piauiense entrou em concordata e encerrou suas atividades pouco depois, desempregando centenas de pessoas. Na década seguinte, o edifício que abrigava a antiga fábrica foi adquirido pelo Grupo Claudino, que administrava o Armazém Paraíba, que ali inaugurou sua filial, em 1968. O prédio histórico da fábrica foi tombado pela prefeitura em 1986. Recentemente, a empresa proprietária promoveu uma reforma, conservando parte do estilo arquitetônico original.

Em sua trajetória, a Companhia Piauiense evocou múltiplas representações na história de Teresina: modernidade, trabalho, urbanização, desigualdades sociais e de gênero, além de lutas por direitos. Reunir vários desses "fios soltos" e entrelaçá-los na "urdidura" de novas tramas é a tarefa contra o esquecimento e pelo reconhecimento deste lugar de memória dos trabalhadores e das trabalhadoras do Piauí.

Referências Bibliográficas:

CASTELO BRANCO, Pedro Vilarinho. *Mulheres Plurais.* Teresina: Edições Bagaço, 2005.

FERREIRA, Jordan Bruno Oliveira. *Literatura, história e memória nas crônicas de A. Tito Filho.* Teresina: dissertação de mestrado em História do Brasil, UFPI, 2014.

NASCIMENTO, Francisco Alcides do. *A Cidade sob o Fogo: Modernização e Violência Policial em Teresina (1937-1945).* Teresina: EDUFPI, 2015.

RIBEIRO, Felipe. *'Uma grande organização fabril do Piauí': a Companhia de Fiação e Tecidos Piauiense no contexto da Segunda Guerra Mundial.* In: SOUZA NETO, Marcelo de; ALVARENGA, Antônia Valtéria Melo; FONTINELES FILHO, Pedro Pio [orgs.]. A História sob Múltiplos Ângulos: Trajetórias de pesquisa e escrita. Teresina: EdUESPI, 2020. v.2.

TEIXEIRA, Marina Lages Gonçalves. *Teresina (1890-1920): arquitetura, indústria e ferrovia.* São Carlos: dissertação de mestrado em Arquitetura e Urbanismo, USP, 2019.

Lugares de Memória dos Trabalhadores #52: Estádio do Pacaembu, São Paulo (SP)

Plínio Labriola Negreiros

Ato público em 27 de novembro de 1983, na praça Charles Miller, em frente ao estádio do Pacaembu exigindo eleições diretas para presidente.

Entre fins dos anos 1910 e o início da década seguinte, a cidade de São Paulo desenhou a sua definitiva ligação com as práticas físicas e com os esportes. O aumento vertiginoso da população associado à produção industrial, trazia novos necessidades à capital paulista. Os estádios esportivos não comportavam mais as multidões apaixonadas, em essência, pelo futebol. Não era possível acomodar mais do que 30 mil torcedores. E, em condições, bem precárias.

Nesse contexto, a ideia de construção de um grande estádio em São Paulo ganhava corpo, especialmente com a doação, por parte da Cia. City, uma grande empresa urbanizadora, de um terreno no vale do Pacaembu. Concebido como um grande complexo esportivo, o estádio teve projeto arquitetônico do escritório Ramos de Azevedo, sendo considerado um exemplo do estilo *art déco*. A simetria e monumentalidade remetiam às edificações fascistas do período. A construção teve início em 1936 e foi concluída em 1940, na conjuntura política do Estado Novo.

O estádio fazia parte de uma estratégia mais ampla, que visava incorporar os trabalhadores urbanos às atividades físicas e artísticas, devidamente "organizadas e dirigidas". Além disso, deveria abrir espaço para as grandes manifestações políticas, com "sentido cívico". As atividades físicas seriam parte da construção do "novo brasileiro" que precisaria ser forte para defender a nação, mas também para compreender porque era necessário defender o Brasil. Atividades físicas e práticas cívicas eram assim articuladas na lógica do nacionalismo do Estado Novo.

Já na inauguração do Pacaembu, no dia 27 de abril de 1940, foi organizado um grande espetáculo político, com a presença de todas as esferas de poder, inclusive do Presidente Getúlio Vargas. Não demorou muito tempo, porém, para que o estádio do Pacaembu se tornasse principalmente um templo do futebol. A paixão dos torcedores de São Paulo, em grande parte trabalhadores, subverteu, mas não anulou, os projetos de monumentalidade cívica do novo estádio.

Em maio de 1944, o estádio do Pacaembu recebeu as comemorações do Dia do Trabalhador. Foi a primeira vez que os trabalhadores paulistas receberam a presença de Vargas para esse evento, já frequente no Rio de Janeiro, em particular no Estádio de São Januário. Em plena Segunda Guerra Mundial, o ditador pretendia passar uma imagem de unidade nacional, paz social e apoio popular a seu governo. Submetidos aos decretos do esforço de guerra, trabalhadores e trabalhadoras ouviram o presidente exaltar seu "esforço patriótico" e exaltar uma suposta ausência de greves e perturbações. Vargas também anunciou estarem adiantados os estudos para uma lei definidora dos direitos dos trabalhadores rurais. Desde o início do Estado Novo, Getúlio Vargas usava as celebrações de Primeiro de Maio para fazer anúncios de novos direitos.

No ano seguinte, 1945, com o fim da Guerra e uma entusiasmada conjuntura de redemocratização do país, o Pacaembu voltaria a ser palco de manifestações políticas dos trabalhadores de São Paulo. Em 15 de julho, uma multidão recebia o líder comunista, Luís Carlos Prestes, recém-libertado, após 9 anos de prisão. O Partido Comunista do Brasil (PCB), legalizado há poucos meses, mostrava sua força em São Paulo, com um impressionante comício que contou com a presença de emergentes lideranças operárias, intelectuais e políticas, como Jorge Amado, Caio Prado Jr. e Carlos Marighella. O renomado poeta chileno Pablo Neruda leu um poema em homenagem ao partido, logo antes do aclamado discurso final de Prestes.

Meses depois, os comunistas dariam nova demonstração de apoio político e social. Em 13 de outubro, Corinthians e Palmeiras realizavam, em um Pacaembu lotado, uma partida beneficente com o intuito de arrecadar recursos para o Movimento Unificador dos Trabalhadores (MUT), articulação de sindicatos ligada ao PCB.

Nas décadas seguintes, a vocação política do Pacaembu ficaria relativamente adormecida. Ainda assim, o estádio foi um dos principais palcos das celebrações do IV Centenário de São Paulo em 1954 e voltaria a ser amplamente utilizado para manifestações cívicas durante a ditadura militar de 1964. De qualquer forma, continuaria a ser um dos principais espaços de lazer dos trabalhadores paulistanos. Durante a redemocratização manifestações políticas voltariam fortes às portas do Pacaembu. Em 27 de novembro de 1983, na praça Charles Miller, em frente ao estádio, um ato público, convocado por partidos de oposição, como PT, PMDB, PDT, além dos, à época clandestinos, PCB e PCdoB, exigia eleições diretas para a escolha do novo presidente do Brasil e reuniu cerca de 15 mil participantes. Era o pontapé inicial para o Movimento Diretas Já, que, no ano seguinte, mobilizaria milhões de brasileiros em todo o país.

Mais recentemente, a histórica relação dos trabalhadores com o Pacaembu voltou a ser lembrada. Em abril de 2010, as centrais sindicais CUT, Força Sindical, CTB, Nova Central e CGTB, reuniram, no estádio, cerca de 22 mil sindicalistas e ativistas e aprovaram o documento "Agenda da Classe Trabalhadora", uma pauta de propostas que foi entregue aos candidatos à presidência da República naquele ano.

O estádio municipal do Pacaembu possui um lugar especial na memória afetiva dos paulistanos. Cenário de grandes eventos esportivos, artísticos e políticos, sede, desde de 2008, do popular Museu do Futebol, é também um fundamental lugar de memória dos trabalhadores e trabalhadoras de São Paulo e do país.

Referências Bibliográficas:

FERREIRA, João Fernando. *A construção do Pacaembu*. São Paulo: Paz e Terra: 2008.

NEGREIROS, Plínio Labriola. "Marco da grandeza de São Paulo a serviço do Brasil": a inauguração do Pacaembu. In: *Ludopédio*. 14 de março de 2019. Disponível em https://www.ludopedio.com.br/arquibancada/inauguracao-do-pacaembu/

REBELO, Aldo. *Palmeiras x Corinthians, 1945: O Jogo Vermelho*. São Paulo: Editora da UNESP, 2010.

EXPOSIÇÃO PACAEMBU: O ESTADIO MONUMENTO. Exposição virtual do Museu do Futebol. Abril de 2020. Disponível em: https://artsandculture.google.com/exhibit/pacaembu/KAJiOz4JD3BgIg?hl=pt-BR

Documentário *Comício: São Paulo a Luís Carlos Prestes* (1945) de Ruy Santos. Disponível em https://www.youtube.com/watch?v=n3uKdbqMwK8

Lugares de Memória dos Trabalhadores #53: Igreja e largo de São Domingos de Gusmão, Rio de Janeiro (RJ)

Patricia Pamplona

Comício operário no largo de São Domingos.

No início do século XVIII, os clérigos da igreja de São Sebastião, no morro do Castelo, no Rio de Janeiro, começaram a contestar a permanência da imagem de São Domingos de Gusmão, santo bastante venerado pelos negros frequentadores da região, em um dos altares laterais. Em 1706, a Câmara atendeu a um pedido da irmandade de São Domingos para abrigar a imagem rejeitada e concedeu um terreno para a construção de uma igreja. O espaço ficava fora dos limites da cidade, em um descampado pantanoso, na atual confluência das avenidas Presidente Vargas e Passos.

Durante algumas décadas, a igreja de São Domingos sediou pelo menos três irmandades além da dominicana: a de Santana, a do Menino Jesus e a de Santo Elesbão e Santa Efigênia, estes últimos, santos africanos venerados em conjunto.

Essas agremiações religiosas, reunidas em torno da devoção a um santo católico, funcionavam como uma sociedade de ajuda mútua, cujos agregados, muitas vezes escravizados e libertos, contribuíam com taxas anuais em troca de assistência.

As informações sobre a igreja de São Domingos durante o século XVIII são escassas, mas sabemos que se encontrava em precário estado de conservação em meados do século XIX. Nesse período, a cidade se expandia em direção ao norte, e, aos poucos, São Domingos, antes solitária na paisagem, foi sendo incorporada ao centro urbano. No largo em frente, que levou o seu nome, foi instalado um pequeno chafariz de ferro, que atraía moradores, vendedores ambulantes e lavadeiras.

Sem manutenção, a igreja entrou no século XX a ponto de desabar, enquanto o largo reunia trabalhadores, um pequeno comércio e moradias populares. A praça tinha gafieira, botequim, casa de pasto, restaurantes, alfaiataria, casa de banho, fábrica de fogões, casa de charutos e cigarros, loja de roupas e casas de cômodos.

Uma história pouco conhecida sobre o largo de São Domingos é ter sido um dos principais espaços para um novo tipo de organização operária surgida no início do século XX, as sociedades de resistência. Essas associações de trabalhadores tinham um caráter eminentemente sindical, pleiteando salários, jornada e condição de trabalho mais dignos, ainda que mantivessem algumas características das sociedades de ajuda mútua populares do século anterior.

As duas primeiras décadas da República foram de intensa mobilização popular. Entre 1890 e 1920, mais de trezentas greves foram realizadas no Rio de Janeiro e explosões sociais, como a Revolta da Vacina, em 1904, foram relativamente comuns no período. Naquele contexto, o largo de São Domingos tornou-se um lugar de frequentes encontros e assembleias de trabalhadores. As associações de sapateiros, canteiros, pintores e costureiras, por exemplo, convocavam reuniões periódicas no largo. Comícios e comemorações do Dia Primeiro de Maio lotavam a praça.

No início do século XX, a cidade era um grande canteiro de obras graças às reformas urbanas do prefeito Pereira Passos. É possível presumir que a classe dos trabalhadores que executavam o projeto de Passos era a mesma daqueles que se reuniam nos sobrados do largo. Em 1904, o "Bota-Abaixo" derrubou parte das construções do entorno. O projeto do prefeito previa a abertura de uma nova avenida ligando a rua Larga de São Joaquim (avenida Marechal Floriano) ao Rocio (praça Tiradentes). A avenida, cuja construção pôs abaixo espaços importantes na luta operária, recebeu o nome do prefeito e foi a primeira via inaugurada no governo de Pereira Passos a rasgar o tecido urbano da cidade.

Em 1905, a prefeitura retirou o antigo chafariz do centro do largo de São Domingos e em seu lugar colocou a estátua em bronze do jurista Teixeira de Freitas, obra de Rodolfo Bernardelli. A prefeitura alterou, inutilmente, o nome do largo para praça Teixeira de Freitas. Mas a estátua servia apenas de descanso para os pombos e palanque para os comícios. Teixeira de Freitas nunca foi um nome usado pela população e quatro anos depois, em 1909, a escultura foi retirada e o largo voltou a ter oficialmente o seu nome original.

Uma nota no Jornal do Brasil, em 1919, nos dá medida da importância do largo de São Domingos para a luta operária: um comício "promovido por elementos agitadores" em frente à fábrica de tecido Aliança, em Laranjeiras, foi impedido de ser realizado "conforme resolução do dr. chefe de polícia de só permitir tais reuniões no largo de São Domingos". Enquanto o largo continuava local de reuniões políticas, a igrejinha encontrava-se em estado calamitoso.

No final dos anos 1920, a sorte da igreja de São Domingos mudou. Foi reformada na prefeitura de Prado Júnior (1926-1930) e retomou as suas atividades religiosas com missas, batizados e catecismo.

Em 1941, o projeto de abertura da avenida Presidente Vargas derrubou os primeiros sobrados próximos à praça Onze. O largo e a igreja de São Domingos também ficavam no traçado da avenida, e era questão de tempo as desapropriações chegarem até ali. A última festa na igreja de São Domingos foi realizada em 2 de agosto de 1942, já que, ironicamente, as chaves deveriam ser entregues à prefeitura no dia 4, dia do padroeiro. Depois de arrasados largo e igrejinha, as obras para construção da rede pluvial localizaram diversas ossadas humanas, que hoje sabemos ser daqueles que integravam o cemitério da irmandade de São Domingos. Em 1970, a nova e definitiva paróquia de São Domingos de Gusmão foi inaugurada na rua José Higino, 120, no bairro da Tijuca.

Referências Bibliográficas:

ABREU, Maurício de Almeida. *Evolução urbana do Rio de Janeiro.* Rio de Janeiro, IPP, 2008.

ANDREATTA, Verena. *Cidades quadradas, paraísos circulares.* Rio de Janeiro: Mauad X, 2006.

BATALHA, Claudio. *Dicionário do movimento operário – Rio de Janeiro do século XIX aos anos 1920, militantes e organizações.* São Paulo: Fundação Perseu Abramo, 2009.

MOTA, Isabela e PAMPLONA, Patricia. *Vestígios da paisagem carioca: 50 lugares desaparecidos do Rio de Janeiro.* Rio de Janeiro: Mauad X, 2019.

Lugares de Memória dos Trabalhadores #54: Fábrica e Vila Operária do Biribiri, Diamantina (MG)

Kátia Franciele Corrêa Borges

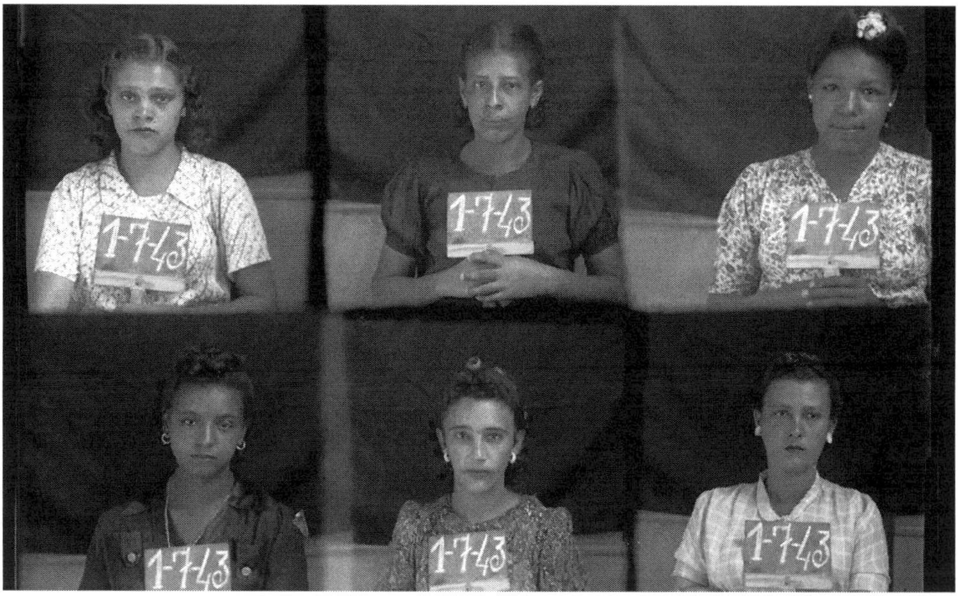

Fotos das operárias do Biribiri para carteira de trabalho feitas por Assis Horta (1943).

Nos arredores de Diamantina, em Minas Gerais, situa-se a Vila do Biribiri, onde sobrevivem antigas instalações de uma fábrica de tecidos que funcionou entre 1877 e 1973. A Fábrica do Biribiri foi fundada pelo bispo Dom João Antônio Felício dos Santos e seus familiares. Dom João pertencia a uma família do Serro, cujo patrimônio provinha de negócios minerários. Os tecidos produzidos, em sua maioria de algodão grosso, eram vendidos na região e no Rio de Janeiro.

Do alto da estrada, avista-se o conjunto arquitetônico da vila composto pela Capela do Sagrado Coração de Jesus, galpões da antiga fábrica, um casarão que, no passado, era o dormitório feminino (chamado de convento) e 33 casas. O nome "Biribiri" tem origem tupi e significa "buraco fundo". O maquinário foi adquirido nos Estados Unidos e ao chegar ao Rio de Janeiro seguiu longa viagem até finalmente ser conduzido em carros de boi e tropas até Biribiri.

A posição geográfica da fábrica, isolada e distante do centro urbano, tornava difícil o acesso ao local do trabalho e exigiu a construção de uma vila para moradia dos(as) trabalhadores(as). Um armazém também foi erguido, inclusive com o propósito de gerar laços de dependência e controle. Os operários moravam na vila e seguiam normas rígidas de disciplina, sobretudo, as mulheres.

A fábrica começou a funcionar com 63 operários(as), sendo 36 mulheres, 18 meninos e 9 homens. Este quadro de emprego majoritariamente feminino manteve-se ao longo da existência de Biribiri e as ocupações e hierarquias eram claramente definidas pelo gênero. As mulheres ocupavam funções de fiadoras, tecelãs, copeiras, cozinheiras e auxiliares de escritórios, enquanto os homens eram carpinteiros, mecânicos, ferreiros, motoristas, e ocupavam os lugares de supervisão e chefias. No ápice de sua produção, na primeira metade do século XX, a empresa contou com 998 trabalhadores. Sendo, 875 mulheres e 123 homens.

A maioria deles era arregimentada na própria região de Diamantina e seu entorno. No início, as trabalhadoras eram denominadas de "pobres órfãs-operárias", pois parte delas provinha de obras assistenciais, como o Colégio e Orfanato Nossa Senhora das Dores. Um jornal da época conta que Dona Mariana Valadares Fernandes dos Santos, cunhada do bispo, se responsabilizava por cuidar das moças que ali trabalhavam. Produziu-se a ideia de que tais meninas "infelizes", por serem muito pobres, precisariam ser amparadas por meio do emprego na fábrica ou de um casamento.

A religiosidade foi um fenômeno marcante em Biribiri, sobretudo para as mulheres. Associações católicas como Filhas de Maria e o Apostolado da Oração incentivavam as operárias a seguirem regras de idoneidade moral, autovigilância e submissão. Ao ingressarem na associação Filhas de Maria, por exemplo, as mulheres recebiam fitas que indicavam o nível de pertencimento na ordem. A cor azul indicava que aquela devota havia sido penitente, praticado boas ações, não tinha dançado e desrespeitado seus pais ou superiores. O ritual de troca das fitas era assinalado por momentos de grandes festividades religiosas.

As associações católicas femininas disseminavam a ideia de que uma "boa operária" teria que ser virtuosa e ter boa moral e tiveram forte impacto na identidade daquelas mulheres. O pertencimento a uma associação católica chegava a ser um pré-requisito para ingresso na fábrica. Mas, para além de um espaço de controle e resignação, as atividades das associações possibilitavam a difusão de informações e a inserção das mulheres no mundo das leituras. Espaços de alguma autonomia no interior dessas associações também foram construídos pelas operárias e não eram incomuns as burlas e desobediências às regras.

Em 1908, o Banco Hipotecário do Brasil assumiu o controle da fábrica, que em 1921, passou às mãos dos irmãos Algemiro Pompoloni Duarte e João Gerundino Duarte. Em junho de 1943, quando entrou em vigor a Consolidação das Leis do Trabalho (CLT), o gerente da fábrica contratou o fotógrafo Assis Horta para fazer os retratos de 300 operários(as) para as carteiras profissionais. Para a imensa maioria delas, aquele seria seu primeiro documento. Não à toa, o fotógrafo relatou o esmero com que as moças se preparavam para serem fotografadas, arrumando seus cabelos e vestindo suas melhores roupas.

O empresário Alexandre Mascarenhas, em 1954, tornou-se acionista majoritário da Fábrica do Biribiri.. Em 1973, mesmo diante dos protestos do ex-presidente Juscelino Kubitschek, natural de Diamantina, e do prefeito da cidade, o industrial optou pelo fechamento da fábrica argumentando que empreendimento havia se tornado obsoleto e dispendioso. Parte dos(as) operários(as) foi realocada em unidades fabris de propriedade do empresário em Diamantina, Gouveia e Contagem.

Em 1994, um movimento organizado por moradores de Diamantina resultou no tombamento do conjunto arquitetônico e paisagístico da Vila do Biribiri pelo Instituto do Patrimônio Histórico e Artístico de Minas Gerais. E o lugar que outrora foi movimentado pelo apito da chaminé, agora é ressignificado como espaço turístico. Mas Biribiri também é um fundamental lugar de memória do trabalho e dos operários e operárias que ali construíram suas vidas.

Referências Bibliográficas:

BORGES, Kátia Franciele Corrêa. *Fiar, tecer e rezar: a história das mulheres na Fábrica de Tecidos do Biribiri (1918-1959)*. Jundiaí-SP: Paco Editorial, 2022.

FERNANDES, Antônio Carlos. *O turíbulo e a chaminé: a ação do bispado no processo de constituição da modernidade em Diamantina, 1864-1917*. Dissertação de Mestrado, Universidade Federal de Minas Gerais, 2005.

MARTINS, Marcos Lobato. *Breviário de Diamantina: uma história do garimpo de diamantes em Minas Gerais (Século XIX)*. Belo Horizonte: Fino Traço, 2014.

Lugares de Memória dos Trabalhadores #55: Fábrica de Chapéus Souza Pereira, Sorocaba (SP)

Carlos Carvalho Cavalheiro

Fábrica de Chapéus, 1913.

A partir das primeiras décadas do século XX, a cidade de Sorocaba passou a ser conhecida como a "Manchester Paulista". Esse processo foi iniciado em 1882, quando a paisagem local ganhou um adereço até então inexistente: uma fábrica de tecidos de grande porte, com arquitetura inglesa, iniciando alterações que transformariam a antiga cidade rural em um dos mais importantes polos fabris do estado de São Paulo. Essa fábrica foi denominada de Nossa Senhora da Ponte (o nome da padroeira de Sorocaba), mas ficou também conhecida por Fábrica Fonseca, pois seu proprietário era o português Manoel José da Fonseca. Logo, a cidade se viu semeada por prédios do mesmo porte e estilo arquitetônico, com a fundação de novas fábricas têxtis, como as Fábricas Votorantim e Santa Rosália, fundadas em 1890, a Fábrica Santa Maria em 1896 e a Fábrica Santo Antônio em 1914.

Embora de menor porte, a Fábrica de Chapéus Souza Pereira foi especialmente importante não apenas na construção do imaginário da "Manchester Paulista", como na história do movimento operário de Sorocaba. Localizada defronte à Praça Arthur Fajardo, conhecida também como Praça dos Canhões, o edifício da antiga fábrica de chapéus foi construído pelo então proprietário, o inglês John Adams, em 1885. Em 1898, o português Francisco de Souza Pereira, associado ao empresário Coats Vilela adquiriu a empresa.

Além de ser um lugar de memória da indústria, a Fábrica de Chapéus Souza Pereira também guarda importantes lembranças das lutas operárias. Ainda no século XIX, em 21 de novembro de 1890, os operários dessa fábrica declararam greve por melhores condições de trabalho. Foi uma das primeiras mobilizações ocorridas entre o operariado sorocabano. Também foram os chapeleiros que constituíram a primeira associação anarquista de Sorocaba: a Liga de Resistência, fundada em 6 de abril de 1902. Os chapeleiros já haviam fundado uma das primeiras associações mutualistas da cidade, a Sociedade Beneficente Protetora dos Chapeleiros.

A classe operária que se formava em Sorocaba, assim como em outras regiões do país, era bastante diversificada em termos étnicos e de origens nacionais. Antônio Francisco Gaspar trabalhou na Fábrica de Chapéus entre 1905 e 1908 e em seu livro "Minhas Memórias" registrou muitos sobrenomes de origem portuguesa entre os operários, o que pode indicar uma maioria de nacionais e lusitanos, além de sobrenomes de origem italiana. Gaspar relacionou apenas nomes de homens, provavelmente porque as atividades da fábrica eram separadas por gênero e o contato dele com as operárias talvez tenha sido limitado. Mas elas existiam: estão registradas em fotografias, como uma de 1908, numa reunião operária em comemoração ao 1º de Maio, além de notícias de jornais durante a greve de 1917.

As mulheres que trabalhavam na fábrica de chapéus eram, em sua maioria, costureiras. Já os homens realizam as demais tarefas inerentes à produção, dependendo da matéria-prima utilizada, como, nos casos de feltro e lã, a lavagem, a cardagem, o processo de enformação, esmursação, a fula. A fábrica contava com vasto e diversificado maquinário, o que indica a complexidade da produção de chapéus. Segundo o *Almanach Illustrado de Sorocaba* de 1914, a Fábrica Souza Pereira empregava 216 chapeleiros, responsáveis pela impressionante produção de 36 mil chapéus por mês.

O episódio mais marcante que registra a memória desse prédio foi a participação dos seus operários na greve geral de 1917, a grande paralisação generalizada que se iniciou em São Paulo e, depois, se espalhou pelo interior no mês de julho daquele ano. Em Sorocaba, a greve iniciou-se na Fábrica de Tecidos Nossa Senhora da Ponte e logo se espalhou para diversas categorias de trabalhadores. Os grevistas, no intuito de conseguir a adesão de seus companheiros chapeleiros, arrombaram os portões da Souza Pereira e negociaram a liberação dos trabalhadores junto à gerência do estabelecimento. Tanto as costureiras quanto os operários homens participaram ativamente do movimento. Ao todo, estima-se que entre 8 a 10 mil trabalhadores participaram da greve que durou três dias, conquistando muitas de suas reivindicações.

Em 1932, a Fábrica de Chapéus Souza Pereira fechou as portas. Possivelmente ficou fechada por algum tempo, até que se iniciou a demolição interna, sobrando apenas a fachada. Em 1984 o interesse pela preservação da fachada da antiga fábrica já aparecia num Inventário dos Prédios Históricos da Área Central de Sorocaba, elaborado pelo Conselho de Defesa do Patrimônio Histórico de Sorocaba (CONDEPHISO). No entanto, somente em 1998 abriu-se o processo de tombamento, ainda não concluído.

A fachada de Fábrica de Chapéus é um caso interessante de lugar de memória oculto, um marco que ainda existe na paisagem, mas que tem a sua memória ocultada por obstáculos físicos ou pela falta de referências (por exemplo, uma placa indicativa). Se, de um lado, é um reminiscência do poder da burguesia local da "Manchester Paulista", por outro, ela também representa a existência e a resistência da classe trabalhadora, a principal responsável pelo crescimento industrial de Sorocaba. A fachada da Fábrica de Chapéus Souza Pereira nos remete a uma outra memória que se contrapõe àquela produzida pelos grupos detentores do poder.

Referências Bibliográficas:

ALMEIDA, Aluísio de. *Sorocaba 3 séculos de História.* Itu: Ottoni, 2002.

BONADIO, Geraldo. *Sorocaba a cidade industrial.* Sorocaba: LINC, 2004.

CARVALHO, Rogério Lopes Pinheiro de. *Fisionomia da cidade – Cotidiano e transformações urbanas (1890 – 1943).* São Paulo: Biblioteca 24 horas, 2010.

CAVALHEIRO, Carlos Carvalho. *Memória Operária.* Sorocaba: Crearte, 2009.

CAVALHEIRO, Carlos Carvalho. *"Tá vendo aquele edifício, moço?": Lugares de Memória, Produção de invisibilidade e processos educativos na cidade de Sorocaba.* Maringá: A R Publisher Editora, 2018

Lugares de Memória dos Trabalhadores #56: Memorial das Ligas e Lutas Camponesas, Sapé (PB)

Tiago Bernardon de Oliveira

Comício da Liga Camponesa de Sapé pela reforma agrária.

Na altura do km 70 da BR-230, no início da rodovia Transamazônica, uma das pretendidas obras-símbolo da ditadura militar, chega-se ao acesso à PB-073. As proximidades deste entroncamento, no município de Sobrado, são conhecidas por Café do Vento. Ali o líder camponês João Pedro Teixeira foi assassinado em 2 de abril de 1962.

Ele voltava de João Pessoa com livros e material escolar para alguns de seus 11 filhos. Após desembarcar do ônibus, foi alvejado por 2 policiais e 1 vaqueiro. Apesar da instauração do inquérito pelo próprio governador, das pressões populares e da repercussão na imprensa, os atiradores foram condenados e, em 1965, absolvidos; já os mandantes, integrantes do Grupo da Várzea – latifundiários da região da várzea do Rio Paraíba –, passaram ilesos. O principal acusado, Aguinaldo Veloso Borges, recebeu imunidade parlamentar após o titular e outros 5 suplentes estarem licenciados ou renunciarem a seus cargos para que tomasse assento pela UDN como deputado estadual.

João Pedro Teixeira, camponês de 44 anos, negro, batista, sabia que era homem visado. Depois de conhecer a vida sindical quando trabalhava em uma pedreira em Pernambuco, voltou à Paraíba. A exemplo da experiência do Engenho Galileia, ajudou a erguer em 1958 a Associação dos Lavradores e Trabalhadores Agrícolas de Sapé, a Liga Camponesa de Sapé, que viria a se constituir a maior do Brasil. Diferentes estimativas apontam entre 7.000 e 13.000 seu número de filiados.

Na década de 1950, com o aumento do preço do açúcar, trabalhadores começaram a perder, sem indenização, seus roçados e outras benfeitorias erigidas até então sob tradicionais acordos com os proprietários nas beiras dos canaviais. Macaxeira, inhame, feijão, batata-doce davam lugar à cana a ser moída pelas insaciáveis usinas. Em sintonia com seus companheiros de Pernambuco, os paraibanos organizaram-se contra o cambão (dia de trabalho não remunerado nas terras do proprietário) e o aumento do foro (aluguel pelo uso da terra) e em defesa de direitos sociais e da Reforma Agrária. As mobilizações ultrapassaram as cercas dos municípios e chamaram a atenção de políticos e intelectuais do Brasil e do exterior.

Ao contrário do que esperavam os autores da emboscada, o assassinato de João Pedro não calou o campo. A Liga de Sapé cresceu, agora com a liderança da viúva Elizabeth. As lutas pela Reforma Agrária ocuparam debates nacionais e a questão integrou a proposta das Reformas de Base do governo João Goulart. Ameaças e episódios sangrentos persistiam, como em janeiro de 1964, quando 11 pessoas, entre capangas e camponeses, morreram em um conflito no município vizinho de Mari.

Sapé tornou-se um forte símbolo da luta pela Reforma Agrária. No início de 1964, o jovem cineasta carioca Eduardo Coutinho deslocou-se para o Engenho Galiléia, em Pernambuco, a fim de gravar um filme sobre as organizações e reivindicações camponesas, com Elizabeth Teixeira e sua família como atores e personagens do drama. O golpe interrompeu as filmagens. Retomado 17 anos depois, *Cabra Marcado para Morrer* tornou-se documentário, o principal da história do cinema brasileiro, ao tratar da vida de Elizabeth e as disputas de memória em torno da Liga de Sapé.

O golpe de 1964, arquitetado em grande medida para destruir as lutas por direitos e pela Reforma Agrária no país, reprimiu fortemente as Ligas Camponesas.

Enquanto Elizabeth foi jogada à clandestinidade longe de seus filhos, centenas de militantes foram perseguidos e silenciados. Pedro Inácio de Araújo, o Pedro Fazendeiro, e João Alfredo Dias, o Nêgo Fuba, também fundadores da Liga de Sapé, foram desaparecidos após serem torturados pelo Exército.

A ditadura procurou apagar qualquer vestígio de memória da resistência camponesa. No entanto, as causas da luta pela terra não foram eliminadas. A modernização conservadora do campo intensificou ainda mais a concentração fundiária, a pobreza e o êxodo rural. No início dos anos 1980, os trabalhadores rurais da Paraíba, com o apoio de setores progressistas da Igreja Católica, voltaram a se mobilizar pela conquista de direitos e da Reforma Agrária em meio a esforços e expectativas pela construção de um país democrático. As memórias das experiências do passado foram retomadas. Mas o sangue provocado pela violência do latifúndio continuava a verter: em agosto de 1983, Margarida Maria Alves, do Sindicato dos Trabalhadores Rurais de Alagoa Grande (a 70 km de Sapé), foi assassinada na porta de sua casa. Este crime não abalou a organização em sindicatos e em novos movimentos sociais do campo, como a Comissão Pastoral da Terra e o Movimento dos Trabalhadores Sem Terra.

Em 2006, militantes da região formaram a ONG Memorial das Ligas Camponesas. Fruto das mobilizações populares das décadas anteriores, o governo do estado da Paraíba, eleito em 2010, atendeu a demanda de desapropriar a área ao redor da casa onde João Pedro e Elizabeth viveram, nas imediações do povoado de Barra das Antas, zona rural de Sapé.

A partir de 2012, a casa tornou-se o Memorial das Ligas e Lutas Camponesas. Suas paredes abrigam painéis expostos com fotos e recortes de jornais da época, em esforço ainda incipiente, porém fundamental. O Memorial também procura criar vínculos entre a história das lutas sociais na região com as do presente. Assim, a antiga casa tornou-se um lugar de memória das lutas da classe trabalhadora, que insiste em não esquecer de seu passado para não esmorecer na luta do presente por um mundo diferente no futuro.

Referências Bibliográficas:

ALVES, Janicleide Martins de Morais. *Memorial das Ligas Camponesas: preservação da memória e promoção dos direitos humanos*. João Pessoa: Dissertação de Mestrado em Direitos Humanos, Cidadania e Políticas Públicas – Universidade Federal da Paraíba, 2014.

BANDEIRA, Lourdes Maria; MIELE, Neide; SILVEIRA, Rosa Maria Godoy. *Eu marcharei na tua luta! – A vida de Elizabeth Teixeira*. 2.ed. Campina Grande: EDUEPB, 2012.

RANGEL, Maria do Socorro. *Medo da morte e esperança de vida: uma história das Ligas Camponesas*. Campinas: Dissertação de Mestrado em História – Universidade Estadual de Campinas, 2000.

Website do Memorial das Ligas e Lutas Camponesas: https://www.ligascamponesas.org.br/

Documentário: *Cabra marcado para morrer*. Dir. Eduardo Coutinho. Brasil, 1984.

Lugares de Memória dos Trabalhadores #57: Fábrica Sylvania, São Paulo (SP)

Anaclara Volpi Antonini

Trabalhadores diante da fábrica Sylvania durante a greve dos metalúrgicos de São Paulo em 1979.

O pedestre que caminha hoje pela pequena rua Quararibeia, na zona sul de São Paulo, pode se surpreender ao notar a tinta vermelha que marca o asfalto com os dizeres "Aqui foi assassinado o operário Santo Dias da Silva no dia 30-10-1979 pela polícia militar". Apesar do desgaste provocado pelos carros que passam diariamente, a mensagem carregada com a tinta provoca reflexão. Quem foi esse operário? Por que foi assassinado? Em que contexto?

O terreno onde hoje há um conjunto de edifícios residenciais era ocupado por uma fábrica de tubos para televisores e lâmpadas de capital estadunidense chamada Sylvania. A fábrica, parte do eixo industrial que se desenvolveu na região sul da cidade, foi inaugurada em 1961 e funcionou na mesma localidade até

2007. Nesse período, a zona sul de São Paulo concentrou grandes contingentes de trabalhadores e se tornou um importante polo da mobilização operária.

Em 1964, com o golpe civil-militar, a diretoria do sindicato dos metalúrgicos de São Paulo, assim como de outros sindicatos por todo o Brasil, sofreu intervenção do Ministério do Trabalho. Com a perseguição e banimento de militantes e sindicalistas comunistas e trabalhistas, o grupo político ligado aos interventores controlou o sindicato por todo o período ditatorial. Nesse contexto, a organização dos trabalhadores para resistir às perdas de direitos, à compressão dos salários e às condições precárias de trabalho se desenvolveu principalmente por meio das oposições sindicais.

Santo Dias da Silva foi um dos líderes da Oposição Sindical Metalúrgica de São Paulo (OSMSP), a mais famosa oposição sindical do país. Ainda adolescente, envolveu-se nas lutas por melhores condições de trabalho e salários para os trabalhadores rurais em Terra Roxa, município paulista onde nasceu. Sua família acabou expulsa da colônia em que morava. Migrante na cidade de São Paulo, Santo Dias empregou-se na Metal Leve, fábrica de equipamentos automobilísticos. Católico, foi bastante influenciado pela Teologia da Libertação e tornou-se um líder muito importante nas comunidades eclesiais de base da Igreja Católica e nos movimentos populares atuantes nos bairros periféricos da zona sul de São Paulo.

Em 1978, paralelamente à onda grevista nas indústrias automobilísticas da região do ABC paulista, uma grande mobilização se espalhou pelo parque industrial da capital graças ao forte trabalho de base realizado pelos militantes da OSMSP nas comissões de fábrica que emergiram nesse período. Na campanha salarial do ano seguinte, a força dessa mobilização levou o Sindicato dos Metalúrgicos de São Paulo a decretar greve. Logo no início da paralisação, em outubro de 1979, houve forte repressão policial e dezenas de prisões. Nas ruas dos bairros industriais da zona sul, viaturas policiais mantinham a vigilância e a perseguição aos grevistas. No dia 30 de outubro, às 14h, Santo Dias e mais alguns operários estavam em frente à fábrica Sylvania no horário da troca de turno dos trabalhadores para convencê-los a parar e participar da assembleia que ocorreria mais tarde. Subitamente, viaturas chegaram causando tumulto e o líder metalúrgico foi assassinado por um policial militar com um tiro a queima roupa.

O assassinato de Santo Dias provocou uma grande revolta popular e um cortejo fúnebre com milhares de pessoas acompanhou o corpo do operário da Igreja da Consolação à Catedral da Sé, onde uma comovente missa foi celebrada pelo Cardeal Dom Paulo Evaristo Arns.

Naquele dia, o espaço público da cidade foi reocupado pelos trabalhadores em sua denúncia contra a violência policial e a defesa do direito de greve.

Desde então, Santo Dias tornou-se um poderoso símbolo da luta operária e da oposição à ditadura.

A mobilização por justiça em relação ao crime de Estado representado pelo assassinato de Santo Dias, a defesa de sua luta e de sua memória impulsionaram a formação do Comitê Santo Dias. Ao longo dos anos, diferentes ações foram realizadas pelo Comitê, como atividades políticas e culturais, publicações, nomeações de ruas, praças, escolas, entre outras. Uma dessas atividades se mantém todos os anos desde 1980. No dia e horário do assassinato, familiares, amigos e companheiros se encontram em frente à antiga fábrica da Sylvania para um ato, que depois segue em passeata até o Cemitério do Campo Grande onde o operário está enterrado. A denúncia do assassinato é feita em tinta vermelha no asfalto. Nos alto falantes, se rememora a luta de Santo Dias e se denunciam as violações que os trabalhadores continuam enfrentando nos dias atuais.

É possível dizer que a fábrica Sylvania e a rua onde ela se situava são lugares transformados pela memória e pela ação dos trabalhadores e trabalhadoras de São Paulo. A carga simbólica motiva o ato e coloca o lugar do assassinato como um marco importante para os sujeitos dessa ação que se repete todos os anos, contrariando o apagamento simbólico e físico das violações e dos lugares relacionados à ditadura militar. Por isso, podemos nos referir a ele como um lugar de memória. Ao mesmo tempo, a sinalização e o ato periódico abrem uma nova camada de sentido nesse lugar, que pode ser apropriada por pessoas e grupos que não viveram diretamente aquelas violações, mas que podem dar novos sentidos a elas.

Referências Bibliográficas:

ANTONINI, Anaclara Volpi. *Lugares de memória da ditadura militar em São Paulo e as homenagens ao operário Santo Dias da Silva.* 2016. Dissertação (Mestrado) – Faculdade de Filosofia, Letras e Ciências Humanas da Universidade de São Paulo, São Paulo, 2016.

DIAS, Luciana; AZEVEDO, Jô; BENEDICTO, Nair. *Santo Dias: quando o passado se transforma em história.* 2. ed. Fundação Perseu Abramo e Expressão Popular: São Paulo, 2019.

NETO, Sebastião. *Investigação Operária: Empresários, Militares e Pelegos Contra os Trabalhadores.* IIEP: São Paulo, 2015.

PROGRAMA Lugares da Memória. *Fábrica Sylvania.* Memorial da Resistência de São Paulo, São Paulo, 2015.

Documentário: *Braços cruzados, máquinas paradas.* Dir.: Roberto Gervitz, Sérgio Toledo. São Paulo: Cooperativa Cinematográfica Brasileira, 1979. 76 min.

Lugares de Memória dos Trabalhadores #58: Rio Capibaribe, Recife (PE)

Felipe Azevedo e Souza

Rio Capibaribe na década de 1860.

Por muito tempo os caminhos do Recife foram essencialmente os cursos dos rios que lhe cortam, principalmente o Capibaribe. Tudo se transportava em canoas: açúcar, tijolos, água potável e as pessoas que ali viviam. Até metade do século XIX, esse era um mercado de trabalho dominado pelos escravos canoeiros, posteriormente integrado também por libertos e livres, geralmente negros. Documentos registram a queixa de senhores que acusavam esses trabalhadores de colaborar para a fuga de escravizados. Mas, foi só entre 1884 e 1888, que esse expediente se tornou sistêmico. Nesse período, cerca de três mil homens e mulheres escaparam do cativeiro com a ajuda dos trabalhadores fluviais.

Em 25 de março de 1884 foi abolida a escravidão no Ceará. Cerca de 600 quilômetros ao sul, em Pernambuco, esse marco representou oportunidade para os abolicionistas. Eles fundaram no Recife o Clube do Cupim. Miravam-se no exemplo dos abolicionistas norte-americanos que criaram uma complexa rota de fugas clandestinas para franquear a passagem dos escravizados para terras onde não existia mais a escravidão legal. O Rio Capibaribe transformado em *underground railroad*, levava canoas e jangadas ao mar. Pelas águas salgadas tinham por destino frequente Fortaleza, Aracati e Mossoró, perto da fronteira com o Ceará.

O Clube do Cupim era uma associação secreta, ilegal, subterrânea. Não possuía estatutos, tinha um mote apenas: "a libertação do escravo por todos os meios". Os cupins eram volantes, tinham pseudônimos, uma linguagem codificada própria, possuíam perfil social diverso e estavam infiltrados em várias repartições públicas. A silenciosa rede de espionagem e comunicação do Clube estava sempre dois passos à frente dos agentes de repressão. O telegrafista Júlio Falcão, por exemplo, era um cupim na linha do telégrafo, repassando informações trocadas entre os agentes das forças públicas. Como ele, outros estavam infiltrados nos quartéis antecipando os planos de batidas policiais. Nas muitas ações do grupo, poucos foram os casos de interceptação da polícia. Quando a força pública conseguia capturar os fugidos, membros do Cupim bem relacionados impetravam *habeas corpus* e geralmente conseguiam libertar os presos.

O Clube chegou a ter uma rede que envolvia cerca de trezentas pessoas entre membros e colaboradores eventuais. Sua diretoria era formada predominantemente por homens brancos e com influência social. Abrigavam os escravizados em suas propriedades, bancavam operações, mobilizavam conexões e eventualmente eles próprios se envolviam nos embarques dos fugidos. Cada membro desse círculo filiava seus auxiliares, chamados de capitães. Esses homens, geralmente negros e alguns deles libertos, eram canoeiros, cocheiros, catraieiros, trabalhadores pobres da cidade. Eles eram propriamente os executores dos planos de fuga, os agentes de conexão entre o Clube e os trabalhadores escravizados.

As primeiras operações não envolveram mais que meia dúzia de escravizados. Mas, tempos depois, passaram a esvaziar senzalas inteiras. O capitão Lino Falcão visitava engenhos na Zona da Mata sob o disfarce de vendedor de fumo, pernoitava nas propriedades e, quando a casa-grande dormia, coordenava fugas coletivas. A polícia montava postos secretos de observação em vários pontos do Capibaribe, mas era inútil. Às centenas, homens, mulheres e crianças deixavam para trás o cativeiro. Camuflados embaixo de cobertas de capim, nas jangadas e canoas, pela rota fluvial placidamente passavam na frente da chefatura de polícia. Assim sucedeu, em 23 de abril de 1888 com o último embarque, quando 119 pessoas seguiram pelo rio, do Poço da Panela até os arrecifes, de onde tomaram um iate fretado pelo Clube.

Os membros do Cupim eram chamados de aliciadores ou ladrões de escravos, mas os trabalhadores escravizados estavam longe de ser passivamente seduzidos. Eles eram agentes de sua própria ventura. O embarque nas jangadas era início de jornada e ao mesmo tempo desfecho. Antes de chegar ao Capibaribe, o deslocamento a passos mudos nas ruas da cidade. Antes ainda, dias acoitados nas chamadas "panelas". Antes disso, o planejamento, a negociação sussurrada entre os cativos e os cupins, a conspiração noturna das senzalas. Existem registros de que os escravizados custeavam parcialmente as despesas das fugas e há todo um anedotário sobre os diferentes expedientes utilizados pelos escravizados para desaparecer. Alguns sumiram na agitação dos dias de carnaval, uma outra embebedou seu senhor. Os disfarces também eram comuns – Miquelina, mucama de um casarão na Madalena, saiu de sinhá, com vestido à francesa, chapéu, sapatos lustrados e pó de arroz, caminhando à luz do dia pelas ruas de Recife até o porto.

A jangada tornou-se símbolo de resistência e liberdade. O *Jornal do Recife* de 13 de maio de 1890 publicava que nas celebrações daquele dia, "marcharão os cidadãos emancipados pela áurea lei, guarnecendo a legendária jangada do Clube do Cupim". Na mesma data nos anos seguintes, a miniatura da jangada em madeira continuou a ser desfilada pelas ruas da cidade.

Atualmente, pertinho do curso do rio, existem duas estátuas de bronze, uma no bairro de Santo Antônio e outra no Poço da Panela, celebram famosos abolicionistas nascidos em casas-grandes. Mas, nas margens do Capibaribe, também resistem inabaláveis baobás centenários, são monumentos da diáspora africana. Árvores sagradas que representam a morada da ancestralidade e simbolizam o Rio Capibaribe como um lugar de memória dos trabalhadores e trabalhadoras escravizados e suas lutas por liberdade.

Referências Bibliográficas:

BRAGA, Flavia. "Roendo a madeira da escravidão: O Club do Cupim como espaço de luta política (Pernambuco, 1884-1888)". *Anais da Caravana 25 anos da ANPUH Pernambuco: dálogos entre a pesquisa e o ensino*. Recife: Editora UFPE, 2016.

CASTILHO, Celso Thomas. *Slave Emancipation and Transformations in Brazilian Political Citizenship*. Pittsburgh: University of Pittsburgh Press, 2016.

VILELA, Carneiro. "O Club do Cupim". In: SILVA, Leonardo Dantas (Org.). *A abolição em Pernambuco*. Recife: Fundaj, Ed. Massangana, 1988.

SANTOS, Maria Emília Vasconcelos dos. "Antes do 13 de maio: O 25 de março no Ceará e o Movimento Abolicionista em Pernambuco". *Revista Afro-Ásia* n. 53, 2016.

Lugares de Memória dos Trabalhadores #59: Sede do Sindicato dos Metalúrgicos do ABC, São Bernardo do Campo (SP)

Cinthia Fanin

Trabalhadores em assembleia em frente à sede do Sindicato dos Metalúrgicos do ABC.

A categoria metalúrgica na região do ABC paulista tem uma longa história que remonta ao final do século XIX. Seria, no entanto, a instalação da indústria automobilística em São Bernardo do Campo no final dos anos 1950, que definitivamente marcaria a região como o principal polo industrial do país.

São Bernardo, município emancipado de Santo André em 1957, ficaria conhecido como a "Capital do Automóvel", reunindo algumas das maiores unidades fabris do país e uma crescente população operária.

Em 1959, era fundado o Sindicato dos Trabalhadores Metalúrgicos de São Bernardo do Campo e Diadema. No início dos anos 60, o Sindicato se fortalecia e mobilizava os trabalhadores na luta por direitos e pelas reformas de base que empolgavam os setores populares no país. Com o golpe de 1964, o Sindicato sofreu intervenção governamental. Em 1965, uma eleição sindical foi autorizada e Afonso Monteiro da Cruz foi eleito presidente. Cruz foi sucedido por Paulo Vidal em 1969, que permaneceria como presidente até 1975, quando Lula assumiria o cargo.

No final dos anos 1960 e início dos 1970, o setor metalúrgico do ABC ganhou novo impulso. O "milagre econômico" brasileiro ancorava-se no apoio governamental às indústrias multinacionais, que tiravam vantagem do clima de repressão e do arrocho salarial proporcionado pela ditadura. Num contexto de privação das liberdades e superexploração do trabalho, mas também de crescimento do emprego, sindicatos como o dos metalúrgicos de São Bernardo do Campo, viam o número de trabalhadores em suas bases multiplicarem-se. Uma Sede própria, que atendesse às demandas da categoria e fosse uma demonstração da força dos metalúrgicos, era agora uma necessidade e uma real possibilidade.

A Sede era sonho antigo. Já em 1962, a direção sindical havia aprovado a compra de um terreno na rua João Basso, número 121 (hoje 231). O local era estratégico, próximo à Via Anchieta, onde se concentravam as principais indústrias metalúrgicas. A obra durou 33 meses entre 1971 e 1973. Finalmente, em 6 de outubro de 1973, era inaugurada a Casa de Tiradentes, como a Sede foi batizada. Mais de dez mil pessoas estiveram presentes, com o hasteamento de bandeiras, visitação às dependências do prédio, sessão solene e comemoração no Clube dos Funcionários na Brastemp. O presidente do Sindicato, Paulo Vidal, recepcionou diversas figuras políticas, como o governador do Estado, Laudo Natel, dentre outras autoridades e dirigentes sindicais.

Logo, a Sede abrigaria reuniões e congressos que começariam a desenhar as linhas gerais do que viria a ser conhecido como o "novo sindicalismo". O pioneiro I Congresso da Mulher Metalúrgica, em janeiro de 1978, foi um destes eventos e teria papel decisivo na denúncia das desigualdades salariais e dos assédios sofridos nas empresas.

A Sede também foi um importante espaço de sociabilidade da categoria. As festas de carnaval dos metalúrgicos, por exemplo, eram as mais famosas da região. O Sindicato tornou-se ponto de encontro de amigos e uma extensão da fábrica. Era comum, após o expediente, os trabalhadores reunirem-se na Sede para debater política, falar de futebol ou da vida em geral, entre goles de bebida no bar do sindicato ou nas imediações.

Foi, igualmente, espaço de atividades culturais e esportivas. Shows e exibição de filmes ocorriam com frequência. O Grupo de Teatro Forja, fundado por Tin Urbinatti em 1978, marcou época. Composto por metalúrgicos e metalúrgicas, o grupo ensaiava no terceiro andar da Sede, e suas peças relatavam de forma única o cotidiano, as agruras e as lutas dos trabalhadores.

O prédio da rua João Basso foi um dos epicentros das grandes greves dos metalúrgicos do ABC no final dos anos 1970 e início dos 1980. O chamado "novo sindicalismo" foi forjado dentre aquelas paredes, assim como o Partido dos Trabalhadores. Durante as greves, o salão social da Sede ficava pequeno a cada ato e as assembleias passaram a ser realizadas em frente à Igreja Matriz, no Paço Municipal e no Estádio da Vila Euclides.

Neste prédio, o Sindicato sofreu intervenção governamental em 1979, 1980 e 1983 e a Sede foi cercada por forças policiais. Os retornos das diretorias legitimamente eleitas, após as intervenções, foram sempre emocionantes e tiveram grande impacto político e simbólico. Nas últimas décadas, a Sede dos metalúrgicos manteve-se como o "quartel-general" da categoria e espaço de grande projeção nacional e internacional. Tem sido ponto de encontro dos trabalhadores para assembleias, local de formação sindical, vigílias em defesa de direitos e atividades culturais, entre outras.

Dois grandes eventos políticos também marcaram recentemente a Sede dos Metalúrgicos do ABC. Foi para lá que Lula se dirigiu quando sua prisão foi decretada em abril de 2018. Uma multidão ocupou as dependências da Sede em defesa do ex-presidente e protestou contra a injustiça. A emocionante missa em homenagem à esposa de Lula, Marisa Letícia (que falecera exatamente um ano antes) transformou-se num ato público em frente ao Sindicato, reunindo algumas das mais importantes lideranças políticas do país, com enorme repercussão em todo o mundo.

Quinhentos e oitenta dias depois, foi para a Sede, seu berço político, que um Lula livre se encaminhou ao deixar a prisão em Curitiba. Novamente uma multidão, agora em festa, celebrava a liberdade do ex-presidente. Mais uma vez, a Sede dos Metalúrgicos do ABC, em São Bernardo do Campo, estava no centro da vida política e social da nação. Como em outros momentos, não apenas como um lugar de memória, mas também como um lugar de esperança dos trabalhadores.

Referências Bibliográficas:

NEGRO, Antonio Luigi. *Linhas de montagem: o industrialismo nacional-desenvolvimentista e a sindicalização dos trabalhadores*. São Paulo: Boitempo, 2004.

OLIVA, Aloízio Mercadante (org.). *Imagens da luta: 1905-1985*. São Bernardo do Campo: Sindicato dos Trabalhadores nas Indústrias Metalúrgicas, Mecânicas e de Material Elétrico, 1987.

PARANHOS, Kátia Rodrigues. *Era uma vez em São Bernardo: o discurso sindical dos metalúrgicos (1971/1982)*. Editora da Unicamp/Centro de Memória-Unicamp, 1999.

RAINHO, Luís Flavio & BARGAS, Osvaldo Martines. *As lutas operárias e sindicais dos metalúrgicos em São Bernardo do Campo - 1977/1979*. Volume 1. São Bernardo do

Campo: Associação Beneficente e Cultural dos Metalúrgicos de São Bernardo e Diadema, 1983.

Filme – documentário: *ABC da Greve*. Direção de Leon Hirszman. 1979. Disponível em https://www.youtube.com/watch?v=2hhFk0cml6Y

Lugares de Memória dos Trabalhadores #60: Clube Palmares, Volta Redonda (RJ)

Leonardo Ângelo e Thompson Clímaco

Noite de samba no Clube Palmares em 1967.

O Clube Palmares, fundado em 1965, em Volta Redonda, tem sido uma organização fundamental da classe trabalhadora negra na cidade sede da Companhia Siderúrgica Nacional (CSN). Entre as décadas de 1940 e 70, os clubes associativos tornaram-se uma referência de lazer e status social na cidade e disseminaram-se com a fundação do Clube dos Funcionários, Aero clube, Umuarama, Náutico e Comercial, entre outros. O Palmares, no entanto, foi além de um local de diversão e se transformou em um espaço político, educacional e difusor da cultura afro-brasileira em Volta Redonda. Além de bailes e rodas de samba, o clube promovia debates sobre relações raciais, concursos de beleza negra e a prática da capoeira, chegando a estabelecer contatos e intercâmbios com outros clubes majoritariamente negros, como o Renascença, na cidade do Rio de Janeiro.

A CSN alterou profundamente o perfil de Volta Redonda. Maior empreendimento industrial da era Vargas, a fábrica recrutou milhares de migrantes, em particular de Minas Gerais e do interior do estado do Rio. Volta Redonda saltou de 3 mil habitantes em 1941, início da construção da Siderúrgica Nacional, para mais de 50 mil habitantes na década de 1950. Entre 1941 e 1946, nos primeiros anos de funcionamento da empresa, aproximadamente 70% dos funcionários eram negros, ocupando, em geral, postos de trabalho considerados pouco qualificados. Embora não haja dados disponíveis para os períodos posteriores, todos os indícios apontam que os negros continuaram a ser amplamente majoritários no chão da fábrica.

Empresa modelo do nacional-desenvolvimentismo, a CSN adotou um discurso paternalista em suas relações de trabalho. A empresa estatal seria uma "família siderúrgica" e Volta Redonda o símbolo da modernidade industrial do Brasil. Proprietária de grande parte do território da cidade, foi prática da direção da CSN a doação de terrenos para a construção de clubes associativos. Foram os casos, por exemplo, das glebas destinadas para o Aero Clube, frequentado por técnicos especializados da indústria e para a construção do clube de engenheiros Umuarama. Espaços de lazer voltados para as hierarquias superiores da empresa, esses clubes não incluíam os trabalhadores braçais, a grande maioria deles, negros. Muitas vezes, negros e negras chegaram a ser formalmente proibidos de adentrar aos clubes, através de diversos mecanismos de exclusão.

A restrição de acesso aos clubes, no entanto, não impedia o lazer da população negra de Volta Redonda que se reunia e se divertia em suas residências e a partir da segunda metade da década de 1940, em um galpão de madeira não utilizado pela CSN. Tempos depois, o galpão foi cedido para os funcionários do escritório da Siderúrgica formarem um clube recreativo. Após a fundação do Clube Náutico em 1948, um gradativo processo de exclusão de negros e negras também ocorreu. Argumentos torpes, como participar de uma Escola de Samba ou tocar tamborim eram utilizados para excluir os/as afrodescendentes. Dizer que o Náutico não era um "clube de gafieira" era outra afirmação racista comum.

A segregação ocorrida no Náutico foi o estopim para a constituição do Palmares. Sob a liderança da professora Maria da Glória, do operário da CSN, João Laureano, e do estudante-operário, Nazário Santos Dias, o clube foi pensado como um espaço de lazer, mas também de liberdade para a sociabilidade da população negra da "cidade do aço". O número de associados cresceu rapidamente. Em menos de três meses já eram cem associados(as) e, dois anos depois, quase mil.

A escolha do nome do clube, realizada de forma unânime entre os fundadores foi um ato político de impacto. No entanto, ao longo dos anos, disputas e contradições dividiram as lideranças do clube. Uma ala acreditava que deveria ser seguido o modelo dos demais clubes associativos da cidade, com foco nas atividades recreativas e festivas. Já outra tendência defendia a construção de uma instituição cultural e política articulada com o movimento negro e engajada na luta contra o racismo. Este segundo grupo assumiu a direção na década de 1980, quando o clube ampliou sua ação política e se aproximou da juventude negra da cidade, realizando diversos projetos educacionais e culturais.

A localização do clube também expressava de maneira prática e simbólica as contradições vividas pelos trabalhadores negros de Volta Redonda. Localizada no Jardim Europa, entre as ruas Roma e Paris, a sede do clube era motivo de controvérsia para muitos moradores do bairro, que alegavam que o Palmares não teria a propriedade regular do terreno. Em 1985, o muro do clube chegou a ser demolido pela prefeitura, a pedido de um grupo de moradores. Os dirigentes do Palmares, no entanto, conseguiram comprovar judicialmente a aquisição legal de sua sede e a prefeitura de Volta Redonda foi obrigada a reconstruir o muro no ano seguinte.

Nos últimos anos, o Palmares tem passado por um processo de reestruturação e de valorização de sua importância política e social para a comunidade afrodescendente e para a sociedade de Volta Redonda. Em 2016 a instituição recebeu o prêmio de *Cultura Afro Fluminense* do governo do Estado do Rio de Janeiro. O Clube Palmares é um lugar de memória fundamental na construção da negritude entre os trabalhadores do Sul Fluminense. Como espaço de lazer, de debates sobre a cultura afro-brasileira e de articulação política de negros e negras, o clube tem sido um local decisivo na luta contra o racismo na cidade. Não lhe caberia um nome melhor.

Referências Bibliográficas:

DINIUS, Oliver. "*Work in Brazil's Steel City*: A History of Industrial Relations in Volta Redonda, 1941–1968.". 2004. PhD dissertetion in History, Harvard University.

MOREL, Regina Lúcia de Moraes. *Ferro e Fogo — Construção e Crise da Família Siderúrgica*: O Caso de Volta Redonda (1941-1968). Tese de Doutoramento. São Paulo: Universidade de São Paulo, 1989.

MUNANGA, Kabenguele. *Rediscutindo a mestiçagem no Brasil*: identidade nacional versus identidade negra. — 3.ed. — Belo Horizonte: Autêntica, 2008.

SILVA, L. Â. *Uma Cidade em Preto e Branco*: Relações Raciais, Trabalho e Desenvolvimentismo em Volta Redonda (1946-1988). Curitiba: Appris, 2022.

CLÍMACO, Thompson. *Palmares*: O povo negro pode dançar. Filme. Rio de Janeiro: Fundação Getúlio Vargas (FGV), 2022. Disponível em: https://youtu.be/H30nCLAhjPo

Lugares de Memória dos Trabalhadores #61: Fábrica Todos os Santos, Valença (BA)

Silvana Andrade dos Santos

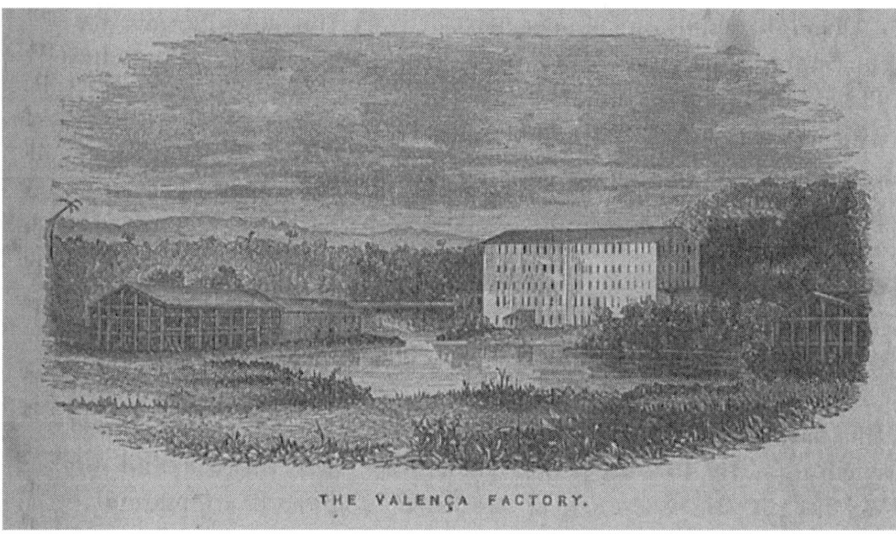

Fábrica Todos os Santos, meados da década de 1850.

"A mais bela fábrica do Brasil – e talvez da América do Sul". Assim os missionários estadunidenses Daniel Kidder e James Fletcher descreveram a Todos os Santos, em meados da década de 1850. Edificada na vila de Valença, na Bahia, entre os anos de 1845 e 1847, ela foi o maior estabelecimento têxtil do Brasil até a década de 1870, e chegou a empregar 300 indivíduos, de ambos os sexos, livres e escravizados.

O crescimento econômico da região, entre as décadas de 1830 e 1840, em virtude dos desembarques do tráfico transatlântico ilegal de escravizados foi essencial para a escolha de Valença como local da edificação da Todos os Santos. Ademais, a vila tinha grande potencial para a geração de energia hidráulica e era parte das rotas de navegação marítimas e fluviais, aspectos centrais na escolha de áreas para a instalação de fábricas à época.

A fábrica foi fundada pela sociedade Lacerda e Cia, empresa privada, formada por três negociantes que atuavam na Bahia: o português, naturalizado brasileiro, Antonio Francisco de Lacerda; o estadunidense John Smith Gillmer; e o brasileiro Antonio Pedrozo de Albuquerque. Além da sua projeção econômica na província, eles tinham em comum a participação no contrabando negreiro para o Brasil, e devem ter visto na criação do empreendimento a possibilidade de reinvestir os capitais provenientes de sua atuação no crime e de abrir nova frente de obtenção de lucros.

No período, a Bahia já contava com outras duas fábricas têxteis, ambas em Salvador: a Santo Antônio do Queimado, fundada em 1834, e a Nossa Senhora da Conceição, em 1835. A Todos os Santos se distinguiria destas por ter sido instalada no interior da província e por contar com dimensões muito maiores.

As obras de edificação da fábrica tiveram início em 1845, com um projeto de responsabilidade do engenheiro estadunidense John Monteiro Carson, fortemente influenciado pelos padrões arquitetônicos e técnicos da indústria têxtil da Inglaterra e dos Estados Unidos. Todo o maquinário foi importado daqueles países e a fábrica foi instalada em um edifício de quatro andares, seguindo a tendência de verticalização então vigente. Também foram trazidos dos Estados Unidos operárias e operários têxteis para atuar como mestras e mestres dos trabalhadores arregimentados no Brasil.

A Todos os Santos foi inaugurada em novembro de 1847 e permaneceu em atividade até agosto de 1876. Inicialmente, ela contava com 80 operários, de ambos os sexos. Em 1861, no entanto, já possuía 250 trabalhadoras e trabalhadores ditos livres e 50 escravizadas e escravizados. A utilização conjunta de mão de obra livre e escravizada era uma prática relativamente comum na produção fabril no Brasil durante o século XIX, e também foi verificada, por exemplo, na Fábrica de Ferro Ipanema, na província da São Paulo.

Embora o número de indivíduos legalmente livres empregados na Todos os Santos tenha se mantido sempre superior ao de escravizados, a forma como a mão de obra era alistada, assim como a rotina imposta àqueles se assemelhavam às práticas vigentes no sistema escravista. A maioria das trabalhadoras e dos trabalhadores ditos livres era órfã, com idades a partir de 10 anos, muitos deles provenientes da Casa Pia e Colégio de Órfãos de São Joaquim. Estes eram adotados por Antonio Francisco de Lacerda e deveriam trabalhar na fábrica como aprendizes por cinco anos. Neste ínterim, não recebiam qualquer pagamento, apenas vestimenta e assistência médica. Só posteriormente eram admitidos como assalariados, devendo permanecer no local até completarem 21 anos.

Além da exploração de mão de obra não remunerada até o término do período de experiência, a rotina imposta aos trabalhadores e às trabalhadoras era extremamente restritiva. O trabalho ia do nascer do sol até as sete e meia da noite (o que no verão significava mais de 14 horas diárias), com vinte minutos para almoço, meia hora para o jantar e meia hora para a ceia. As operárias e os operários também eram submetidos a um conjunto de atividades extras. Nos dias de trabalho, após as 22h, como parte dos arranjos firmados entre a fábrica e as instituições fornecedoras de mão de obra, eles recebiam aulas de leitura, escrita, música e dança. Contribuía ainda para o exercício de controle sobre os trabalhadores, a residência em alojamentos no entorno da fábrica e a promoção de casamentos internamente.

Enquanto esteve em funcionamento, o estabelecimento produziu diferentes tipos de tecidos (indicados principalmente para a confecção de sacaria, roupa para a população escravizada e velas para embarcações) e fios. Suas mercadorias eram comercializadas tanto na Bahia, quanto em outras províncias, como Ceará, Pernambuco, Rio de Janeiro e Rio Grande do Sul.

Considerada um símbolo de modernidade para a elite provincial, a Todos os Santos recebeu a visita do Imperador D. Pedro II, em 1859. Além disso, foi premiada com medalha de ouro nas Exposições Nacionais de 1861 e 1866; e participou das Exposições Internacionais de Londres, Paris e Filadélfia. Em 1876, após um período de crise, foi fechada e, posteriormente, vendida. Esta transação deu início à constituição da Valença Têxtil, empresa têxtil que ainda hoje opera na cidade.

Embora a Valença Têxtil não funcione no mesmo edifício em que a Todos os Santos esteve instalada, ela postula o seu legado, e se afirma como continuidade da Todos os Santos.

Em seus quase dois séculos de existência, a indústria têxtil em Valença moldou, em grande medida, a identidade dos moradores da zona urbana e é constantemente reivindicada como um importante lugar de memória das trabalhadoras e dos trabalhadores locais.

Referências Bibliográficas:

FELÍCIO, Nilceanne Nogueira Lima. *As fábricas têxteis do rio Una*: história sobre trabalho e indústria em Valença-Bahia (1844-1887). Dissertação (Mestrado em História). FFCH-UFBA, Salvador, 2018.

KIDDER, Daniel Parish. FLETCHER, James Cooley. *O Brasil e os brasileiros: Esboço histórico e descritivo.* 7. ed. São Paulo; Rio de Janeiro; Recife; Porto Alegre: Companhia Editora Nacional, 1941. v. 2.

OLIVEIRA, Waldir Freitas. *A Industrial Cidade de Valença*: Um surto de industrialização na Bahia no Século XIX. Salvador: Universidade Federal da Bahia, 1985.

PAIXÃO, Neli Ramos. *Ao soar do apito da fábrica*: idas e vindas de operárias(os) têxteis em Valença-Bahia (1950-1980). Dissertação (Mestrado em História). FFCH-UFBA, Salvador, 2006.

SANTOS, Silvana Andrade dos. *Escravidão, tráfico e indústria na Bahia oitocentista:* a sociedade Lacerda e Cia e a fábrica têxtil Todos os Santos. Tese (Doutorado em História). IH-UFF, Niterói, 2020.

Lugares de Memória dos Trabalhadores #62: Ginásio Mineirinho, Belo Horizonte (MG)

Roberto Véras de Oliveira

III Congresso da Central única dos Trabalhadores, Ginásio do Mineirinho, Belo Horizonte (MG).

O Ginásio Poliesportivo Jornalista Felipe Drummond, o Mineirinho, em Belo Horizonte foi inaugurado em março de 1980. Construído durante a ditadura militar, foi projetado para ser o maior da América Latina, com capacidade para até 25 mil pessoas. Era mais uma expressão da megalomania do regime, sendo chamado à época de sua inauguração de Palácio dos Esportes. O ginásio foi concebido para integrar o complexo esportivo da Pampulha, que inclui o Estádio Mineirão. Ao longo de sua história, além de uma variedade de atividades esportivas, o espaço também abrigou eventos culturais, políticos, comerciais e religiosos. Entre 7 e 11 de setembro de 1988, foi a sede do maior encontro sindical da história do país e o mais importante da Central Única dos Trabalhadores, o III Congresso Nacional da CUT.

Nascida 5 anos antes, a CUT foi fruto direto das mobilizações dos trabalhadores brasileiros do final dos anos 1970 e início dos 80. O chamado "novo sindicalismo", além da luta pela democracia, propunha o rompimento com a estrutura sindical corporativa e uma prática baseada na participação ativa das bases. Em grande medida, a CUT também era uma expressão das contradições e limites da modernização conservadora promovida pela ditadura militar. Reunia representantes dos segmentos mais dinâmicos da economia, como metalúrgicos, petroleiros, químicos, trabalhadores de telecomunicações e bancários, mas também se destacava pela presença de trabalhadores rurais e de ramos tradicionais da indústria e dos serviços. Articulava setores com longa tradição sindical, assim como novas experiências, como as associações profissionais de servidores públicos. Sua capilaridade e presença em todo o território nacional igualmente chamava a atenção.

Assim como o Partido dos Trabalhadores, a CUT aglutinava muitas pessoas recém iniciadas na luta sindical, mas também muitos militantes ligados a um diversificado leque de agrupamentos políticos de esquerda. Lideranças que buscavam reformar a prática sindical "por dentro" da estrutura oficial misturavam-se a militantes de oposições sindicais que, frequentemente, nunca haviam tido cargos na burocracia de um sindicato. Ao longo dos anos 1980, essas diferentes visões foram se aglutinando em blocos cujos principais eram a "Articulação Sindical", majoritária, e a "CUT pela Base".

Apesar do nome, a CUT não foi a única central sindical brasileira que emergiu com a redemocratização do país. Sua rival, a Confederação Geral dos Trabalhadores (CGT), reunia setores mais conservadores do sindicalismo, mas também contava com o apoio de grupos de esquerda, como sindicalistas do PCB e do PCdoB. A CUT, no entanto, rapidamente ganhou visibilidade e tornou-se protagonista nas greves e lutas sociais que marcaram o final da ditadura e todo o governo Sarney. Foi precisamente no contexto da Constituinte que o terceiro congresso da central foi agendado para o Ginásio do Mineirinho. Assim como em outros momentos, Belo Horizonte seria o palco de um grande encontro sindical.

Assim, no início de setembro de 1988, acorreram ao local trabalhadores(as) do campo e da cidade de todas as regiões do país. Muitos haviam percorrido, de ônibus, longos trechos até chegarem à capital mineira. Ao todo somaram 6.247 delegados(as), sendo 3.178 representantes de base e 3.065 de diretorias sindicais, membros de 1.143 entidades sindicais.

Os(as) trabalhadores(as) rurais compareceram com a maior delegação (32%), seguida pela representação da indústria (24%), dos serviços (21%) e do funcionalismo (16%). Em uma conjuntura em que a crise do sindicalismo internacional já chamava a atenção, a CUT era vista com otimismo. Representantes das mais importantes organizações sindicais mundiais, incluindo visitantes de 39 centrais de 33 países, estiveram presentes no Mineirinho naqueles dias.

O congresso debateu diversos temas conjunturais, além de um plano de lutas. Foi, no entanto, a forma da organização da central que provocou as mais acirradas polêmicas. A Articulação Sindical avaliava que era preciso fazer a CUT passar de uma "referência de massa" (que a confundia com um "movimento" ou um "partido político") a uma organização genuinamente "sindical". Diante de tal posição, os demais segmentos convergiram para o entendimento de que a CUT deveria se consolidar como uma "central de trabalhadores", ao invés de se converter em uma "central de sindicatos".

A grandiosidade do evento e as disputas apaixonadas geraram um clima único. As bandeiras, camisetas, broches, bonés e faixas tanto tinham as marcas da identidade comum como demarcavam as diferenças. O Ginásio abrigou momentos de alegria e confraternização, expressas por meio de músicas, danças, comidas, bebidas e conversas informais com sotaques dos quatro cantos do país. Mas também ecoou discursos inflamados, palavras de ordem, entoação de refrãos de músicas e hinos políticos, assim como viu perfilarem-se os grupos em disputa, nos aplausos efusivos, nas vaias furiosas e nas votações tensas. As performances das correntes, com palavras de ordem e gestos sincronizados, lembravam torcidas de futebol. Ao final, as teses da Articulação Sindical foram vitoriosas e Jair Meneguelli (metalúrgico do ABC Paulista) foi eleito presidente com 60,4% dos votos.

O III CONCUT fechou um ciclo para o sindicalismo brasileiro e para a CUT, quando viveu-se no país um momento excepcional de greves, mobilizações e congressos massivos. Foi assim que o Mineirinho entrou para a história do sindicalismo brasileiro.

Referências Bibliográficas:

CENTRAL ÚNICA DOS TRABALHADORES. *CUT 20 anos*. São Paulo: Escola São Paulo-CUT/SMABC, 2001.

OLIVEIRA, Roberto Véras. *Sindicalismo e democracia no Brasil: do novo sindicalismo ao sindicato cidadão*. São Paulo: Annablume, 2011.

RODRIGUES, Iram Jácome. *Sindicalismo e política — a trajetória da CUT*. São Paulo, Scritta/FAPESP, 1997.

RODRIGUES, Leôncio Martins. *CUT: os militantes e a ideologia*. Rio de Janeiro, Paz e Terra, 1999.

SADER, Eder. *Quando novos personagens entram em cena: experiências e lutas dos trabalhadores da Grande São Paulo, 1970-1980*. Rio de Janeiro: Paz e Terra, 1988.

Lugares de Memória dos Trabalhadores #63: Encruzilhada Natalino, Ronda Alta (RS)

Bernardo Mançano Fernandes

Encruzilhada Natalino: inicio da longa caminhada.

Na luta pela terra, a encruzilhada é um espaço de tomada de decisão, de escolher qual caminho construir. Foi na Encruzilhada Natalino que famílias sem-terra montaram um acampamento que se tornou uma das principais referências da história do Movimento dos Trabalhadores Rurais Sem Terra (MST). No dia 8 de dezembro de 1980, uma família de colonos expulsa da Reserva Indígena Nonai acampou próximo ao encontro das estradas que levam a Ronda Alta, Sarandi e Passo Fundo, no Rio Grande do Sul.

O local do acampamento era conhecido como Encruzilhada Natalino, pois tinha como ponto de referência uma casa comercial, cujo dono era Natálio. Coincidentemente, o colono que lá acampou também se chamava Natálio. Logo, juntaram-se outras famílias também expulsas da Reserva e remanescentes de um acampamento da região. Num contexto de crise econômica e política da ditadura militar, rendeiros, parceiros, agregados, peões, assalariados e filhos de pequenos proprietários voltavam a se organizar coletivamente na luta pela terra e por justiça social.

O governo gaúcho enviou uma comissão para oferecer empregos aos sem-terra. Acompanhada do bispo de Passo Fundo, D. Claudio Colling, os representantes do governo procuraram convencer os trabalhadores rurais, que se recusaram a desmobilizar o acampamento. Um levantamento dos latifúndios nos municípios da região, realizado pela Comissão Pastoral da Terra e pelo Movimento de Justiça e Direitos Humanos mostrou que havia 4.000 hectares de terras à venda, contrariando os argumentos do governo que afirmava não haver terras disponíveis no Rio Grande do Sul e, portanto, era preciso transferir os trabalhadores rurais acampados para outros estados do Centro-Oeste, Norte ou Nordeste.

Em abril de 1981, havia 50 famílias acampadas. Em junho já eram 600 famílias, reunindo mais de 3 mil pessoas que habitavam em barracos de lona, capim, madeira, sacos de cimento ou adubo. Os barracos ocupavam quase dois quilômetros da beira da movimentada estrada, o que ampliava muito a visibilidade pública do movimento. Formou-se uma forte rede de solidariedade aos acampados, com doação de alimentos e manifestações públicas que contavam com a participação das Igrejas Católica e Luterana, de sindicatos da região, de políticos de oposição ao regime militar e do movimento estudantil, entre outros.

O apoio da paróquia local foi particularmente importante, tanto na organização do espaço do acampamento quanto na mística construída para as famílias resistirem na luta pela terra. Na festa da Páscoa, por exemplo, após uma caminhada, foi fincada uma grande cruz na terra, sustentada com escoras que tinham os nomes das entidades que apoiavam a luta. A cruz ganhou grande simbolismo e sempre que havia uma manifestação era transportada, sendo mantida em pé pelas escoras. Durante o período do acampamento morreram cinco crianças e as famílias colocaram cinco faixas brancas na cruz, representando as suas presenças na luta pela terra. Nos meses de junho e julho, missas de solidariedade celebradas pelos bispos D. Pedro Casaldáliga, de São Felix do Araguaia (MT) e Dom Tomás Balduino, de Goiás Velho (GO) reuniram milhares de pessoas, ampliando a repercussão nacional do acampamento. D. Tomas chegou a dizer que a Encruzilhada Natalino representava para o campo o que as greves do ABC significavam para os trabalhadores da cidade

A luta e resistência em comum, o amplo apoio social e a construção de processos de organização interna no acampamento com realização de assembleias, manifestações e atividades religiosas e de formação política geraram uma forte senso coletivo articulado em torno da identidade de trabalhadores rurais sem terra.

O regime militar reagiu com truculência. Declarou o acampamento como área de segurança nacional e o cercou com tropas militares, isolando e dificultando o acesso. Ao mesmo tempo, apresentou a proposta de transferir as famílias para projetos de colonização em Roraima, Acre, Mato Grosso e Bahia. Sebastião Rodrigues Moura, o "Coronel Curió", membro do Serviço de Inteligência do Exército e conhecido agente da repressão na Guerrilha do Araguaia e em Serra Pelada (PA), foi enviado ao acampamento Encruzilhada Natalino. Os acampados criaram a frase: "em terra de quero-quero, Curió não canta". A missão do major era desmanchar o acampamento e levar as famílias para os projetos de colonização. Apesar da intensa propaganda e pressão governamental poucas famílias migraram para outros Estados. Ao estado de terror instalado no acampamento, os sem-terra responderam com impressionante resiliência e coragem. As mulheres, em particular, tiveram papel destacado. Com seus filhos no colo, postavam-se diante da polícia militar e do Exército, fazendo-os recuar. Em 31 de agosto de 1981, Curió e as tropas militares retiraram-se do acampamento.

Com a saída dos interventores, os acampados, com apoio de várias instituições, conquistaram o assentamento Nova Ronda Alta. A vitória dos acampados da Encruzilhada Natalino demarcou a história das lutas camponesas e foi fundamental para a fundação do Movimento dos Trabalhadores Rurais Sem Terra (MST) em 1984. Foi uma prova concreta de que a resistência e a persistência eram as armas contra a modernização conservadora e o modelo do agronegócio da ditadura militar. Na Encruzilhada Natalino, os trabalhadores rurais sem-terra escolheram o caminho da luta e da dignidade. Um lugar de memória e de orgulho

Referências Bibliográficas:

FERNANDES, Bernardo Mançano. *A formação do MST no Brasil.* Vozes: Petrópolis, 2000.

FERNANDES, Bernardo Mançano. *20 anos da encruzilhada Natalino e o Exército continua espionando o MST. Fatos da Terra*, v.6, 2001.

MARCON, Telmo. *Acampamento Natalino: história da luta pela reforma agrária.* Passo Fundo: Editora da Universidade de Passo Fundo, 1997.

MÉLIGA. Laerte Dorneles e JANSON, Maria do Carmo. *Encruzilhada do Natalino.* Porto Alegre: Vozes, 1982.

Documentário: *Terra para Rose.* Direção de Tetê Moraes, 1987.

Lugares de Memória dos Trabalhadores #64: Casa de Caboclo, Praça Tiradentes, Rio de Janeiro (RJ)

Flavia Veras

Casa do Caboclo no início dos anos 1930. Da esquerda para direita: Antonieta Matos (a terceira), Pérola Negra, Ratinho, Jararaca e Matinhos. Em pé: atrás de Pérola Negra, Evilásio Marçal. As duas primeiras pessoas não foram identificadas.

A Casa de Caboclo foi o nome dado ao espaço montado nos escombros preservados do famoso Teatro São José após um incêndio devastador em 1931. As ruínas em nada lembravam o pomposo teatro que era parte do complexo de diversões da vibrante Praça Tiradentes, a principal região teatral do Rio de Janeiro naquele período. A Casa de Caboclo foi montada com liderança da dupla Jararaca e Ratinho. Eles haviam vencido um concurso realizado pelo proprietário do Teatro São José, Pascoal Segreto, principal empresário do ramo das diversões no Rio de Janeiro naquele período. O processo seletivo foi dirigido por Duque, funcionário de Segreto e conhecido dançarino e produtor.

Rapidamente, a Casa do Caboclo adquiriu fama atraindo um público, em grande parte composto de trabalhadores e trabalhadoras. Foi uma experiência singular de divertimento popular que colocava em destaque o papel das classes subalternas na construção da identidade nacional, num momento de grandes transformações políticas, econômicas e culturais.

O surgimento do teatrinho foi anunciado, à princípio, como mais um dos muitos cineteatros improvisados que exibiam números humorísticos e dançantes e compunham o cenário da Praça Tiradentes. As condições de trabalho eram precárias. A circulação do ar era ruim, não havia um guarda-roupas elegante à disposição do elenco, nem camarins adequados para a preparação das personagens. Além disso, frequentemente, o repasse dos ganhos e o pagamento dos cachês eram fraudados pelos produtores.

Apesar dos problemas, a Casa do Caboclo construiu uma identidade estética própria. As improvisadas condições físicas do estabelecimento colaboravam para que os preços dos ingressos fossem acessíveis. Assim, tornou-se extremamente popular. Os espetáculos apresentados remetiam às condições de vida dos trabalhadores rurais, personificados como sertanejos e caipiras, com grande uso de elementos folclóricos e regionais. Naquele espaço, por exemplo, Lampião era caracterizado como uma figura popular e até revolucionária. Além disso, outros elementos do imaginário do sertão eram ressignificados e valorizados.

Os improvisos eram comuns e apreciados, o que favorecia que as apresentações fossem assistidas diversas vezes pelas mesmas pessoas. Além da falta de ensaios e dos erros técnicos, os improvisos eram também resultado da ação do público que intervinha nas apresentações aplaudindo, vaiando ou até atirando objetos ao palco. Os/As artistas respondiam as interferências do público de forma criativa e, às vezes, bastante inusitada, como na conhecida cena que Dercy Gonçalves é lembrada por cuspir na plateia.

Antes dos espetáculos as/os artistas tocavam músicas e dançavam na porta do teatro; também davam voltas na Praça Tiradentes para atrair o público. Essa prática estava ligada à longa tradição circense da qual compartilhavam vários componentes da companhia. A vinculação com o circo é coerente com o projeto nacional-popular da Casa de Caboclo, que era também chamada de "a casa do povo". Essa ideia surgiu da dupla Jararaca e Ratinho, artistas que reproduziram em seus personagens os traços do imaginário sertanejo. Trabalharam também nesse teatro improvisado artistas que se tornaram muito conhecidos como Dercy Gonçalves, Pixinguinha, Pérola Negra, Dalva de Oliveira, Alvarenga e Ranchinho, entre outros.

Os artistas do mundo do teatro popular participaram ativamente dos debates sobre a identidade nacional, intensificados no início dos anos 1930. Reivindicações e conflitos trabalhistas que chegaram a resultar em greves nas décadas anteriores também forjaram em muitos profissionais teatrais uma forte identidade de classe e de valorização do trabalho. Não por acaso, naqueles anos constituíram-se entidades representativas como a Casa dos Artistas e sindicatos.

A peça "Quequé qué casá" inaugurou a Casa do Caboclo em 7 de outubro de 1932. Os espetáculos, geralmente com quadros dançantes e musicados, frequentemente tinham títulos que remetiam à oralidade popular com peças como "Rei Momo na roça" (1933), "Sodade de caboclo" (1934), "Portera veinha" (1934), entre outras. O cotidiano da população envolvendo trabalhadores rurais e migrantes, o mundo do carnaval, bem como as sátiras aos políticos eram os temas mais frequentes das revistas apresentadas.. Na Casa de Caboclo também foram encenadas quatro peças de autoria de De Chocolat, que nos anos 1920 liderou a talentosa Companhia Negra de Revista. Composta apenas de artistas negros, a Companhia encenava comédias que confrontavam o racismo e discutiam o problema da inclusão social e econômica das pessoas negras.

A Casa do Caboclo encerrou suas atividades nos escombros do Teatro São José em novembro de 1935. Desentendimentos entre o produtor Duque e a dupla Jararaca e Ratinho selaram o final daquela experiência. Apesar de pouco lembrada, ela foi fundamental para revelar artistas que conquistaram muita popularidade, além de participar ativamente no debate público sobre a brasilidade no período que esteve em atividade. Suas produções valorizavam os sujeitos subalternos, atribuindo novos valores e significados às experiências dos trabalhadores. As temáticas das peças, a audiência popular e a presença de artistas e profissionais de teatro que se reconheciam como trabalhadores/as num contexto de profundas mudanças no universo cultural e político brasileiros fazem da extinta Casa do Caboclo, apesar de sua curta existência, um importante espaço de memória dos mundos do trabalho do Rio de Janeiro e do Brasil.

Referências bibliográficas

AMARAL, Maria Adelaide. *Dercy de Cabo a Rabo*. Rio de Janeiro: Editora Globo, 1994.

BARROS, Orlando de. *Corações de Chocolat. A história da Companhia Negra de Revistas (1926-27)*. Rio de Janeiro: Livre Expressão, 2005.

RODRIGUES, Sonia Maria Braucks. *Jararaca e Ratinho: a famosa dupla caipira.* Rio de Janeiro: FUNARTE, 1983.

VERAS, Flavia. *Tablado e Palanque – A formação da categoria profissional dos artistas no Rio de Janeiro (1918 – 1945).* Saarbrücken: Novas Edições acadêmicas, 2014.

VERAS, Flavia. *"Fábricas da Alegria": o mercado de diversões e a organização do trabalho artístico no Rio de Janeiro e Buenos Aires (1918 – 1945).* Tese (Doutorado em História, Política e Bens Culturais) – FGV – Fundação Getúlio Vargas, Rio de Janeiro, 2017

Lugares de Memória dos Trabalhadores # 65: Sede da Associação Auxiliadora das Classes Laboriosas, São Paulo (SP)

Hélio da Costa

Reunião de famílias operárias no Salão Celso Garcia em 1929.

As "Classes Laboriosas", como se tornou popularmente conhecida, foi fundada em 31 de maio de 1891 como Associação Auxiliadora dos Carpinteiros e Pedreiros. Inicialmente com 400 associados, principalmente imigrantes portugueses, a Associação foi formada com o objetivo de criar cooperativas para o desenvolvimento da construção civil, promover a regulação da relação entre patrões e operários, além de prover assistência médica, serviço que permaneceria ao longo do tempo. A denominação "Associação Auxiliadora das Classes Laboriosas" seria adotada na década de 1930, quando a assistência foi ampliada para outras categorias profissionais, como os operários da indústria em geral, além dos trabalhadores do comércio.

O número de sócios da Associação cresceu rapidamente e uma nova e ampla sede logo se tornou necessária. Inaugurada em 1907 nas proximidades da Praça da Sé, em um trecho da rua do Carmo (que passaria a se chamar rua Roberto Simonsen na década de 1950), a nova sede impressionava com seus elegantes salões, além de consultórios, laboratório e farmácia.

Como forma de cotizar as despesas da Associação, uma parte do espaço do edifício foi alugado para grupos culturais, como o Centro Dramático e Recreativo Internacional, o Grêmio Dramático Maria Falcão e o Grêmio Dramático e Recreativo Anita Garibaldi. Assim, a Associação passou a fazer parte de forma destacada da cena cultural paulistana das primeiras décadas do século XX com exibição de peças teatrais, espetáculos de música e saraus que tinham grande repercussão na cidade. O salão Celso Garcia, no primeiro andar do edifício, denominado em homenagem ao conhecido advogado defensor dos direitos dos operários, tornou-se famoso na cidade como espaço cultural, de lazer e de organização dos/as trabalhadores/as.

No mesmo período, o salão Celso Garcia e as dependências da Associação em geral passaram a ser frequentemente usados por diferentes sindicatos e associações de trabalhadores para a realização de reuniões, assembleias e variados eventos. A adequação do espaço, a localização central e a proximidade de várias sedes sindicais (muitas delas instaladas, a partir do final dos anos 1920, no vizinho Palacete Santa Helena), tornaram a Associação um lugar de referência fundamental para o movimento operário e motivo de orgulho para os trabalhadores que viam aquele edifício como "seu" lugar em pleno centro aristocrático da capital paulista.

Um espaço de ajuda mútua, de divulgação da cultura operária e de mobilização e discussão política. Comícios contra o aumento da carestia de vida, como o protagonizado pelo poeta e ativista Silvio Romero em 1910 tiveram no prédio das Classes Laboriosas um espaço fundamental. Palestras de lideranças, como a do militante anarquista Oreste Ristori, ocorriam com frequência no local, assim como as festas promovidas por jornais operários.

A impressionante greve de 1917, que incendiou a cidade, teve na Associação um de seus epicentros de organização. Também o crescente associativismo dos trabalhadores negros nos anos 1920 utilizou aquelas instalações para reuniões e festividades. Foi igualmente no salão Celso Garcia, para darmos um outro exemplo, que o primeiro ministro do Trabalho, Lindolfo Collor, foi recebido em 1931. Ao apresentar a nova legislação sindical, com seus diversos mecanismos de controle estatal, Collor foi fortemente vaiado e hostilizado pelos dirigentes e ativistas sindicais paulistanos.

Em 1933, o edifício, que originalmente fora construído dentro dos padrões do ecletismo, passou por uma grande reforma conduzida pelo engenheiro Amleto Nipote, destacando-se o redesenho da fachada seguindo o padrão estilo art déco muito em evidência na época. Do edifício original foram mantidos integralmente a sala Lourenço Gomes e o salão Celso Garcia.

Reprimidas durante a ditadura do Estado Novo, as discussões políticas e as mobilizações operárias voltariam a ecoar na sede das Classes Laboriosas no pós-guerra. Na onda grevista, que tomou conta da cidade em 1945 e 46, várias reuniões, assembleias e negociações tiveram o salão Celso Garcia e as dependências da Associação como palco. Foi ali também que, em janeiro de 1946, foi realizado o I Congresso dos Trabalhadores do Estado de São Paulo promovido pelo Movimento Unificador dos Trabalhadores (MUT), a principal reunião sindical do período. Também em 1953, durante a histórica "Greve dos 300 mil", o Salão das Classes Laboriosas foi um dos principais QGs da paralisação.

O golpe de 1964 e as mudanças na geografia das lutas sindicais na cidade acabariam por esvaziar o papel político das Classes Laboriosas nas mobilizações dos trabalhadores paulistanos. A entidade focou-se cada vez mais em seus serviços assistenciais na área de saúde e, com a decadência do antigo edifício da Rua Roberto Simonsen, transferiu sua sede para outra localidade. De toda forma, em 1995, aquele histórico prédio foi tombado pelo CONDEPHAAT, órgão de preservação do patrimônio do Estado de São Paulo.

A deterioração do prédio, no entanto, não foi interrompida e no início de fevereiro de 2008 um incêndio, sem vítimas, destruiu parte da edificação. Apesar das promessas de reforma, o abandono do edifício permanece até os dias de hoje. Por enquanto, seus belos vitrais e sua imponente escada com gradis de ferro que conduziam até o elegante salão Celso Garcia, tão importante na trajetória do movimento operário paulistano, ficarão apenas na memória daqueles que fizeram a história desse lugar.

Referências bibliográficas

AVELINO, Yvone Dias. *A Criação da Associação Auxiliadora das Classes Laboriosas no Processo da Imigração Portuguesa em São Paulo*. Anais do XXVI Simpósio Nacional de História - ANPUH. São Paulo, julho 2011.

BIONDI, Luigi. *Classe e Nação: trabalhadores e socialistas italianos em São Paulo, 1890-1920*. Campinas- São Paulo: Editora da Unicamp, 2011.

COSTA, Hélio da. *Em Busca da Memória - Comissões de Fábrica, Partido e Sindicato no Pós-Guerra*. São Paulo: Scritta, 1995.

DOMINGUES, Petrônio. *Esta "Magnânima Volição": a Federação dos Homens de Cor*. Dossiê Escravidão e Liberdade na Diáspora Atlântica. História (São Paulo) v.37, 2018.

LEAL, Murilo. *A Reinvenção da Classe Trabalhadora (1953-1964)*. Campinas: Editora da Unicamp, 2011.

Lugares de Memória dos Trabalhadores #66: Vila Operária de Luiz Tarquínio, Salvador (BA)

Marilécia Oliveira Santos

Cartão-postal da vila operária colorido manualmente datado de 1908.

No dia 14 de março de 1891 foi inaugurada a Companhia Empório Industrial do Norte – CEIN, no então subúrbio da Boa Viagem na cidade de Salvador. Seus principais acionistas foram o Banco Mercantil e os idealizadores do projeto Luiz Tarquínio, Leopoldo José Silva e Miguel Francisco Rodrigues de Moraes. Foi um empreendimento que ousou no investimento do maquinário e na produção de zephyrs de quadros, brins e cassinetas, tecidos até então não fabricados no Brasil empregando fios de algodão importados. Teve grande sucesso no final do século XIX e primeiras décadas do XX, chegando a ser a maior indústria têxtil do Norte-Nordeste e uma das dez maiores do país.

Cinco anos após sua inauguração a empresa empregava 697 operários (171 homens e 526 mulheres) sendo apenas 28 estrangeiros. Os trabalhadores eram recrutados principalmente em outros estados do Nordeste e no interior da Bahia e a proporção maior de mulheres se manteve por longos anos. Em 1938, por exemplo, do total de 1.121 trabalhadores da CEIN, 402 eram homens e 719 eram mulheres. A empresa também empregava aprendizes e o seu contingente era diversificado.

No ano seguinte a implantação da fábrica, a CEIN inaugurou a primeira etapa da vila operária vinculada à empresa, composta por 258 casas residenciais de dois pavimentos. Logo em seus primeiros anos a vila já contava com água canalizada, esgoto, luz elétrica e gasogênio. Gradativamente também foram implantados serviços como escola, gabinete médico, farmácia, loja, creche, campo de futebol, armazém, entre outros. A infraestrutura da vila operária e as condições de moradia eram, assim, bastante superiores às dos demais trabalhadores pobres da cidade.

Para atrair trabalhadores os administradores da empresa buscaram divulgar os benefícios de trabalhar na CEIN e principalmente de morar na vila. Apesar disso, nem todos os operários da fábrica ali viviam. Para morar na vila era preciso atender as exigências de ordem moral estabelecidas nos regimentos internos e com fiscalização sistemática ao seu cumprimento, afinal nela também residiam alguns chefes. Os aluguéis das casas eram subsidiados e, após dez anos, os trabalhadores e suas famílias ficavam isentos do pagamento.

Além das publicações de matérias jornalísticas que divulgavam positivamente a vila destacando um cotidiano marcado por festas dominicais e atividades de lazer, os empreendedores investiram na produção de cartões-postais como forma de divulgação e aliciamento dos trabalhadores. Os cartões eram amplamente divulgados e os operários eram incentivados a encaminhá-los para parentes e amigos.

A reiterada divulgação contribuiu também para consolidar uma imagem idílica da vila operária e de seu principal idealizador, Luiz Tarquínio. Expressões como "ilha de ordem", "Cidade do Bem", "Cidade Operária", "Cidade do Trabalho", buscavam perenizar a memória daquele espaço como um lugar tranquilo, ordeiro e, sobretudo, sem conflito entre trabalho e capital.

Para além dessa memória idealizada, sobreviveram outras que revelam as tensões e conflitos de natureza social e racial. Tanto na vila quanto na fábrica havia prêmios e punições aos trabalhadores que atendiam ou infringiam as regras de condutas previstas nos regimentos internos. A vila era gradeada com rígido controle da entrada e saída dos moradores e seus parentes que vinham visitá-los. Muitos são os registros que relatam os meios empregados para burlar essa vigilância, incluindo narrativas de crianças enganando inspetores para poder jogar bola em áreas proibidas e de jovens driblando o controle para namorar nos jardins internos da vila. Cabe também destacar a participação dos operários da empresa em greves, como a de 1907 quando a vila operária foi palco de mobilizações e negociações sobre os rumos do movimento.

Ao longo da sua existência, a CEIN enfrentou dificuldades que impactaram na conformação do espaço físico da vila e na vida dos seus moradores. Em 1929 a empresa deixou de receber isenções de impostos que foram repassados aos aluguéis das casas da vila. Os problemas com a importação de algodão e de peças para reposição do maquinário nos anos de 1930 obrigaram a empresa a vender quarteirões inteiros de casas para outras companhias como a Souza Cruz (1935) e Coca-Cola (1941) promovendo mudanças significativas nos espaços internos da vila operária.

A CEIN funcionou até 1977, quando foi decretada sua falência. Entretanto, a vila operária permaneceu como espaço de moradia de 1.500 pessoas, que passaram a enfrentar diversos problemas para se manterem em suas residências. A prefeitura de Salvador não dava manutenção nas áreas coletivas por não reconhecer a localidade como espaço público e os ex-trabalhadores da fábrica, por sua vez, não tiveram suas propriedades reconhecidas oficialmente. Uma longa batalha pela posse das casas foi travada pelos antigos operários e seus descendentes, que conquistaram seus direitos efetivamente em 1982, por força de um decreto estadual. Um incêndio, em 1987, destruiu parte das instalações da fábrica modificando ainda mais as características da vila. Em 2009, por iniciativa de moradores, houve uma tentativa de tombamento da área que, no entanto, não avançou.

Muitas e diversificadas foram as experiências vivenciadas pelos que habitaram e ainda habitam aquele local, marcado pela presença da fábrica e da vila. Seus registros materiais e simbólicos são fundamentais para a história da cidade e para a identidade do bairro. A vila operária de Luiz Tarquínio, a CEIN e outras fábricas no seu entorno ajudaram a conformar a região da Boa Viagem, na cidade baixa de Salvador, como um importante lugar de memória dos trabalhadores baianos.

Referências bibliográficas

CARDOSO, Luiz Antonio Fernandes. *Entre vilas e avenidas: habitações proletárias em Salvador, na Primeira República*. 1991. 206f. Dissertação (Mestrado em Arquitetura e Urbanismo) – Faculdade de Arquitetura, Universidade Federal da Bahia.

PINHO, Péricles Madureira de. *Luiz Tarquínio, pioneiro da justiça social no Brasil*. Bahia: Imprensa Vitória, 1944.

SAMPAIO, José Luiz Pamponet. *A evolução de uma empresa no contexto da industrialização brasileira: A Companhia Empório Industrial do Norte, 1891-1973*.

1975. 236f. Dissertação (Mestrado em Ciências Sociais) – Faculdade de Filosofia e Ciências humanas, Universidade Federal da Bahia.

SANTOS, Marilécia Oliveira. *O viver na "cidade do bem": tensões, conflitos e acomodações na Vila Operária de Luiz Tarquínio, na Boa Viagem - Bahia (1892-1946/47)*. Salvador: EDUFBA, 2017.

SANTOS, Mario Augusto. *A república do povo: sobrevivência e tensão - Salvador (1890-1930)*. Salvador: EDUFBA, 2001.

Lugares de Memória dos Trabalhadores #67: Fábrica Chapéus Mangueira, Rio de Janeiro (RJ)

Lyndon de Araújo Santos

Fachada da Fábrica de Chapéus Mangueira. s/d.

O chapéu foi parte essencial da vestimenta dos brasileiros durante décadas. Dentre as marcas mais conhecidas, os Chapéus Mangueira disputaram o mercado consumidor da moda e do vestuário no Brasil até fins da década de 1960. A sua fábrica, localizada na região do morro da Mangueira, subúrbio da cidade do Rio de Janeiro, marcou as vidas de gerações de trabalhadores e de trabalhadoras, além de integrar a paisagem da cidade e a memória da população carioca.

Fundada em 1857 por imigrantes portugueses naturais da freguesia de Sampaio de Merelim, em Braga, Portugal, a fábrica teve sua primeira sede no largo de Santa Rita e na Rua de São Pedro, no centro da capital do Império.

Depois de um incêndio ocorrido em 1896, a fábrica foi reconstruída dois anos depois, à beira da Rua 8 de dezembro, ao lado da frondosa mangueira e da estação de trem que deram nome à região. Em 1910, a fábrica adotou o nome fantasia Chapéus Mangueira, àquela altura já bastante popular na cidade.

Os trens que partiam da estação Central do Brasil rumo aos subúrbios faziam a sua primeira parada na estação da Mangueira, futuro nome da famosa escola fundada em 1928. A região era bastante procurada por uma numerosa população pobre, majoritariamente negra, que buscava moradia barata, em particular após as reformas urbanas do prefeito Pereira Passos no início do século XX. Considerada um lugar aprazível, a localidade era também chamada ironicamente de "a Petrópolis dos pobres".

Muita gente foi ocupando o conjunto de morros próximos daquele entroncamento da linha férrea. O conjunto de morros dos Telégrafos, do Pendura Saia, da Matriz, e do Faria ficariam conhecidos como Morro da Mangueira. Os conflitos e as ameaças de desocupações eram constantes e a luta pelo direito à moradia seria uma das marcas daquela população, composta por ex-escravizados e seus descendentes, além de migrantes do interior do Rio e outras regiões. Rapidamente, a Mangueira tornou-se um dos espaços mais importantes da cultura e religiosidade afro-brasileira no Rio de Janeiro. Era também um lugar marcado pelo trabalho árduo e duro.

Os moradores da Mangueira encontravam serviço nas diversas fábricas que, ao longo das primeiras décadas do século XX, se fixaram no entorno da estação de trem, na continuidade da Quinta da Boa Vista e no bairro de São Cristóvão. Por ali também se espalharam pequenas oficinas e manufaturas de sapatos, de chapéus, olarias e cerâmicas. Além disso, os pequenos serviços informais de baixa remuneração, os "bicos", sempre foram uma importante alternativa de rendimentos para os trabalhadores locais.

Até a década de 1950, a Fábrica Chapéus Mangueira foi uma referência simbólica e uma relevante empregadora naquela região. Em seu ápice, chegou a ter mais de 400 trabalhadores. Embora contasse com operários estrangeiros, a maioria dos(as) trabalhadores(as) era de brasileiros(as), majoritariamente negros e negras, moradores(as) das imediações.

A fabricação de um chapéu obedecia a uma complexa linha de montagem, seguindo várias etapas, desde o processamento das peles importadas (de lebre e de castor) até ao seu armazenamento e comercialização. Mesmo outras modalidades como os chapéus de palha, mais simples, baratos e populares, exigiam igual rigor de procedimentos. Isto exigia um fluxo constante de operários(as) exercendo muitas funções. Embora sendo em boa parte mecanizado, o processo produtivo dependia do trabalho manual em suas fases finais, principalmente de operárias que chegaram a ser, em dados momentos, mais da metade dos trabalhadores, embora tivessem os ganhos menores que os homens. Junto com as costureiras e as chapeleiras que faziam o acabamento refinado dos chapéus, menores aprendizes também integravam uma pequena parte da força de trabalho como auxiliares e ajudantes. Os homens, por sua vez, exerciam tarefas pesadas como o manuseio e a manutenção das máquinas a vapor e elétricas, a produção e o tingimento dos tecidos feitos de peles de animais, o empacotamento das unidades prontas e a distribuição pelas vendas.

As duras condições de trabalho, os baixos salários e o controle de importante áreas do processo produtivo por parte dos(as) trabalhadores(as) resultaram em mobilizações operárias, que seriam recorrentes na Chapéus Mangueira. Em 1903 e 1906, sob a liderança da Associação de Chapeleiros, greves generalizadas paralisaram a fábrica. Décadas mais tarde, nos anos 1940 e 50, o Partido Comunista do Brasil (PCB) teria uma presença significativa entre os(as) operários(as) da Chapéus Mangueira e o partido chegou a liderar o sindicato da categoria. Em 1947, a fábrica foi novamente paralisada com protestos dos trabalhadores por aumento salarial, melhores condições de trabalho e instalação de creches.

Com o declínio do uso de chapéus, mudanças do mercado da moda e o envelhecimento dos antigos chapeleiros e chapeleiras, a Chapéus Mangueira entrou em declínio e a acabou por encerrar sua produção no final da década de 1960. No entanto, ficaria marcada na memória dos moradores da Mangueira, da história das lutas sociais do Rio de Janeiro e mesmo na paisagem da cidade, já que a comunidade do Morro do Chapéu Mangueira, no Leme, deve seu nome a uma propaganda feita pela empresa naquele local no final dos anos 1940.

Referências bibliográficas

LIMA, Sérgio Prates. 2016. *Uma Ética Protestante Tropical: José Luiz Fernandes Braga e a Fábrica de Chapéus Mangueira (1858 a 1920)*. Tese (Doutorado em Ciências Sociais), Universidade Estadual do Rio de Janeiro. Rio de Janeiro, 2016.

SANTOS, Lyndon de A. *Os Brácaros Chapeleiros Mundos e representações dos chapéus no Rio de Janeiro (1825-1898)*. Vária História. (Belo Horizonte). n. 57, 2015.

SANTOS, Lyndon de A. *O mundo do trabalho carioca: chapeleiras e chapeleiros na Fábrica de Chapéus Mangueira (1920-1940)*. Revista Mundos do Trabalho (Florianópolis). v. 12, 2020.

SANTOS, Lyndon de A. *Essa fina gente do morro: ocupação, conflitos e representações da Mangueira (1910-1930)*. In: ABREU, Martha; XAVIER, Giovana; MONTEIRO, Lívia & BRASIL, Eric. Cultura negra: festas, carnavais e patrimônios negros. Niterói: Eduff, 2018.

Filme-Documentário: *O samba que mora em mim* (Longa-metragem). Direção de Georgia Guerra-Peixe, Bossanovafilms, 2002. Ver: https://vimeo.com/315237430

Lugares de Memória dos Trabalhadores #68: Instituto Cajamar, Cajamar (SP)

Valter Pomar e Paulo Fontes

Participantes do Seminário "70 anos da Experiência de Construção do Socialismo" posam nos jardins do Instituto Cajamar em 1987.

Via Anhanguera km 46,5. Durante muitos anos, funcionou neste endereço o Instituto Cajamar, conhecido também por Inca, fundado em 17 de julho de 1986 como uma "entidade sem fins lucrativos, voltada a aumentar o nível de formação e informação da classe trabalhadora". Era uma iniciativa política conjunta do Partido dos Trabalhadores, da Central Única dos Trabalhadores e de outros movimentos sociais atuantes no país entre o final dos anos 1970 e início dos 1980.

O Instituto funcionava numa sede própria, um terreno com 46 mil metros quadrados, no qual existia um hotel, uma pequena capela, uma piscina, um campo de futebol, áreas de estacionamento, alojamentos para funcionários e algumas outras edificações, que foram sendo adaptadas às necessidades de uma escola. Além de recursos próprios dos movimentos que o apoiavam, o Instituto recebia financiamento de projetos internacionais, em particular, do sindicalismo europeu.

Na época, as "casas de encontros" onde se realizavam atividades de educação popular eram geralmente de propriedade de igrejas; o Instituto Cajamar se diferenciava como um grande espaço laico, dedicado às atividades de formação política. Rapidamente ganhou fama. A imprensa o chamava de "Universidade dos Trabalhadores" e sua existência não passou despercebida pela espionagem militar. No dia 24 de junho de 1987, um relatório confidencial do Comando Militar Sudeste informava detalhes sobre os propósitos do Inca e previa fantasiosamente que a escola de formação de quadros também daria lições sobre "a ação de sabotagem e colocação de bombas, piquetes violentos e até a luta armada".

Paulo Freire era o presidente do conselho diretivo, integrado também por dirigentes sindicais como Jorge Coelho, Luiz Gushiken, Arlindo Chinaglia, Avelino Ganzer, lideranças políticas como Lula, Luiza Erundina, Olívio Dutra, além de intelectuais e figuras públicas como Frei Betto, Francisco Weffort, Marco Aurélio Garcia, Paul Singer e Walter Barelli, entre outros. No dia a dia, o Inca era gerido por uma coordenação executiva composta por nomes como Osvaldo Bargas, Wander Prado, Aloízio Mercadante, Pedro Pontual e Wilson Santarosa. Wladimir Pomar foi de fato o coordenador geral do Instituto até 1989, quando foi substituído por Gilberto Carvalho. Em 1993, Augusto Campos assumiu essa função.

A primeira atividade do Instituto foi realizada em dezembro de 1986, tendo como tema a participação popular na Constituinte. Em 1987, dois outros eventos tiveram grande repercussão na esquerda, os seminários internacionais intitulados "70 anos de experiências de construção do socialismo" e "Poder local e participação popular".

Em janeiro de 1987 tiveram início os chamados cursos de capacitação. Na década seguinte, centenas de cursos e atividades formativas voltadas para ativistas sindicais, partidários e de movimentos populares atingiram milhares de militantes de todo o país. Uma equipe própria de formadores elaborava os currículos e conduzia os cursos, que muitas vezes contavam com professores convidados (tanto acadêmicos, quanto dirigentes políticos e de movimentos sociais).

Militantes e intelectuais estrangeiros também participaram de atividades. O famoso historiador britânico Eric Hobsbawm, por exemplo, visitou o Inca duas vezes, quando deu palestras para os alunos. Na segunda visita, em 1992, chegou a fazer uma apresentação exclusiva para os dirigentes da Executiva Nacional da CUT. O Inca contou em algumas de suas atividades com diversas lideranças históricas da esquerda brasileira, como Luiz Carlos Prestes e Apolônio de Carvalho, entre outros. Comumente, os cursos duravam 5 dias, muitas vezes em várias etapas, proporcionando intensa sociabilidade e valiosos intercâmbios entre militantes de diferentes movimentos e regiões do país.

Além da preocupação com a qualidade dos conteúdos, havia um enorme esforço pedagógico de formação de educadores. Nesse sentido, o Inca também foi uma impressionante experiência de troca de saberes entre o mundo acadêmico, as diferentes tradições políticas das esquerdas e das práticas e reflexões dos movimentos sociais.

Além dos inúmeros cursos, debates, seminários e publicações, o Instituto Cajamar sediou atividades diversas realizadas por sindicatos, pela CUT, pelo PT, pelo MST, por entidades religiosas e por outros centros de formação. Este conjunto de atividades colaborou para o salto de qualidade experimentado na atividade política do PT, da CUT e da luta política e social dos trabalhadores em geral, preparando o terreno para a quase vitória de Lula na eleição presidencial de 1989 e para a importante presença da esquerda no cenário público ao longo dos anos 90.

Por volta de 1996, problemas de financiamento, diferentes visões sobre o papel do Instituto e da formação política em geral, combinados aos debates e mudanças então em curso na esquerda brasileira e mundial, resultaram no fechamento do Instituto Cajamar. As instalações passaram a ser alugadas por quem quisesse fazer atividades, formativas ou não (inclusive casamentos e festejos).

A gestão cotidiana do espaço foi transferida para uma cooperativa de antigos funcionários da infraestrutura e do serviço de hotelaria, a Cooperinca, que funcionou até o dia 26 de fevereiro de 2021. A história do Instituto Cajamar ainda está por ser escrita, com base na documentação guardada no Sindicato dos Metalúrgicos do ABC e na memória de seus dirigentes, funcionários, educadores e dos milhares de militantes que passaram pelo Instituto, ao longo de um quartel de século.

Referências bibliográficas

AZIBEIRO, Nadir Esperança. *A criação de relações de saber, poder e prazer na vida e nos processos educativos : a experiência do FFMP-INCA*. Dissertação (Mestrado em Educação). Universidade Federal de Santa Catarina, 1994.

FONSECA, Maria Isabel. *Instituto Cajamar: recuperando sua trajetória, visões e concepções de Educação*. Dissertação (Mestrado em Filosofia). Pontifícia Universidade Católica de São Paulo, 1996.

PONTUAL, Pedro. *Educacion Popular y Formación de Trabajadores: La Experienca del Instituto Cajamar de Brasil*. Convergence; Toronto Vol. 22, n. 2, 1989.

POMAR, Wladimir. *O nome da vida*. São Paulo: Editora da Fundação Perseu Abramo, 2018.

SILVA, Carmem Sílvia Maria. *Contribuições para uma Análise da Política de Formação do Partido dos Trabalhadores*. Dissertação (Mestrado em História e Filosofia da Educação). Pontifícia Universidade Católica de São Paulo, 1996.

Lugares de Memória dos Trabalhadores #69: Fábrica de Fiação e Tecelagem Bernardo Mascarenhas, Juiz de Fora (MG)

Luís Eduardo de Oliveira

Vista parcial da área central de Juiz de Fora no final da década de 1890, destacando-se num dos extremos da antiga rua XV de Novembro (atual Avenida Getúlio Vargas) o prédio original da Tecelagem Mascarenhas (canto inferior direito).

O prédio original da Tecelagem Mascarenhas, na área central de Juiz de Fora, foi construído ao longo do ano de 1887 e sua inauguração festiva ocorreu justamente no primeiro "dia útil" seguinte à abolição da escravidão: 14 de maio de 1888, uma segunda-feira. Como denunciariam lideranças operárias nos anos seguintes, um "novo cativeiro" se iniciava. Polo mercantil e manufatureiro do complexo cafeeiro da Zona da Mata mineira, Juiz de Fora experimentava uma fase de ascenso e diversificação de suas atividades urbano-industriais que, no limiar do século XX, lhe renderia o epíteto de "Manchester Mineira".

Inicialmente, a fábrica a vapor de Bernardo Mascarenhas (1847-1899), membro proeminente de uma das famílias mais ricas de Minas Gerais, possuía uma estrutura relativamente modesta: apenas 30 teares, operados não mais do que por 75 trabalhadores, que teciam zefires e brins de algodão e de linho, com fios importados da Inglaterra, para serem comercializados local e regionalmente. A intensa exploração de sua força de trabalho somada à uma demanda crescente por tecidos relativamente baratos propiciou a ampliação contínua da capacidade produtiva desse estabelecimento fabril nas primeiras décadas da República.

Em agosto de 1898, a Tecelagem Mascarenhas já contava com o dobro de teares e com uma força de trabalho de quase 150 pessoas, "a maior parte moças e meninas, umas brasileiras, outras espanholas e italianas", como relatam O Pharol e o Jornal do Commercio. A área central de Juiz de Fora assumia funções de uma típica cidade-fábrica capitalista e nesse cenário a arquitetura inglesa do prédio original daquela unidade fabril se destacava em meio a outras edificações mais modestas, muitas delas convertidas em cortiços para abrigar famílias proletárias numerosas – cujos membros, para escaparem da miséria absoluta, e da não menos temida pecha de vadios, se submetiam a jornadas diárias de até 16 horas, pagas a preços baixíssimos, quer seja no comércio quer seja em obras, oficinas e fábricas.

É bem provável, nesse sentido, que fosse moradora de um desses cortiços a "moça de nacionalidade italiana" Albina Bartolosso, que de acordo com o Jornal do Commercio de 22 de dezembro de 1907 ficou cega de um dos olhos após ser atingida por uma peça que se desprendeu do tear em que trabalhava diariamente na Tecelagem Mascarenhas. Acidentes graves como esse se tornaram mais frequentes no decurso das décadas de 1900 e 1910, quando a fábrica praticamente dobrou sua área construída e passou a contar com a extraordinária força de 526 trabalhadoras e trabalhadores para produzir anualmente cerca de 1,6 milhões de metros de tecidos em 1914.

Nos cinco anos seguintes, quando a carestia atingiu um nível insuportável em Juiz de Fora e os serões não remunerados se tornaram ainda mais frequentes, o contraste entre a enorme prosperidade desfrutada pelos capitalistas locais e as terríveis condições em que subsistiam os seus empregados levou à deflagração da segunda greve geral da história da cidade. Assim como ocorreu em agosto de 1912, centenas de operárias e operários da Tecelagem Mascarenhas paralisaram completamente a produção e se incorporaram a outros cerca de seis mil assalariados (sobretudo dos setores de fiação e tecelagem, gráfico, mecânico-metalúrgico e da construção civil) num vigoroso movimento paredista.

Entre os dias 02 e 06 de janeiro de 1920, as trabalhadoras e trabalhadores juizforanos emergiram novamente na cena pública para denunciar o tratamento desumano que recebiam de seus patrões e reivindicar 8 horas de trabalho, aumento de 50% sobre os salários dos serões e de 25% do ordenado da jornada normal.

Entre as décadas de 1930 e 1960, reafirmando reivindicações sociais históricas e lutando para que a legislação trabalhista fosse cumprida e ampliada, os operários e operárias da Tecelagem Mascarenhas tiveram ainda um papel destacado nas lutas sociais e políticas daquele período e no processo de formação e consolidação do Sindicato dos Operários Têxteis e Classes Anexas. Em agosto de 1954, por exemplo, estiveram na linha de frente da greve geral que paralisou a cidade e conquistou um aumento de cerca de 150% no valor do salário-mínimo local.

Por mais três décadas o trabalho operário continuaria intenso nos amplos salões da Tecelagem Mascarenhas, que desligou definitivamente o seu maquinário em janeiro de 1984. Foi uma das últimas grandes fábricas de fiação e tecelagem formadas em Juiz de Fora entre os séculos XIX e XX a parar de produzir.

Durante anos a antiga fábrica esteve sob ameaça de demolição. Em grande medida, sua preservação pode ser atribuída ao movimento "Mascarenhas, meu amor", que reuniu no início dos anos 1980 diversos setores sociais em torno de uma campanha pelo tombamento do conjunto arquitetônico da centenária fábrica de tecidos, o que acabou ocorrendo em 1987. Desde então, funcionam naquele espaço, sob a gestão da prefeitura, o Centro Cultural Bernardo Mascarenhas, onde são desenvolvidas atividades artísticas e culturais, a Biblioteca Municipal Murilo Mendes e a Secretaria Municipal de Educação, além de um movimentado mercado de produtos naturais e artesanais.

A praça pública que integra o sítio histórico em que se localiza o antigo prédio da Tecelagem Mascarenhas configura-se, hoje, como um dos principais espaços de concentração política da cidade. É um local de história e memória fundamental, cujo simbolismo maior parece ser a sua capacidade de conectar as reivindicações e movimentos sociais do presente às inúmeras e hercúleas lutas operárias travadas em Juiz de Fora ao longo de todo o século XX.

Referências bibliográficas

ANDRADE, Sílvia Maria B. Vilela de. *Classe Operária em Juiz de Fora: uma história de lutas (1912-1924)*. Juiz de Fora: UFJF, 1987.

DUTRA, Eliana de Freitas. *Caminhos Operários nas Minas Gerais. Um estudo das práticas operárias em Juiz de Fora e Belo Horizonte na Primeira República*. São Paulo / Belo Horizonte, Hucitec / UFMG, 1988.

OLIVEIRA, Luís Eduardo de. *Os trabalhadores e a cidade: a formação do proletariado de Juiz de Fora e sua lutas por direitos (1877-1920)*. Juiz de Fora / Rio de Janeiro, Funalfa / Editora da FGV, 2010.

PREFEITURA DE JUIZ DE FORA. "Centro Cultural Bernardo Mascarenhas: Histórico". Disponível em: https://www.pjf.mg.gov.br/administracao_indireta/funalfa/ccbm/historico.php

Lugares de Memória dos Trabalhadores #70: Cervejaria Catharinense, Joinville (SC)

Tiago Castaño Moraes

Rótulo com a imagem do prédio da cervejaria entre final da década de 1920 e início de 1930.

Em 1938 com o título 'Bons patrões, vendendo boa cerveja, fabricada por operários bem tratados', o jornal carioca O Radical publicou uma matéria sobre a situação dos funcionários na Cervejaria Catharinense, localizada na rua XV de novembro, uma das principais vias de acesso ao centro de Joinville. O jornal, conhecido por realizar coberturas sobre o sindicalismo e as reivindicações operárias, destacou algumas qualidades dos industriais da Cervejaria, referidos na matéria como "estudiosos das questões sociais".

A ascendência germânica e os ideais de ascensão econômica professados pela religião luterana, construíram na cidade um discurso voltado para o trabalho e o progresso que envolvia industriais e operários. Os aproximadamente 80 funcionários da Cervejaria recebiam aumento salarial e gratificações de acordo com os lucros da empresa, seguro coletivo contra acidentes e auxílio na "aquisição da casa própria, sem juros e a longo prazo". Segundo o jornal, havia empregados menores de idade, "mas perfeitamente enquadrados na legislação em vigor". A produção na época alcançava 18 mil hectolitros de cerveja com o maquinário avaliado em 1,300 conto de réis.

A fabricação de cerveja teve início ali em fins do século XIX, com o imigrante alemão Alfred Tiede. O cervejeiro chegou na Colônia Dona Francisca (atual Joinville) em 1881, e começou sua produção nos fundos de sua residência em 1884. Sua fabriqueta foi ampliada ao longo do século XX e tornou-se uma das maiores produtoras de cerveja da região sul brasileira. Após a morte de Tiede em 1904, seu filho adotivo de mesmo nome e a esposa assumiram a produção, e por um período os rótulos das cervejas traziam a inscrição Viúva de A. Tiede. A cerveja chegou a ser premiada em exposições estaduais e nacionais, sendo considerada uma das melhores do país.

Inserida em um movimento de industrialização e urbanização da cidade, a cervejaria assumiu durante a década de 1920 uma posição de destaque entre as indústrias catarinenses, particularmente após a fusão com o cervejeiro Karl Seybolth em 1925. Nessa época a cervejaria empregava 30 operários, em uma produção de 20 mil garrafas semanais. O trabalho manual, no processo de pasteurização, já havia sido substituído por máquinas para lavagem e enchimento das garrafas. A produção na cervejaria seguia os padrões de grandes fábricas europeias, com técnicos treinados e alguns até formados em Munique como o próprio Karl Seyboth.

O movimento trabalhista na cidade caracterizava-se por uma forte divisão étnica entre os imigrantes germânicos (teuto-brasileiros, que utilizavam o idioma alemão) e os brasileiros, incluindo descendentes de portugueses e afro-brasileiros. Refletindo-se na organização sindical, as divisões étnicas e linguísticas dificultaram a ação coletiva nas primeiras décadas do século XX.

O sentimento de superioridade entre os trabalhadores de ascendência alemã em relação aos brasileiros foi um elemento fundamental de divisão da classe operária em Joinville e que pode explicar a predominância na Cervejaria Catharinense de trabalhadores homens e de famílias germânicas.

Transformada em Sociedade Anônima em 1931, a Cervejaria alcançou mercados importantes no Rio de Janeiro e em São Paulo. Aumentou o investimento em campanhas publicitárias e estratégias para se aproximar do público, como a realização de concursos para a escolha popular de um nome para sua nova marca de cerveja e o patrocínio de uma marchinha de carnaval em 1935.

Em 1948, a Companhia Antarctica Paulista comprou a Cervejaria Catharinense, mas conservou o nome original da cervejaria até 1973, quando foi criada a Companhia Sulina de Bebidas Antarctica. Assim como acontecia em outras filiais da Cervejaria Antarctica, a empresa fortalecia laços com seus empregados e familiares, principalmente através da ARCA (Associação Recreativa da Cervejaria Antarctica). Os funcionários demonstravam um certo orgulho em trabalhar na cervejaria, e aqueles com mais anos de casa eram homenageados. A Antarctica manteve sua produção no local até 1998, mas ainda hoje é comum ouvir histórias de ex-funcionários e consumidores sobre a qualidade da cerveja produzida ali.

A Cervejaria Catharinense criou laços simbólicos profundos no imaginário social de Joinville. Da participação no álbum do centenário do município em 1951, às festas de quermesse na cidade, a cervejaria tinha presença garantida em festas populares com stands para distribuição de cervejas e refrigerantes e sua lembrança ainda é presente na memória popular local.

Após o fechamento definitivo da fábrica em 2001, a prefeitura de Joinville adquiriu o complexo e foram idealizados museus e usos culturais para o espaço. Ao longo de quase 20 anos, alguns galpões e prédios administrativos da cervejaria foram utilizados por entidades culturais da cidade, mas a ala principal com suas máquinas, ferramentas, mobílias e até documentos, permaneceu abandonada, sofrendo furtos e degradações constantes. Sem os devidos cuidados com a conservação dos espaços, o belo exemplar de patrimônio industrial da cidade, mesmo sendo tombado como patrimônio histórico, arquitetônico e paisagístico, vem se deteriorando. Por isso, em 2020 as áreas, até então, utilizadas do complexo foram desocupadas e a chamada Cidadela Cultural Antarctica se encontra atualmente em desuso. Sua chaminé, vista de longe, é agora um marco do passado, uma recordação daqueles que tomaram ou ouviram falar da famosa "faixa azul" da Antarctica de Joinville.

Referências bibliográficas

Bons patrões, vendendo boa cerveja, fabricada por operários bem tratados. O Radical. Rio de Janeiro. n. 2017, 10 nov. 1938, p. 19. Disponível em: <http://memoria.bn.br/DocReader/830399/15618>

COSTA, Iara Andrade. *A cidade da ordem: tensões sociais e controle (Joinville:1917/1943).* Curitiba, 1996. Dissertação de mestrado em História apresentada à Universidade Federal do Paraná, UFPR.

MORAES, Tiago Castaño. *Patrimônio, indústria e cerveja: olhares sobre a antiga Cervejaria Antarctica em Joinville/SC, Brasil.* Cadernos do Arquivo Municipal. Lisboa. vol. 2, n.13, 2020. pp. 97-122.

Onde era feita a melhor. A Notícia. Joinville. 01 mar. 2009.

QUEIROZ, Walter. *Resenha histórica da companhia sulina de bebidas Antárctica de Joinville.* 2008. Acervo Coordenação do Patrimônio Cultural.

Lugares de Memória dos Trabalhadores #71: Igreja do Glorioso Patriarca São José, Rio de Janeiro (RJ)

Beatriz Catão Cruz Santos

Planta topográfica da cidade de São Sebastião do Rio de Janeiro tirada e executada pelo Capitão André Vaz Figueira, Acadêmico da Aula Militar, Anno d' 1750. "Museu Histórico e Diplomático do Itamaraty / ERERIO / MRE / MAPOTECA/ INV.116 ".

Quem hoje passa na Rua 1º de março em direção à Avenida Presidente Antônio Carlos pode observar à direita a Igreja de São José, um dos mais antigos templos da cidade do Rio de Janeiro. A antiga capela é de 1608, reconstruída em 1633 e o edifício atual foi concluído em 1842. A história do templo é também a da Irmandade de São José, que reunia carpinteiros, marceneiros, pedreiros e canteiros no século XVIII e inícios do século XIX. Esses ofícios, mais acessíveis a homens livres, eram também praticados por escravos e libertos.

É possível dizer que a instituição católica e leiga era uma irmandade de ofícios e não somente de devoção ao santo. A irmandade regulava a aprendizagem, a produção e o comércio de seus produtos. Com isso, garantia uma certa honra e privilégios dos irmãos, mas só dos ofícios vinculados a ela. Ela tinha apoio das autoridades, um reconhecimento que se expressava nas festas religiosas.

Em 1752, D. Antônio do Desterro, bispo do Rio de Janeiro, num relatório enviado à Santa Sé descrevia em detalhes o estado da diocese. Nele, mencionava a Freguesia de São José, onde se situava a igreja e a irmandade. A freguesia fora criada pelo mesmo em 1749, quando então a cidade passou a ter quatro paróquias: Sé, Nossa Senhora da Candelária, Santa Rita e São José.

A história dessa irmandade se confunde com a de sua congênere homônima de Lisboa. Em 1744, os artífices que administravam a irmandade do Rio de Janeiro enviaram ao reino um requerimento para fazer uso de mesmo compromisso dos carpinteiros e pedreiros de Lisboa. Solicitavam o direito de eleger seus próprios juízes.

Os juízes eram um dos principais cargos da irmandade, com poder de auto-regulação do ofício e na sociedade, de avalizar as obras e peticionar à Câmara, por exemplo.

A demanda foi parcialmente atendida e o compromisso lisboeta de 1709 foi adotado no Rio. Algumas normas sobre o trabalho dos carpinteiros, pedreiros e ofícios anexos foram questionadas pelas autoridades judiciais como, a proibição de tomar ofício alheio, a obrigatoriedade de exame do ofício e um número máximo de 2 aprendizes por mestre. Alguns pontos ainda seriam alvo de disputa entre a Irmandade de São José e a Câmara Municipal, responsável por controlar o trabalho e o comércio dos ofícios na cidade. Além disso, a irmandade não conquistou o direito de eleger seus juízes, prerrogativa pela qual continuariam a lutar nos anos seguintes.

O culto de São José se difundiu na Europa a partir de fins do século XV. Durante esse período, sua imagem foi reabilitada: de santo secundário, por vezes, o cornudo ou aquele dedicado a tarefas domésticas, tornou-se central, modelo de pai protetor e membro da Sagrada Família. Nos países ibéricos, seu culto foi difundido pela Igreja e pela monarquia, passando a nomear pessoas e instituições de caridade. Isso ocorreu com a confraria de carpinteiros e pedreiros que o adotou como patrono. A partir do século XVIII, a ideia de trabalho honesto e honroso também passaria a ser associada ao santo.

A irmandade de São José gozava de grande prestígio no Rio de Janeiro, assim como em Portugal. Em Lisboa, por sua antiguidade, tinha precedência na ordenação de *Corpus Christi*. Na procissão ocorrida no Rio de Janeiro em 1772 participavam 28 irmandades, organizadas em "alas" de cada freguesia, com seus estandartes e símbolos. Entre elas, com destaque, a irmandade de São José, a dos pedreiros, carpinteiros, marceneiros e canteiros, o que não excluía a presença da elite colonial na associação. A procissão de *Corpus Christi* era um rito político religioso obrigatório, sancionado pela própria irmandade. O rito previa a participação das autoridades leigas e religiosas, das comunidades religiosas e das irmandades, ordenando-se do menos ao mais importante socialmente.

As disputas em torno do controle do ofício eram recorrentes. Em 1758, por exemplo, a Câmara Municipal, criou uma série de normas que esvaziava o poder da irmandade e de seus juízes. A certidão do mestre para o aprendiz deixou de ser exigida; os juízes deixaram de realizar vistorias e desmanchar as obras, prerrogativas que garantiriam a qualidade das obras e excluíam os não membros da irmandade de concorrerem com produtos similares. Além disso, foi criada a possibilidade de que os aprendizes pudessem trocar de mestres, sob o argumento de ampliar a "liberdade" dos artífices.

Conflitos ocorriam entre os próprios artífices e por várias razões. No início do XIX, há petições de marceneiros e pedreiros para ingressarem na irmandade, que recupera norma de 1730 proibindo o ingresso de mulatos, mouros e judeus na irmandade e abertura de lojas. O acesso é facultado a pardos, mediante o exame de ofício, ficando impedidos de ocupar cargos administrativos. Os irmãos também reclamam dos produtos de má qualidade vendidos por ambulantes, indicando a concorrência com artífices, auxiliados por seus escravos na produção e venda pela cidade.

Os artífices da cidade do Rio de Janeiro tinham origens, status e até religiões diversas. Algumas pesquisas em curso informam que eles lutavam e circulavam na Monarquia portuguesa, em busca de melhores condições de trabalho e saúde. Mas, ainda há muito a saber sobre sua história. Atualmente, a Igreja de São José, localizada ao lado da Assembleia Legislativa, está próxima a um dos palcos das disputas políticas contemporâneas. Mas nem todos sabem que a Igreja e sua irmandade, ainda ativa, é também um lugar de memória dos pedreiros e marceneiros da cidade.

Referências bibliográficas

MARTINS, João Furtado. *Os carpinteiros na Inquisição de Lisboa no século XVIII: trabalho, sociabilidades e cultura material*. Librosdelacorte.Es, n. 6, 2017. Disponível em: https://doi.org/10.15366/ldc2017.9.m6.013

MARTINS, Monica de Souza Nunes. *Entre a cruz e o capital: as corporações de ofícios no Rio de Janeiro após a chegada da família real (1808-1824)*. Rio de Janeiro: Garamond, 2008.

SANTOS, Beatriz Catão Cruz. *Catolicismo, cor e governança da terra no Rio de Janeiro no século XVIII*. In: João Fragoso; Antonio Carlos Jucá de Sampaio. (Org.). Monarquia Pluricontinental e a governança da terra no ultramar atlântico luso: séculos XVI-XVIII. Rio de Janeiro: Mauad X, 2012

SANTOS, Beatriz Catão Cruz. *As irmandades de ofícios e os ritos político-religiosos (Rio de Janeiro, século XVIII)*. In: OLIVEIRA, Anderson José Machado de; MARTINS, William de Souza. (Org.). Dimensões do catolicismo no império português (séculos XVI-XIX). Rio de Janeiro: Garamond, 2014.

BARROS, Miguel Sérgio da Costa Ferreira Monteiro de. *São José, Bairro Tridentino*. Universidade Nova, (Tese de Doutoramento, Faculdade de Ciências Sociais e Humanas), Lisboa, 2017.

Lugares de Memória dos Trabalhadores #72: Manganês Esporte Clube, Serra do Navio (AP)

Adalberto Paz

Vista aérea de Serra do Navio.

No interior da floresta, a cerca de 200 quilômetros da foz do rio Amazonas, um campeonato de futebol era anualmente organizado, entre as décadas de 1960 e 90, por operários do primeiro empreendimento de mineração industrial da região Norte do país, em atividade desde os anos 1950. Chamado "o Serrano", o torneio reunia equipes formadas por trabalhadores da Indústria e Comércio de Minérios S.A (ICOMI), empresa privada responsável pela exploração das jazidas de manganês no Amapá. O nome do campeonato fazia alusão à região denominada Serra do Navio, local que havia se tornado internacionalmente famoso pelo anúncio da existência de minério de manganês de alto teor, num momento em que a URSS havia suspendido o fornecimento desse material aos Estados Unidos em pleno contexto da Guerra Fria.

Criada em 1942, a ICOMI possuía sede em Minas Gerais e tinha como proprietário Augusto Trajano de Azevedo Antunes. Em 1947, a mineradora venceu a concorrência pública pelos depósitos manganíferos amapaenses. Em contrapartida, a ICOMI pagaria royalties a serem investidos no Amapá, além de se comprometer a repassar ao Estado toda a infraestrutura construída para o empreendimento, após o esgotamento das jazidas. Para viabilizar a extração do manganês, a ICOMI associou-se à Bethlehem Steel, maior empresa siderúrgica do mundo, e obteve um empréstimo do EXIMBANK. Em troca, a ICOMI assumiu o compromisso de vender no mínimo 5,5 milhões de toneladas de manganês aos Estados Unidos.

A infraestrutura montada pela ICOMI no Amapá foi inédita em termos de planejamento e magnitude. Incluía um porto, uma ferrovia, duas company towns (cidades construídas e mantidas pela empresa), além de sofisticada logística de abastecimento, contratação de trabalhadores, programas de saúde, educação e lazer. A maior parte dos trabalhadores denominados "braçais", isto é, sem especialização profissional, tinha origem nas populações extrativistas moradoras nas margens dos rios, igarapés e matas, comumente designadas como "caboclas". Os solteiros eram hospedados em alojamentos específicos nas company towns, enquanto os casados e suas famílias recebiam casas planejadas exclusivamente para as diferentes categorias de operários.

Desde que a extração do minério teve início, em 1957, toda a atividade produtiva foi caracterizada pela utilização de alta tecnologia e rígidos procedimentos de gestão administrativa. Isso era um diferencial em relação a atividades frequentemente mais insalubres como a extração de carvão mineral. Nesse sentido, muitos dos frequentes acidentes de trabalho estavam relacionados com o uso de maquinário pesado ou o manuseio de produtos químicos no processo industrial.

O Manganês Esporte Clube (MEC) era sediado na company town de Serra do Navio, próximo à escola e ao centro comercial, espaço situado entre as residências de operários casados e solteiros. Essa "agremiação", conforme definição da própria ICOMI, tinha à sua disposição quadra poliesportiva, campo de futebol e piscina para prática de esportes, competições e entretenimento. Embora se tratasse de um clube vinculado à empresa, os operários de Serra do Navio souberam se apropriar do MEC, criando para si um espaço próprio de sociabilidade. A mensalidade arrecadada entre os sócios gerava um montante que permitia certa autonomia econômica, o que, do ponto de vista dos trabalhadores instituía uma clara noção de direitos e autogestão em relação à mineradora.

Não por acaso, o Campeonato Serrano de Futebol era um dos principais momentos de interatividade e lazer operário organizado pelo MEC. A maioria das equipes envolvidas na competição era formada por membros de um mesmo setor ou ofício, como o time da Divisão da Mina (Senta a pua), Setor de Transporte (Desvio e Ferroviário), Divisão de Saúde (Esparadrapo), Divisão de obras (Sarrafo), entre outros.

A diversão e sociabilidade motivados pelo futebol reforçavam os laços de amizade e companheirismo da comunidade operária de Serra do Navio. Quando, nas décadas de 1970 e 80 emergiram protestos e greves na cidade, o espaço físico e as redes sociais articuladas em torno do MEC foram, provavelmente, de vital importância para a organização do movimento.

Além do futebol, havia outros momentos de entretenimento promovidos pelo clube. Os bailes temáticos e comemorativos, em especial, obedeciam a um calendário de datas representativas para a comunidade e para a companhia. No mês de maio ocorria o Baile das Flores, uma espécie de confraternização geral da mineradora, ocasião em que era escolhida a "Rainha das Flores". No mesmo mês, no dia 8, acontecia o baile comemorativo de fundação da ICOMI, evento carregado de valor e gestos simbólicos, como a outorga de honras e benefícios aos funcionários em Serra do Navio.

Após quase meio século de ininterrupta exploração das reservas de manganês do Amapá, a ICOMI encerrou suas atividades em Serra do Navio em 1997. Em 2011, a company town foi tombada pelo Instituto do Patrimônio Artístico e Histórico Nacional (IPHAN). O reconhecimento oficial, contudo, não evitou a deterioração e destruição do Manganês Esporte Clube. Em 10 de março de 2016, depois de anos de abandono e ausência de reparos em sua estrutura, parte do teto do clube desabou, expondo suas ruínas interiores cobertas de mato, entulhos e alagamento. Dessa forma, o renomado clube operário simboliza não apenas um acelerado processo de desindustrialização amazônico, mas também tornou-se um monumento do desprezo pelos lugares de memória e sociabilidade dos trabalhadores.

Referências bibliográficas:

BRITO, Daniel Chaves de. *Extração mineral na Amazônia: a experiência da exploração de manganês em Serra do Navio no Amapá.* Dissertação de mestrado, Universidade Federal do Pará. Belém, 1994.

DRUMMOND, José Augusto; PEREIRA, Mariângela de Araújo Povoas. *O Amapá nos tempos do Manganês: um estudo sobre o desenvolvimento de um estado amazônico 1943-2000*. Rio de Janeiro: Garamond, 2007.

MONTEIRO. Maurílio de Abreu. *A ICOMI no Amapá: meio século de exploração mineral*. Novos Cadernos NAEA, n. 2, v. 6, 2003.

PAZ, Adalberto. *Os mineiros da floresta: modernização, sociabilidade e a formação do caboclo-operário no início da mineração industrial amazônica*. Belém: Paka-Tatu, 2014.

RIBEIRO, Benjamin Adiron. *Vila Serra do Navio: comunidade urbana na serra amazônica: um projeto do arq. Oswaldo Bratke*. São Paulo: Pini, 1992.

Lugares de Memória dos Trabalhadores #73: Palácio do Metalúrgico, Rio de Janeiro (RJ)

Rafael Ioris

Assembleia de campanha salarial no Palácio do Metalúrgico. sem data.

Sede de um dos sindicatos mais combativos da história do Brasil, o Palácio do Metalúrgico foi palco de lutas operárias que ajudaram a definir a história social e mesmo os rumos políticos do Brasil contemporâneo. Foi lá, na rua Ana Neri, bairro do Rocha, no Rio de Janeiro, onde não só metalúrgicos, mas trabalhadores em geral, além de personalidades políticas e culturais frequentemente se reuniram para entender as complexidades de um país em rápida transformação na segunda metade do século XX, assim como lutar por uma sociedade mais inclusiva e justa.

A construção do prédio, inaugurado em 1959, resultou de uma ampla campanha de recrutamento de novos associados e de arrecadação de fundos junto a base do Sindicato dos Metalúrgicos do Rio de Janeiro, categoria em expansão naquele momento. A nova sede era também o resultado de um crescente ativismo dos metalúrgicos cariocas, fruto em grande medida de uma aliança entre trabalhistas, nacionalistas de esquerda e comunistas que passou a ser hegemônica na direção da entidade.

Assim, essa estabilidade administrativa permitiu que o sindicato oferecesse um maior leque de serviços e atividades sociais e culturais aos seus membros, inclusive e de maneira crescente às mulheres trabalhadoras. Liderados por dirigentes como Eurípedes Aires de Castro, Ulisses, Lopes, José Lellis da Costa, Izaltino Pereira e, especialmente, Benedito Cerqueira, o renovado ativismo sindical metalúrgico foi capaz de organizar mobilizações e lutar por demandas concretas dos trabalhadores, como aumentos salariais, melhores condições de trabalho e ampliação do acesso a tratamento médico. No contexto que antecedeu o golpe de 1964, os metalúrgicos cariocas se tornaram uma das categorias mais importantes e influentes na vida sindical do país, colaborando para a construção da agenda política que ficou conhecida como "Reformas de Base".

A partir de meados dos anos 1950, a entidade ampliava suas taxas de sindicalização e seu fortalecimento político e financeiro. A conexão com as bases operárias através de conselhos de empresas e a criação de subsedes regionais colaboravam para o fomento de um novo senso de coesão e identidade operária. Nesse contexto emergiu a ideia da construção de uma nova sede, materializada em um imponente prédio de seis pisos, no bairro do Rocha, na Zona Norte do Rio, próximo a diversos bairros industriais e comunidades operárias da cidade.

As obras do prédio, que seria batizado com o orgulhoso e pomposo nome de Palácio do Metalúrgico, foram iniciadas em 1956. Após três anos, a sede, quando inaugurada, contava com ginásio, gráfica, consultórios médicos, biblioteca, lanchonete e um auditório. O espaço logo se tornou um local fundamental de sociabilidade e organização dos metalúrgicos.

Mas seu impacto foi muito além da categoria, tornando o prédio um dos mais importantes centros da vida política carioca no início da década de 1960. Outros sindicatos, associações de moradores e organizações populares frequentemente usavam o moderno e amplo auditório para realizar sua assembleias e festividades. Foi também um dos principais espaços utilizados pelo Centro Popular de Cultura (CPC) da UNE para realização de debates, peças teatrais e exibição de filmes. O Palácio chegou mesmo a ser tornar palco obrigatório de visitas de personalidades internacionais como o cosmonauta soviético Yuri Gagarin em 1961.

O Palácio do Metalúrgico foi o palco de um dos momentos mais dramáticos do início dos anos 1960. No dia 25 de março de 1964, liderados por Cabo Anselmo, mais de dois mil marinheiros reuniram-se no auditório da sede metalúrgica para comemorar o segundo aniversário de sua Associação, considerada ilegal pelo comando da Marinha. O ato contou com a participação de sindicalistas, líderes estudantis, do deputado Leonel Brizola, além da presença emblemática de João Cândido, líder da Revolta da Chibata de 1910. Apesar da ordem de prisão emitida pelo Ministro da Marinha, os marinheiros resistiram e permaneceram no prédio. Apenas após um acordo, que implicou na anistia dos revoltosos concedida pelo presidente Jango, que os marinheiros decidiram desocupar o Palácio. O episódio é considerado por muitos um dos estopins do golpe de 1964. No dia seguinte à deposição de Jango, o Palácio foi invadido e vandalizado de forma brutal, simbolizando de forma veemente o novo ciclo repressivo que se iniciava para os trabalhadores.

Esvaziado de sua vocação política durante boa parte da ditadura, o Palácio dos Metalúrgicos viveria um novo momento de mobilização quando, em 1979, uma nova onda grevista colocou os operários e operárias metalúrgicos no centro das lutas sociais no Rio de Janeiro. Ao longo dos anos 1980, os metalúrgicos cariocas manteriam uma presença ativa no cenário de organização dos trabalhadores que marcou a redemocratização do país. De toda forma, durante a maior parte desse período uma Escola Metalúrgica manteve-se atuante na sede sindical, formando milhares de trabalhadores.

A crise política e econômica do Rio de Janeiro nas últimas décadas afetou fortemente os metalúrgicos, que sofreram com a intensa desindustrialização da cidade e viram sua base e presença pública serem drasticamente reduzidas, apesar da resistência sindical e da importante, porém efêmera, recuperação da indústria naval no início do século XXI. O Palácio do Metalúrgico foi tombado em 1999 pelo governo estadual e apesar das ameaças recentes de que poderia ser vendido, permanece como um lugar de memória fundamental para os trabalhadores brasileiros.

Referências bibliográficas:

IORIS, Rafael. *Qual Desenvolvimento? Os Debates, Sentidos e Lições da Era Desenvolvimentista*. São Paulo: Paco Editorial, 2017.

IORIS, Rafael. *"Fifty Year in Five" and What's in It for Us? Development Promotion, Populism, Industrials Workers and "Carestia" in 1950s Brazil.* Journal of Latin American Studies, v. 44, no. 2, 2012.

JORDAN, Thomas. *Redefinindo o sindicalismo corporativo nos anos 1950: o caso do Sindicato dos Metalúrgicos do Rio de Janeiro.* Cadernos AEL, v.11, n. 20, 2004

SANTANA, Marco Aurélio. *Bravos companheiros: comunistas e metalúrgicos no Rio de Janeiro (1945/1964).* Rio de Janeiro:7Letras, 2012.

LOPES, Ulisses. 2015. Depoimento. Rio de Janeiro, CPDOC/Fundação Getulio Vargas, (8h 50min).

Lugares de Memória dos Trabalhadores #74: Vila Operária Maria Zélia, São Paulo (SP)

Simone Scifoni

A inauguração da Vila Maria Zélia em 1917, com a capela à esquerda.

A Vila Maria Zélia é testemunho dos modos de morar do operariado e das relações de trabalho do início do século XX, na cidade de São Paulo. Ela guarda, ainda, memórias ligadas à violação dos direitos humanos dos trabalhadores em momentos políticos do país marcados pelo autoritarismo, nos anos 1930 e nos anos 1970.

Contando inicialmente com 198 casas de 6 diferentes tipos e tamanhos e equipamentos de uso coletivo, tais como 2 escolas (uma para meninos e outra para meninas), creche, jardim de infância, farmácia, capela, campo de futebol, salão para bailes, sapataria, armazém e restaurante, a Vila Maria Zélia é um exemplar único de habitação operária, existente ainda hoje naquele lugar que era chamado de "outra cidade", os bairros a leste do embrião central da capital, como o Belenzinho.

A vila foi construída entre 1912 e 1916 compondo o espaço fabril da Companhia Nacional de Tecidos de Juta, do empresário Jorge Street. O nome da vila foi uma homenagem à filha de Jorge Street, falecida no começo do século XX. Crises econômicas e endividamento levaram a empresa a mudar de proprietários em 1924, mantendo-se a produção até 1934, quando veio a falência. A fábrica foi posteriormente vendida e a Vila Maria Zélia passou para o controle do Instituto de Aposentadoria e Pensões dos Industriários (IAPI), sucedido pelo atual INSS. Em 1969, as casas da vila começaram a ser vendidas aos seus inquilinos, por meio de financiamento do BNH (Banco Nacional de Habitação).

As formas de morar dos operários em São Paulo, nessas primeiras décadas do século XX, tinham no pagamento do aluguel uma característica em comum. As casas de vila eram construídas por investidores privados ou por industriais e contavam com incentivos do poder público, como a isenção de impostos para construção. A habitação tinha um papel no que se entendia ser a moralização da vida do trabalhador. Jorge Street destacava que as casas da vila garantiam a moradia sã, com sol, luz e cômodos de acordo com o tamanho da família. Além disso, exercia a função de impor a disciplina e controlar a vida do trabalhador; na Vila Maria Zélia uma série de normas e regulamentos regulavam a vida do operariado, como a proibição de dormir na sala, fixação de horários para circulação e acesso de visitantes e proibição de permanência de pessoas que não eram da família moradora na casa.

Além de negócio lucrativo pela obtenção da renda de aluguel, a produção de casas para operários funcionava como mecanismo de manutenção de baixos salários e como estratégia de enfraquecimento da organização operária e da luta de classes. Isso se constata no discurso do empresário Jorge Street que colocava em evidência o papel da vila e de seus equipamentos coletivos como capazes de "tocar o coração do operário vencendo-o do instinto de revolta".

Por esses motivos, a Vila Maria Zélia aparecia, no começo do século XX, no centro da crítica do movimento operário, justamente pelo seu caráter de empreendimento modelo, que isolava o trabalhador em uma espécie de cidadela fechada, um feudo, como chamou o jornal anarquista "A Plebe". No entanto, para além do controle, a moradia na vila também gerava formas específicas de sociabilidade e solidariedade que frequentemente significavam burlas aos mecanismos de dominação empresarial. Uma cultura e identidade própria aos trabalhadores tinha nas vilas operárias um espaço privilegiado de desenvolvimento, a despeito da vontade e intenções dos patrões.

Por sua vinculação à história dos trabalhadores e à temática da habitação operária, a Vila Maria Zélia e a fábrica foram declaradas patrimônio cultural do município de São Paulo, em 1992, no governo de Luiza Erundina. Mas é preciso, ainda, somar a esse patrimônio as memórias de violação de direitos humanos dos trabalhadores.

Após a Revolta Comunista de 1935 e a decretação do Estado de Sítio por Getulio Vargas, a fábrica fechada no Belenzinho foi adaptada para funcionar como presídio político. Cerca de 700 sindicalistas, trabalhadores, professores e intelectuais considerados como comunistas foram encarcerados no presídio Maria Zélia. Durante os dois anos em que ficaram ali, os presos e presas organizaram como forma de resistência a Universidade Popular Maria Zélia, com aulas de alfabetização, línguas, anatomia e higiene. Produziram revistas e jornais e realizavam peças teatrais encenadas pelo Teatro Popular Maria Zélia.

Outra memória da vila, vinculada à repressão e perda de direitos dos trabalhadores, foi a da prisão do operário Olavo Hansen. Treze sindicatos e oposições sindicais convocaram uma manifestação no dia 1o de maio de 1970, no campo de futebol da Vila Maria Zélia. Olavo, conhecido militante sindical, foi preso enquanto distribuía panfletos. Levado para o DOPS, sofreu constantes sessões de tortura, falecendo dez dias após sua prisão. Para a Comissão Nacional da Verdade o episódio configura-se como caso comprovado de morte decorrente de tortura durante a ditadura militar.

A Vila Maria Zélia ainda hoje se destaca como lugar de moradia do trabalhador, muito embora não sejam mais eles operários de indústrias, como no passado. Entretanto, ainda estão presentes os conteúdos sociais que conferem significado a esse bem cultural tombado. Nos últimos anos, instituições culturais como o grupo XIX de Teatro e a Associação Cultural Vila Maria Zélia também têm se empenhado na valorização e divulgação da história da vila. A Vila Maria Zélia não seria patrimônio cultural sem seus moradores e suas memórias, sem as vivências e experiências humanas que dão sentido àqueles edifícios do passado.

Referências bibliográficas:

ALAMINO, Carolina A.M. *Presídio Maria Zélia: repressão política no governo constitucional de Getúlio Vargas*. Tese (Doutorado) – Programa de Pós Graduação em História da Universidade Federal de Santa Catarina, Florianópolis, 2018.

BLAY, Eva A. *Eu não tenho onde morar. Vilas operárias na cidade de São Paulo*. São Paulo: Nobel, 1985.

BRASIL. COMISSÃO NACIONAL DA VERDADE. Relatório. Vol. 1. Brasília: CNV, 2014.

JUCÁ, Ana Lúcia Almeida de Oliveira; LOPES, Arzelinda Maria. A vida numa vila operária. *Informativo Arquivo Histórico Municipal*, 4 (19): jul/ago.2008 <http://www.arquivohistorico.sp.gov.br>

TEIXEIRA, Palmira Petratti. *A fábrica do sonho. Trajetória do industrial Jorge Street*. Rio de Janeiro: Paz e Terra, 1990.

Lugares de Memória dos Trabalhadores #75: Museu Estadual do Carvão do Rio Grande do Sul, Arroio dos Ratos (RS)

Clarice Speranza

No subsolo das minas, operários de diversas origens trabalhavam lado a lado extraindo e transportando carvão, década de 1940.

À distância, as ruínas já parecem majestosas. Quanto mais nos aproximamos, os prédios que abrigaram a primeira termoelétricas do país a usar carvão mineral revelam uma dimensão quase indecifrável. Estamos diante do Museu Estadual do Carvão, em Arroio dos Ratos, município riograndense próximo a Porto Alegre. Situado em meio a um parque de 11 hectares, o Museu tornou-se parte inseparável da vida desta comunidade orgulhosa de seu passado, na cidade que se intitula Berço da Indústria Carbonífera Nacional.

A história da exploração do carvão na região se iniciou em meados do século XIX. Em 1872, foi fundada a primeira empresa de exploração de carvão no Brasil, a Brazilian Collieries Company Limited, com capital inglês. A partir de então, uma série de empresas mineradoras atuaram na região.

Em 1885, a princesa Isabel batizou com seu nome um poço da Companhia das Minas de Carvão de Pedra Arroio dos Ratos. A herdeira do trono imperial chegou a descer ao subsolo e assustou-se: "Perguntei-me se poderia suportar isso muito tempo", confessou em carta aos pais, na qual lamentava "a sorte penosíssima dos mineiros obrigados a 8 horas de trabalho por dia, nessas profundezas apertadas".

A princesa pode ter ficado impressionada, mas foi muito comedida em seu comentário. Se em meados dos anos 1940, havia relatos de mineiros trabalhando 16 horas por dia no subsolo, pode-se imaginar que uma jornada de apenas 8 horas em 1885 era uma ilusão. De fato, no dissídio coletivo apresentado em 1943 pelo Sindicato dos Mineiros era relatado que a prática do "doble", ou seja, do turno dobrado, era cotidiana. À época boa parte dos operários recebiam por produção e deixavam parte de seus ganhos nos armazéns de propriedade das empresas.

Em plena II Guerra Mundial, o Cadem (Consórcio Administrador de Empresas de Mineração, que reunia as duas principais mineradoras: a Companhia Estrada de Ferro e Minas de São Jerônimo e a Companhia Carbonífera Minas de Butiá) liderava a produção nacional. Foi neste momento que a região alcançou o auge de sua produção, empregando cerca de 7 mil operários.

A vida nas profundezas marcou, de fato, a existência de milhares de trabalhadores mineiros que extraíram carvão da terra durante as oito décadas de funcionamento das minas subterrâneas em Ratos e também nos hoje municípios vizinhos de Butiá, Minas do Leão e Charqueadas. A eles coube suportar uma rotina de trabalho que incluía não apenas o medo da escuridão, mas também o adoecimento e a degradação física pela aspiração de pó de sílica, quando não a morte por desabamentos. Um "suicídio lento e inexorável", definiu o mineiro Manoel Jover Telles em 1947, quando era deputado estadual eleito pelo PCB.

As minas também foram um centro importante de mobilização e organização dos trabalhadores. A primeira greve teria ocorrido já em 1895 e foi seguida por diversas paralisações. As mobilizações de 1933 e 1934 levaram à formação de um sindicato mineiro unificando os trabalhadores de todas as vilas. Nas paralisações de 1945 e 1946, as vilas foram alvo de intervenção militar. O movimento de 1946 durou 36 dias e estancou completamente a produção de carvão, deixando Porto Alegre às escuras. Entre as décadas de 1940 e 1960, o PCB e o PTB disputavam a hegemonia do movimento operário local.

Para tornar possível o contínuo crescimento da produção, as mineradoras investiram na criação de uma infraestrutura de bem estar que incluía postos de saúde e um grande hospital, escolas, igrejas, lojas de comércio, clubes de futebol e cinemas, além de moradias com aluguel subsidiados. Por outro lado, não havia abastecimento de água nas casas nos anos 1940, e os trabalhadores padeciam de péssimas condições de trabalho, o que levava a altos índices de abandono do emprego. A estrutura de proteção e controle das vilas-fábricas tinha como contraponto uma estrita vigilância, a partir de uma estreita colaboração entre as empresas e a polícia, e o acionamento do Exército quando necessário.

Toda a geografia de Ratos e das demais vilas mineiras, nascida das planilhas das empresas mineradoras, foi apropriada pela luta política. Os nomes das ruas homenageiam os executivos da mineração, mas também líderes trabalhistas como Alberto Pasqualini. Também trazem as marcas dos grupos étnicos e raciais que formaram a classe mineira, como a Avenida Espanha, em Arroio dos Ratos, ou a Praça Paraíba, em Butiá, cujo nome cultua o apelido de um líder religioso negro.

As minas de Ratos foram fechadas nos anos 1950. A produção foi transferida integralmente para Butiá e Charqueadas. Atualmente ainda há mineração de carvão na região, mas somente em minas de superfície. As cidades, de toda forma, são tomadas por campos de rejeitos de carvão e por ruínas dos locais de produção. Em Butiá, o mais conhecido é o "Esqueleto", um conjunto de vigas com dois andares onde funcionava o lavador do poço 2, onde o carvão era "lavado" e escolhido. Hoje o "Esqueleto" é patrimônio histórico do município.

Em meio a esta geografia de lutas e trabalho, o Museu Estadual do Carvão, criado em 1986 (no governo do trabalhista Alceu Collares), parece ser uma síntese. Administrado em conjunto pelos governos estadual e municipal, é um símbolo da exploração subterrânea do carvão, mas também dos embates de classe lá travados. Além de uma exposição de objetos e máquinas da mineração, abriga também o Arquivo Histórico da Mineração, um mais importantes centros de documentação operária da América Latina. É, assim, um fundamental lugar de memória dos mineiros gaúchos e um espaço de reflexão sobre a história do trabalho no Brasil.

Referências bibliográficas:

CIOCCARI, Marta. *Do gosto da mina, do jogo e da revolta: um estudo antropológico sobre a construção da honra numa comunidade de mineiros de carvão.* Tese de doutorado em Antropologia – PPGAS Museu Nacional, Rio de Janeiro, 2010.

FREITAS, Tassiane M. *De complexo carbonífero a museu: o processo de patrimonialização dos remanescentes do antigo complexo carbonífero de Arroio dos Ratos, RS, Brasil (1983-1994).* Dissertação de mestrado – PPG em Memória Social e Patrimônio Cultural, UFPel, 2015.

SILVA, Cristina Ennes da. *Nas profundezas da terra: um estudo sobre a região carbonífera do Rio Grande do Sul*. Tese de Doutorado – PPG em História, PUCRS, Porto Alegre, 2007.

SPERANZA, Clarice G. Cavando direitos: *As leis trabalhistas e os conflitos entre os mineiros de carvão e seus patrões no Rio Grande do Sul (1940-1954)*. São Leopoldo/Porto Alegre: Oikos/ANPUHRS, 2014

WITKOWSKI, Alexsandro. *Da luz no fim do túnel ao Arquivo Histórico do Museu Estadual do Carvão: o acervo documental da mineração na região carbonífera do baixo Jacuí, RS (2009-2016)*. Dissertação de mestrado – PPG em Museologia e Patrimônio, UFRGS, 2019.

Lugares de Memória dos Trabalhadores #76: Usina Wigg, Miguel Burnier, Ouro Preto (MG)

Luana Carla Martins Campos Akinruli

Vista das minas de manganês e Miguel Burner, tendo ao centro da boca da mina o proprietário Carlos Wigg.

A importante presença dos trabalhadores na história de Miguel Burnier, distrito de Ouro Preto, Minas Gerais, quase nunca é evidenciada e divulgada. Dispersos na paisagem local existem sítios de vilas operárias, de conjuntos ferroviários e um patrimônio arquitetônico e religioso de grande envergadura. A Usina Wigg, por exemplo, foi a primeira no país a explorar manganês. Posteriormente, dedicou-se ao ferro. Ali também se desenvolveu a Usina Barra Mansa, que depois passou a fazer parte do Grupo Votorantim e, atualmente, ao grupo Gerdau.

A Usina Wigg foi fundada em 1893, pelo empresário anglo-brasileiro Carlos Wigg. Situava-se num local privilegiado para as atividades da indústria siderúrgica, com grande quantidade de jazidas de minério de ferro e de manganês de boa qualidade a pouca distância do local de beneficiamento. Também possuía abundância de reservas vegetais para a produção de carvão, água em fartura para a movimentação de maquinário de forças hidráulicas e proximidade da malha ferroviária para o escoamento da produção, além de depósitos de calcário, material indispensável ao funcionamento dos altos-fornos.

Atuando em todas as fases de produção – extração, beneficiamento, transporte e exportação do minério –, a Usina Wigg contava já no ano de 1905 com 373 casas destinadas a seus trabalhadores, onde residiam 334 famílias. As condições de moradia, no entanto, eram bastante precárias. A maioria era de pau a pique com cobertura de zinco. Em 1913, residiam cerca de 2.000 pessoas nessa vila operária.

Assim como em diversas outras vilas operárias criadas no país entre o final do século XIX e início do XX, a empresa procurava moldar diversos aspectos do cotidiano de seus trabalhadores. O controle social era rigoroso, com interferências na vida religiosa, escolar e no lazer dos funcionários. Na vila também havia serviços médicos, farmácia e um armazém de alimentos. Em geral, era permitido que os operários mantivessem pequenas plantações nos quintais de suas casas ou em glebas pertencentes à empresa nas imediações. A manutenção dessas áreas se dava rotineiramente pelas mulheres e esporadicamente pelos homens em horários de folga. Nas proximidades da sede existiam as melhores casas, moradias dos encarregados feitas de tijolos, coberturas de telhas e pisos de peroba rosa.

O trabalho na empresa, majoritariamente masculino, era realizado em turnos de 24 horas incluindo os fins de semana e feriados, com exceção da Sexta-feira da Paixão. Do total de 413 operários distribuídos em 28 seções da Mineração e Usina Wigg, em 1958, havia apenas 10 mulheres por exemplo. Cada seção tinha um encarregado, que era responsável por uma equipe de trabalho e a quem cabia realizar os pagamentos e definir as acomodações, entre outros assuntos.

As políticas assistências e o rígido controle e disciplina imposto pela empresa dificultaram a organização sindical e o protesto operário. Mas, eles também ocorreram. Em 1919, por exemplo, uma greve generalizada por melhores salários e condições de trabalho paralisou a mina e a Usina. O padre italiano

Marcelino Braglia, responsável pela Igreja da Usina (Nossa Senhora Auxiliadora de Calastróis), procurou mediar, sem sucesso, o conflito. Outros conflitos e insatisfações, abertas ou veladas, eclodiriam ao longo da história da empresa.

Com a morte de Wigg em 1931 e, sem descendentes, sua esposa Alice da Silveira Wigg assumiu provisoriamente os negócios. Em 1940, a empresa foi adquirida por uma nova organização acionária e teve seu nome alterado para Mineração e Usina Wigg S. A. A partir da década de 1950, o controle acionário passou à Siderúrgica Barra Mansa S. A. e nos anos 1970 para as Indústrias Votorantim, ambas de propriedade da família Ermírio de Moraes. As atividades minerárias nas áreas do patrimônio da Wigg continuaram sob novas titularidades, o que ainda hoje tem gerado a expulsão de famílias moradoras na localidade há gerações e mesmo violentas situações de conflitos socioambientais.

Embora quase nunca lembrada nos roteiros turísticos da "barroca" Ouro Preto, a Usina Wigg é um lugar de memória fundamental na história da cidade. As lembranças de seus antigos trabalhadores ainda hoje combinam recordações da violência e autoritarismo que marcaram aquelas relações de trabalho com as saudades, muitas vezes idealizadas, da vida comunitária e da solidariedade local. Na experiência da Wigg, continuada em grande medida pela Siderúrgica Barra Mansa, o mundo do trabalho era articulado de modo desigual e combinado, conjugando manutenção e superação na maneira de se trabalhar de outros tempos. Em sua vida cotidiana e na conjugação entre interiorização e resistência às formas de dominação da empresa, os trabalhadores e suas famílias apropriaram-se daquele espaço, forjaram laços e identidades, e transformaram Miguel Burnier numa vigorosa comunidade operária.

Referências bibliográficas

AKINRULI, Luana Carla Martins Campos. *A desconstrução do esquecimento em contexto de conflito ambiental: arqueologia e etnografia da comunidade de Miguel Burnier, Ouro Preto, Minas Gerais*. Tese de Doutorado em Antropologia, UFMG, 2018. Disponível em: http://hdl.handle.net/1843/BUBD-BCDH4A.

AKINRULI, Samuel Ayobami. *Geoprocessamento para a análise das dinâmicas geoespaciais e temporais do patrimônio cultural do distrito de Miguel Burnier, Ouro Preto, Minas Gerais*. Monografia, Especialização em Geoprocessamento, UFMG, 2017. Disponível em: http://hdl.handle.net/1843/IGCM-AX9MUT.

ARQUIVO PÚBLICO MINEIRO. Fundo Gerdau Açominas S. A. (1891-2007).

LLOYD, Reginald. *Impressões do Brazil no Século Vinte*. Londres: Lloyd's Greater Britain Publishing Company Ltd., 1913.

Lugares de Memória dos Trabalhadores #77: Rua do Ouvidor, Rio de Janeiro (RJ)

Renata Figueiredo Moraes

"Rua do Ouvidor"

O quanto de memória pode acumular uma rua, principalmente se for estreita e com diversos cruzamentos? A rua do ouvidor, no centro do Rio de Janeiro, é carregada de memórias, seja dos diferentes regimes políticos pelos quais passou, seja dos diversos tipos de trabalhadores que a ocuparam durante séculos. Pensar o trabalho na região central do Rio de Janeiro é pensar a rua do ouvidor.

O nome da rua remete a um ofício do tempo da colônia, apesar da história ter apagado o nome do seu ocupante. Localizada na região próxima ao centro político da colônia e do Império, essa rua abrigou tipografias e inúmeras redações dos jornais que circulavam pela cidade. Com prédios que dispunham de uma sacada, tipicamente colonial, cronistas e jornalistas do Império observavam dela a movimentação da rua e dos seus trabalhadores. Entre eles estavam inúmeros escravizados que ocupavam as calçadas para exercerem o ganho ou por mulheres que vendiam seus produtos em tabuleiros, muitos levados à cabeça. Além desses havia os trabalhadores do comércio e das tipografias.

Apesar de ser ocupada maciçamente por homens e mulheres exercendo algum trabalho, a rua foi tema de cronistas da cidade que não a viram por esse aspecto. Joaquim Manoel de Macedo foi um desses que escreveu as memórias da rua do ouvidor, remetendo a sua origem em meio ao cotidiano de um Rio de Janeiro em construção. Machado de Assis, Coelho Neto e Artur Azevedo foram outros que a usaram como cenário das suas ficções, no cotidiano a atravessava para exercerem atividades nos jornais cujas sedes eram nessa rua. Nesse caso, esses cronistas eram mais um tipo dos inúmeros trabalhadores que por ela passaram.

O Império foi marcado pela variedade de jornais que circulavam pela Corte. Muitos deles com sede na rua do ouvidor, fazendo dessa região o lugar de concentração de editores e noticiaristas das grandes folhas e dos tipógrafos, que também produziam seus próprios jornais. Um exemplo é a Gazeta dos Operários, que circulou em 1875 e era publicada pela Tipografia Fluminense, com sede na Ouvidor. Essa rua também era o endereço do Jornal do Comércio, próximo ao jornal de José do Patrocínio, Cidade do Rio, que convivia bem próximo a Gazeta de notícias, O Paíz, Diário de Notícias, dentre outros. Os tipógrafos e cronistas que atuavam nos jornais se misturavam com aqueles que trabalhavam no comércio, entre eles caixeiros e guarda-livros, dentre outros. Era nela que ficavam as casas de apostas onde os mais humildes, que não poderiam frequentar o Jockey Club ou o Derby Club, faziam suas apostas em cavalo e acreditavam na sorte para melhorar suas condições de vida. A rua era dos trabalhadores dos jornais, os do mercado de peixe e os que atuavam na rua do mercado, onde a Ouvidor fazia cruzamento e servia de passagem para esses homens e mulheres que comerciavam diferentes produtos, além dos alunos da Escola politécnica que ficava no Largo São Francisco de Paula, ao final da rua.

A Ouvidor era do trabalho e das festas. Os desfiles de carnaval no Império eram realizados na estreita rua e que tinha nos seus sobrados os camarotes para aqueles que não quisessem se misturar a alegria do povo. Semelhante ação ocorreu em maio de 1888 quando a primeira semana foi de expectativas pela passagem da lei da abolição. Essa rua concentrava aqueles que buscavam notícias nas redações dos jornais e que aproveitavam para ficar nas festas.

A rua se tornou o lugar de reunião e concentração para os desfiles e préstitos que ocorreram às vésperas da abolição. No 13 de maio de 1888, parte do cortejo se concentrou nessa área a fim de esperar a chegada da Princesa ao Paço, a poucos metros daquela região, onde ocorreria a assinatura da lei que acabaria com a escravidão.

A fim de comemorar a abolição, a rua foi ocupada pelos funcionários da Câmara Municipal que saudaram os jornais, assim como fizeram os empregados da Estrada de Ferro, dos Correios e os da classe artística. A aglomeração criada em homenagem à abolição rendeu registros fotográficos que confirmam as notícias de que a rua recebeu durante os dias de festas pela abolição grande número de trabalhadores que saudavam as redações e, ao mesmo tempo, frequentavam os bailes públicos realizados na rua e organizados pela imprensa fluminense. No entanto, nem todos os bailes pareciam ser permitidos pelos organizadores. Uma movimentação que pareceu estranha ao noticiarista da Gazeta de Notícias foi retratada como uma música que era para ouvir com as pernas e cujo baile era feito em roda e por homens e mulheres que só tinham a noite para comemorar a abolição, muitos ex-escravizados. O noticiarista não os identificou, mas possivelmente teria entre eles os que não tiveram folga nos dias de festa, como os do comércio, entre eles os caixeiros. No entanto, foi na sede da Associação dos Empregados do Comércio, na Ouvidor, onde se reuniram aqueles que participariam do grande préstito do dia 20 de maio que tomou as ruas centrais do Rio de Janeiro, entre elas a Ouvidor.

Posteriormente a rua continuou sendo local de passagem e de manifestações, como ocorreu na Proclamação da República quando serviu de caminho para a área do Paço, sede do Império. Na República, a rua ganhou mais requintes aristocráticos, novas lojas, muitas internacionais, e foi fotografada a partir de diversos ângulos. Um desses fotógrafos foi Marc Ferrez, que logo nos primeiros anos da República fez imagens da estreita rua e dos seus transeuntes. Nos novos tempos republicanos ela deixou de ser a avenida dos desfiles de carnaval e a sede das redações dos jornais, que migraram para áreas mais nobres, como a Avenida Central inaugurada em 1904.

Mais do que um espaço que liga diferentes tempos do Brasil, desde a colônia até a República, a rua do ouvidor é um lugar de memória dos trabalhadores do Rio de Janeiro.

Referências:

Pereira, Leonardo Affonso de Miranda. *O Carnaval das letras. Literatura e folia no Rio de Janeiro do século XIX*. 2ª ed. rev. Campinas: Editora da Unicamp, 2004.

Moraes, Renata Figueiredo. "Festas e resistência negra no Rio de Janeiro: batuques escravos e as comemorações pela abolição em maio de 1888". *Revista do Arquivo Geral da cidade do Rio de Janeiro*, n. 15, 2018, p. 231-250

Moraes, Renata Figueiredo. *As festas da abolição no Rio de Janeiro (1888-1908)*. Rio de Janeiro: FGV, 2023.

Brasil, Eric. *A corte em festa. Experiências negras em carnavais do Rio de Janeiro (1879-1888)*. Curitiba: Editora Prisma, 2016

Lugares de Memória dos Trabalhadores #78: Companhia Hidrelétrica do São Francisco, Paulo Afonso (BA)

Jamile Silveira

Engenheiros, Técnicos e Operários na Usina Paulo Afonso I (1954).

"Morreu muita gente. Tudo bruto, caía no rio quem era que achava. Tinha uns cabos de aço balançando, o cabra escapolia, e sem entender de nada ia embora." Relata João Felinto, operário por 20 anos da primeira grande empresa pública brasileira de geração e distribuição de energia elétrica: a Companhia Hidrelétrica do São Francisco (CHESF). A memória da formação de Paulo Afonso, na Bahia, se confunde com a história da Companhia.

Getúlio Vargas aprovou o projeto CHESF em 1945. Três anos depois, o cenário da comunidade de Forquilha, às margens da cachoeira de Paulo Afonso, local se modificaria para sempre com a chegada de toneladas de materiais importados, para a construção da Usina Paulo Afonso I. O início das obras foi marcado pelo discurso de progresso e modernização, possíveis frutos da inovadora produção de energia que proporcionaria o desenvolvimento do Nordeste.

A Companhia era a consolidação de um projeto elaborado aos moldes da Tennessee Valley Authority (TVA), uma das iniciativas mais simbólicas das políticas do New Deal promovidas pelo presidente Roosevelt nos Estados Unidos nos anos de 1930. O Ministro da Agricultura do governo Vargas, Apolônio Sales, visitou algumas vezes a TVA, e as missões estadunidenses no Brasil, em especial a Missão Cooke, indicavam a possibilidade da intervenção federal direta na região do São Francisco.

Simultaneamente à instalação da Companhia foi criada uma company town em Paulo Afonso. Os trabalhadores mais graduados, como os engenheiros, residiam no equipado bairro General Dutra, na Vila Residencial. Na Vila Operária, a distribuição urbana das moradias era definida de acordo com a função exercida por cada trabalhador na empresa. Assim como em outras company towns o controle disciplinar sobre os trabalhadores e suas famílias era rígido e interferia sobre vários aspectos da vida cotidiana dos moradores. A empresa difundia um discurso paternalista que enfatizava o caráter nacionalista da obra e os supostos benefícios de fazer parte da "família chesfiana".

A grande maioria dos milhares de operários da obra da Usina foi arregimentada entre trabalhadores rurais, comerciantes e artesãos, do sertão, do agreste e de algumas capitais do Nordeste. Em geral, os homens se instalavam, começavam a trabalhar e posteriormente buscavam suas mulheres e famílias.

Entre eles, estavam os cassacos, que faziam parte da linha de frente da obra, abrindo caminho quebrando pedras e barrando a força das águas do Rio São Francisco, em condições de trabalho bastante precárias e perigosas. Apenas décadas depois, em 1978, seria criada uma Comissão Interna de Prevenção de Acidentes (CIPA) que implantaria as primeiras normas de segurança para os trabalhadores.

Com a concentração de pessoas cada vez maior na região, o acesso a company town, conhecida como "Acampamento CHESF", ficou cada vez mais restrito. Muitos que chegaram na esperança de trabalhar na CHESF, contratados ou não, começaram a morar fora do acampamento. Sem recursos para a construção de casas, utilizavam o que encontravam, inclusive os sacos de papel do cimento Poty, descartados durante as construções das barragens. Esse novo bairro, ficou conhecido como Vila Poty.

Em 1958, 3.000 trabalhadores residiam no "Acampamento CHESF", enquanto na Vila Poty amontoavam-se 13.000 pessoas em condições extremamente precárias. Mas, ali os trabalhadores criaram formas alternativas de sociabilidades, como cabarés, bares e terreiros de Candomblé também frequentados por muitos operários moradores do acampamento.

Em 1958, o município de Paulo Afonso foi emancipado. A maioria dos cassacos, moradores da Vila Poty, não permaneceram na empresa após a conclusão das obras. O domínio empresarial da CHESF e os conflitos urbanos desta cidade dividida, marcariam o cenário de Paulo Afonso nos anos seguintes. Em 1968, no contexto da ditadura militar, o município foi declarado Área de Segurança Nacional. O Complexo Hidrelétrico de Paulo Afonso se expandiu na década de 1970, com obras em vários Estados do Nordeste. Em 1982, a CHESF era responsável por 15% da produção nacional de energia elétrica, com 3.300 operários localizados em Paulo Afonso. Nesse período, o muro que isolava a company town foi derrubado e as guaritas desativadas, apesar da CHESF continuar administrando toda a área até 2002, quando a prefeitura assumiu a responsabilidade pelo antigo acampamento.

Durante a redemocratização do país, conflitos trabalhistas e um forte movimento sindical emergiram em Paulo Afonso. Liderados pelo Sindicato dos Eletricitários (SINERGIA), os trabalhadores da CHESF realizaram duas grandes greves, em 1979 e 1982, com enorme impacto político e simbólico na região. Os setores progressistas da Igreja Católica tiveram papel destacado naquelas mobilizações e na formação de entidades que se opuseram aos projetos de desenvolvimento regional da CHESF.

A história oficial da Companhia em Paulo Afonso, presente no Memorial da empresa, omite conflitos, discursos e protagonistas anônimos, que participaram ativamente deste processo. Atualmente, outras iniciativas, em particular nas universidades da região, procuram problematizar essas lacunas. A CHESF impactou a vida de milhares de famílias, inclusive de povos e comunidades tradicionais do Vale do São Francisco. Apesar de todo investimento, as promessas de modernidade, progresso e melhorias sociais não se concretizaram, gerando resistências e conflitos que marcaram a vida social local e tornaram Paulo Afonso um importante lugar de memória dos trabalhadores em nosso país.

Referências bibliográficas

AZEVEDO, Sérgio Luís Malta de; MUCCINI, Sandra. Período Pioneiro da Hidrelétrica de Paulo Afonso-Ba: Uma contribuição a historiografia de base local e regional. *Revista Rios*, Revista Científica da FASETE, ano 1, n. 1, agosto 2007.

JUCÁ, Joselice. *CHESF: 35 Anos de História*. Recife: Comunicarte, 1982.

LIMA, João de Sousa. *Paulo Afonso e a Vila Poty: A história não contada*. Paulo Afonso: Fonte Viva, 2017.

OLIVEIRA, Antônio Marcos Lima de. *A Cidade de Paulo Afonso, 1948-1985: As espacializações do trabalho, do controle e das lutas*. Salvador: Dissertação de Mestrado em Arquitetura e Urbanismo da UFBA, 2016.

SILVEIRA, Jamile Silva. *Trabalhadores, conflitos e sociabilidades: a Companhia Hidroelétrica do São Francisco, em Paulo Afonso (Bahia, Brasil, 1945-1983)*. In: VARELA, Raquel; CABREIRA, Pamela Peres. História do Movimento Operário e Conflitos Sociais em Portugal. Lisboa: Instituto de História Contemporânea, 2020. Disponível em: https://ihc.fcsh.unl.pt/historia-movimento-operario-2020/

Lugares de Memória dos Trabalhadores #79: Armação da Piedade, Governador Celso Ramos (SC)

Beatriz G. Mamigonian

Igreja da Nossa Senhora da Piedade em Governador Celso Ramos.

A capela dedicada a Nossa Senhora da Piedade é a única construção remanescente do que foi o primeiro e mais importante complexo fabril voltado para o processamento do óleo e de outros derivados de baleia no litoral de Santa Catarina, no período colonial. Localizado no atual município de Governador Celso Ramos, hoje o espaço da antiga Armação da Piedade é ocupado por famílias de trabalhadores do mar e casas de veraneio, além de uma marina para embarcações de luxo. Não há qualquer placa ou indicação de que lá trabalharam e viveram centenas de africanos e africanas escravizados, assim como dezenas de pessoas livres, administrados pelos detentores do monopólio da caça de baleias.

A Armação da Piedade foi instalada em 1746, no contexto do projeto da coroa portuguesa de ocupação do litoral de Santa Catarina. Ele envolveu a elevação desse território a capitania, a construção de fortificações que protegessem a Ilha de Santa Catarina de invasões estrangeiras, o incentivo à fixação de colonos, com a promoção do transporte de casais vindos das ilhas dos Açores e da Madeira e a concessão de um contrato para exploração da atividade baleeira. Das baleias eram extraídos sobretudo o óleo e o espermacete, que tinham valor comercial. O primeiro, como combustível para iluminação, fundamental até a difusão do querosene; e o segundo, um líquido ceroso com muitas aplicações como lubrificante e fármaco. Nas localidades, aproveitava-se também a carne, como fonte de proteína.

A Armação da Piedade foi a pioneira das unidades baleeiras do litoral sul. Até então, a pesca e o beneficiamento das baleias ocorriam na Bahia, no Rio de Janeiro e em São Paulo. Estabelecida e administrada por meio de sucessivos contratos de concessão de monopólio sobre a caça de baleias, a Piedade serviu de "matriz" para a fundação de outras: a Armação da Lagoinha (situada na Ilha de Santa Catarina), em 1772; a Armação de Itapocorói (1778); a Armação de Garopaba (1794), de Imbituba (1795) e a Armação da Ilha da Graça, próxima a São Francisco do Sul, em 1807. Elas funcionaram sob a administração dos contratantes particulares até o fim do monopólio sobre a pesca das baleias em 1801; depois passaram à Fazenda Real e foram desativadas após a independência, incorporadas aos "próprios nacionais" e vendidas. Apenas o terreno da Armação da Piedade manteve-se como propriedade do Estado, e serviu como colônia de imigrantes alemães na década de 1840. Tudo indica que as pessoas escravizadas acompanharam os bens das armações quando foram vendidos; mais pesquisa, no entanto, poderá responder se algumas foram alforriadas, se permaneceram na mesma região ou se tiveram a chance de tornar-se pequenos produtores agrícolas, ou pescadores autônomos.

O complexo da Armação da Piedade englobava as atividades fabris e as de reprodução da vida cotidiana, como a produção de alimentos. O espaço era situado em uma ponta de difícil acesso por terra e relativamente protegido pela Fortaleza de Santa Cruz de Anhatomirim para quem chegasse pelo mar. Contava com uma casa grande para o administrador, uma "casa da fábrica" onde era derretido o óleo das baleias, três casas de tanques, uma casa para o capelão, uma ferraria, uma "casa do hospital e botica", residência para os feitores e pescadores livres e duas senzalas em quadra para os escravos solteiros, além de outra com divisórias de tijolos destinada aos escravos casados e suas famílias. Havia também um sítio com roças, pomar e engenho, onde era produzida parte da farinha de mandioca que alimentava os trabalhadores. Na capela dedicada à Nossa Senhora da Piedade foram batizados africanos trazidos jovens e adultos, e depois seus filhos e netos. No cemitério adjacente, foram enterrados os trabalhadores e trabalhadoras falecidos, acometidos por doenças traumáticas, fisiológicas ou infecciosas.

Os trabalhadores livres e escravizados partilhavam tarefas no mar e em terra, caçando as baleias, encalhando-as na praia para cortá-las e fritando os nacos de carne para extrair o óleo. Uma parte deles – possivelmente as mulheres, os idosos e as crianças escravizados – ocupavam-se da produção e preparação de alimentos.

Um inventário da Armação da Piedade de 1816 registra que nela trabalhavam 137 homens, 14 mulheres e 16 menores escravizados, dentre os quais 92 homens e 3 mulheres eram africanos. Entre eles estavam Vicente Angola, de 62 anos e aleijado de uma perna, Miguel Benguela, que havia sido gancheiro mas estava "decrépito" aos 58 anos e Domingos Benguela, pescador, de 79 anos, também inativo. Haviam sido trazidos à Piedade ainda na segunda metade do século XVIII. Entre os ativos havia Domingos Mina, de 57 anos, cortador de praia, e Domingos Magumbe, de 63 anos, que exercia talvez a mais importante das profissões da armação: era mestre de azeite. A hierarquia das ocupações e a distribuição de sexo e idade leva a comparar a comunidade de trabalhadores da Armação da Piedade com a das plantations de açúcar ou café de outras regiões escravistas, que tinham trabalhadores escravizados especializados e reuniam gerações na senzala.

A Armação da Piedade é mais um importante exemplo da presença de africanos e africanas na história de Santa Catarina. Esse lugar de memória desafia a narrativa racista que exalta a exclusividade da origem europeia da população do estado. Ele nos faz refletir sobre a fundamental importância dos negros e da diversidade étnica nos processos de formação da classe trabalhadora em Santa Catarina e no Brasil.

Referências bibliográficas:

Arquivo Nacional (RJ). *Junta do Comércio, Real Administração da Pesca das Baleias*. Caixa 360. Inventário da Armação da Piedade, 1816-1820.

Arquivo Histórico Eclesiástico de Santa Catarina, *Livro de Batizados de São Miguel (Armação da Piedade) – 1815-1826*; Livro de Óbitos, São Miguel – 1815-1826;

ELLIS, Myriam. *A baleia no Brasil colonial*. São Paulo: Melhoramentos/Edusp, 1969.

ZIMMERMANN, Fernanda. *De armação baleeira a engenhos de farinha: fortuna e escravidão em São Miguel da Terra Firme, SC (1800-1860)*, Dissertação de Mestrado em História, Universidade Federal de Santa Catarina, 2011.

Lugares de Memória dos Trabalhadores #80: Centro Municipal de Educação Adamastor, Guarulhos (SP)

Roger Camacho Barrero Junior

Exposição Centro Municipal de Educação Adamastor.

A chaminé da Casimiras Adamastor se destaca na paisagem do bairro do Macedo em Guarulhos, na região metropolitana de São Paulo, podendo ser vista tanto do centro da cidade quanto da rodovia Presidente Dutra. Aquela edificação, contudo, não foi somente um local de produção, mas também um espaço de convivência, conflito e construção de laços sociais, deixando marcas não apenas no ambiente urbano, mas inclusive na memória coletiva local.

Guarulhos se expandia no começo do século XX devido à chegada de trabalhadores estrangeiros e ao crescimento da demanda por tijolos e materiais de construção para atender às obras de urbanização de São Paulo. A cidade já contava com olarias, mas surgiam agora indústrias mecanizadas, como a Cerâmica Remy (1913), no bairro da Vila Galvão, e a Cerâmica Brasil (1923), no Macedo. Esta última foi construída onde antes havia um pomar e muito próxima ao centro, atraída, assim como a Remy, pelo Ramal Guarulhos do Trem da Cantareira, inaugurado em 1915 para agilizar o transporte de pessoas e produtos com São Paulo.

Parte expressiva dos trabalhadores da Cerâmica Brasil provavelmente era de migrantes italianos, japoneses e sírio-libaneses (bem como seus descendentes), moradores do seu entorno ou do centro da cidade (ali próximo). Tal composição étnica foi sofrendo modificações, já que Guarulhos passou de 8 mil habitantes em 1914, para cerca de 30 mil em 1945. A partir dos anos 1940 chegavam também trabalhadores nordestinos, muitos dos quais atraídos pelo incentivo à contratação de brasileiros, pelas barreiras à entrada de estrangeiros durante a Segunda Guerra Mundial.

O perfil industrial da cidade também vinha mudando, fazendo com que os setores metalúrgicos, químicos, entre outros, passassem a predominar, transformando Guarulhos em um dos principais polos industriais do país na década de 1950.

Se as indústrias têxteis e alimentícias predominavam nas décadas de 1910 e 1920 (4 edificações de 6 abertas no período), a metal-mecânica passou a ser a maioria das novas instalações (5 de 8 entre 1930 e 1945). A inauguração da Cidade Satélite Industrial de Cumbica (1945) e a abertura da Rodovia Presidente Dutra (1951) contribuíram para essa transformação. Em meio a esse processo, a Cerâmica Brasil foi desativada e transformada numa tecelagem: a Casimiras Adamastor (1946), iniciando suas atividades com cerca de 400 trabalhadores (as). O trabalho feminino, expressivo na nova indústria, permanece na memória local: "Não tinha menina desempregada, todas trabalhavam no Adamastor! " relembra Eva dos Santos ao programa "Relatos da Memória", da Prefeitura Municipal de Guarulhos.

No entorno da Casimiras Adamastor havia lojas, uma igreja (a Capela Bom Jesus) e um conjunto de casas destinadas a abrigar seus operários, o que se manteve nas lembranças de quem conviveu com a fábrica. Nadir Aparecida da Silva, por exemplo, fala que sua casa ficava dentro do terreno da tecelagem e que passou sua infância brincando naquele salão, pois seu pai trabalhava ali. As moradias erguidas pela fábrica foram demolidas para a construção de uma ponte estaiada em 2006.

Guarulhos contava com mais de 500 mil habitantes quando a Adamastor foi desativada em 1980. O encerramento de suas atividades foi decorrente de um processo de êxodo fabril iniciado nos anos 1970 com a supressão de incentivos fiscais e a inauguração da Zona Franca de Manaus (1967). A tecelagem acabou sendo transformada em uma loja de estofados e depois numa pista de kart. Desgastada e abandonada, ela foi tombada por decreto municipal (2000), desapropriada (2001) e se tornou um Centro Cultural em 2003. Um dos motivos para a sua preservação foi o fato de ser a última fábrica com uma chaminé de tijolos nos arredores do centro. Havia também a preocupação da gestão Elói Pietá (PT) em fomentar a cultura e a memória operárias guarulhenses.

Algumas pessoas (em sua maioria mulheres) acompanharam as obras daquilo que viria a ser o Centro Municipal de Educação e falaram bastante do contramestre e dos chefes, lembrados como autoritários, pois proibiam as conversas durante o expediente e vira e mexe descumpriam a promessa de recompensas pelo excedente de trabalho. Lucília Rita de Sá chegou a dizer que o espaço parecia uma prisão. Maria Falabela recordou que se escondia em caixotes posicionados perto das máquinas para contrariar a vontade de seus patrões, reduzindo propositalmente a produção do dia. Ela disse também que havia poucos homens dentre os trabalhadores e que aqueles presentes eram mais velhos, fazendo com que a busca por namorados fosse uma tarefa hercúlea.

O Centro Cultural ainda passou por uma ampliação e atualmente abriga o Arquivo Histórico Municipal, um teatro, uma biblioteca e um centro de convenções. O Adamastor é o principal espaço de cultura da cidade, pois, dentre os demais, é aquele que reúne o maior número de eventos e atividades, além de sediar a Secretaria Municipal de Cultura em um anexo. Ao olhar para a chaminé da antiga cerâmica/tecelagem remetemos a um passado operário, além das lembranças compartilhadas entre aquelas (es) que trabalharam, riram e choraram naquele local.

Referências bibliográficas

AZEVEDO, Mikael. "Adamastor: fábrica de casimiras se transformou em centro cultural." Patrimônio Cultural – Associação Amigos do Patrimônio e Arquivo Histórico (AAPAH), Arquivo Histórico Municipal de Guarulhos. nº 1, 2016.

BARRERO JUNIOR, Roger Camacho; LANZELLOTTI, Tuanny Folieni Antunes; SANTANA, Alessandra Silva de; SILVA, Giorgia Burattini Saad Medeiros; SILVA, Wagner Pereira. "Em torno da ferrovia e da rodovia: o processo de industrialização de Guarulhos e seu patrimônio industrial (1910-1960)." In: BORGES,

Augusto César Maurício; OMAR, Elmi El Hage (orgs.). *Signos e significados em Guarulhos: identidade, urbanização e exclusão*. São Paulo: Navegar, 2014.

SALES, Telma Bessa. Patrimônio industrial: palavras, imagens e práticas. *Historiar*, vol. 7, n. 13, 2015.

TOLEDO, Edilene Teresinha. "Guarulhos, cidade industrial: aspectos da história e do patrimônio da industrialização num município da Grande São Paulo." *Revista Mundos do Trabalho*, vol. 3, n. 5, 2011.

PREFEITURA de Guarulhos. *Relatos da memória.* Youtube. Canal Guarulhos Tem. Teatro Adamastor (9 m 57 s). Postagem: 28 de maio de 2007. Disponível em: https://www.youtube.com/watch?v=HzOKDVdve

Lugares de Memória dos Trabalhadores #81: Fábrica de Tecidos Rio Tinto, Rio Tinto (PB)

Eltern Campina Vale

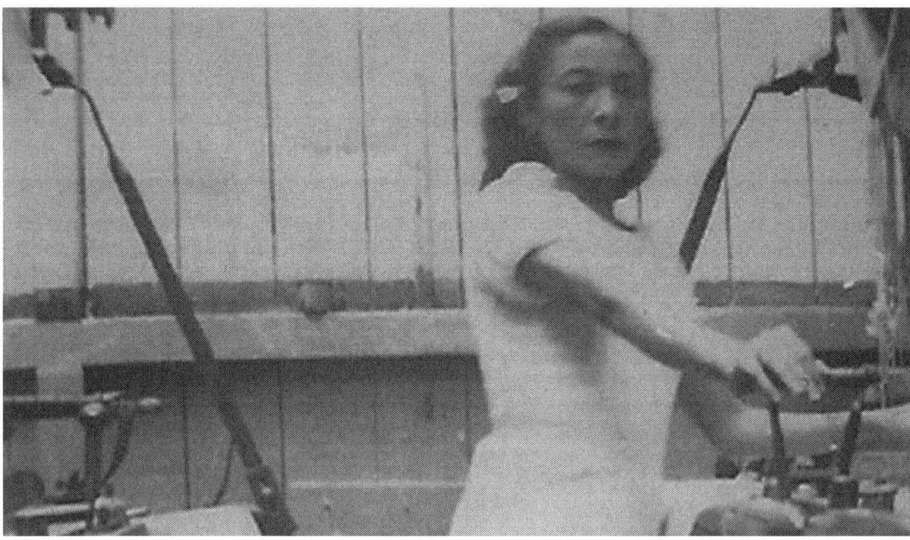

Tecelã em manuseio de máquina da Fábrica de Tecidos Rio Tinto na década de 1940.

Edificada entre 1917 e 1924, a Fábrica de Tecidos Rio Tinto no litoral norte da Paraíba, era filial da Companhia de Tecidos Paulista, sua matriz em Pernambuco. Fazia parte do projeto de ampliação dos negócios têxteis da família Lundgren, impulsionado por incentivos fiscais do governo paraibano. Desde sua fundação, um intenso processo migratório e de recrutamento de mão-de-obra transformou milhares de famílias de agricultores, de variadas regiões da Paraíba e estados vizinhos, em operários e operárias regidos pela disciplina e tempo fabril. Imigrantes alemães também foram contratados como técnicos ou chefes de seções. Frederico João Lundgren capitaneava todo o processo de contratação.

A estrutura da fábrica era distribuída entre cargos e seções internas ou subsidiárias, com um corpo heterogêneo de trabalhadores e trabalhadoras, chegando a 12 mil no fim dos anos 1950. Assim como em sua matriz em Pernambuco, a fábrica exerceu enorme poder político e simbólico sobre a comunidade operária em seu entorno. Uma ampla infraestrutura urbana e equipamentos assistências foram construídos pela empresa em Rio Tinto, incluindo, entre outros escolas, hospital, um porto e uma estrada de ferro próprios e até um hipódromo.

Se a dominação empresarial extrapolava os muros da fábrica, o cotidiano da vila operária, com 2.500 casas, praças, clubes de lazer, cinema e botequins, tornou-se um espaço crucial nas relações de sociabilidade, que também forjava um forte processo de construção de uma identidade e cultura operária.

No contexto dos primeiros decretos trabalhistas do governo Getúlio Vargas, foi criado em 1932, o Sindicato dos Trabalhadores Têxteis de Rio Tinto. Seria o marco de uma tradição de lutas sindicais que duraria décadas. Na vibrante cena trabalhista no estado do início da década de 1930, o sindicato logo articulou-se com a Federação dos Trabalhadores da Paraíba e a União Geral dos Trabalhadores da Parahyba do Norte. A imprensa sindical local, com o Jornal dos Operários, foi decisiva na consolidação da organização e identidade operária, além de denunciar os desmandos patronais. O Partido Comunista do Brasil (PCB) teve um papel fundamental neste processo. A "Célula Rio Tinto", criada em fins de 1932 era uma das maiores do partido na Paraíba. Em 1933, no entanto, uma intensa repressão comandada pelo DOPS abateu-se sobre Rio Tinto, resultando no fechamento do sindicato, prisões e fugas.

Em 1943, o sindicato foi recriado, ficando, no entanto, sob estrito controle da direção da fábrica. João Batista Fernandes, presidente da entidade, era funcionário de inteira confiança dos Lundgren. A contenção do sindicato não significou, no entanto, ausência de lutas por direitos. No final da Segunda Guerra Mundial, as tensões entre os trabalhadores e os técnicos alemães explodiram num "quebra-quebra", quando as casas dos chefes de seção germânicos foram depredadas. A Justiça do Trabalho foi outro meio importante usado pelos trabalhadores para reivindicar reajustes salariais, férias remuneradas, melhores condições de trabalho e a reintegração e manutenção de posse das casas da vila operária.

A vitória da chapa presidida por Antônio Fernandes nas eleições sindicais de 1960 marcaria um novo período de incremento das lutas operárias e presença dos trabalhadores no cenário público. Logo, o sindicato articulou-se à Confederação dos Trabalhadores da Paraíba e, a partir de 1962, ao Comando Geral dos Trabalhadores (CGT) em nível nacional. Em abril de 1962, Rio Tinto foi a sede do Congresso Paraibano dos Trabalhadores Urbanos e Rurais. Todo esse ativismo e mobilização levaram à eleição de Antônio Fernandes (numa aliança entre o PSB, PCB e PTB) à prefeitura de Rio Tinto em 1963, desbancando o histórico domínio empresarial na municipalidade.

O golpe militar foi bravamente enfrentado em Rio Tinto com uma greve geral decretada no dia 1 de abril de 1964. A resistência, no entanto, foi brutalmente reprimida e o sindicato sofreu intervenção governamental. O período ditatorial, no entanto, também significou um progressivo declínio econômico, político e simbólico da fábrica e do poder dos Lundgren.

Ao longo das década de 1970 e 1980, crises externas e contendas familiares abalaram a produção da fábrica até o encerramento de suas atividades em 1990. Desde então, parte importante da resistência e luta do trabalhadores consistiu na demanda pelo pagamento de indenizações e pela permanência de moradia na vila operária. Recentemente, parte das antigas dependências da tecelagem foi alugada à Universidade Federal da Paraíba.

No centenário do início da construção da fábrica em 2017, Nilson Lundgren, herdeiro dos fundadores, capitaneou a reativação de uma linha de produção, renomeando a tecelagem como "Rio Tinto Têxtil S/A". A empresa ainda é proprietária de grande parte do patrimônio imobiliário da cidade e são constantes as reivindicações e lutas de ex-trabalhadores pela posse das casas da antiga vila operária. Muitos moram há mais de 60 anos nas mesmas residências. Se, mesmo passados tantos anos, um certo sentimento de "medo" da Companhia ainda persiste em Rio Tinto, também é possível perceber na memória local as "saudades do tempo do trabalho" ao lado da "saudade de convivência dos companheiros" como exemplos da solidariedade que marcou decisivamente a história dos trabalhadores e trabalhadoras de Rio Tinto.

Referências bibliográficas

FERNANDES, João Batista. *O extinto Rio Tinto*. Recife: Imprensa Universitária, 1971.

GÓES, Raul de. *Herman Lundgren: Pioneiro do Progresso Industrial do Nordeste*. Rio de Janeiro: A Noite, 1949.

MACÊDO, Maria Bernadete Ferreira de. *Inovações Tecnológicas e Vivência Operária - O caso de Rio Tinto 1950-1970*. Dissertação (Mestrado). Departamento de Economia da UFPB. João Pessoa, 1986.

PANET, Amélia et al. R*io Tinto: estrutura urbana, trabalho e cotidiano*. João Pessoa: UNIPÊ, 2002.

VALE, Eltern Campina. *"Operários! Uni-vos!": experiência e formação de classe na Fábrica de Tecidos Rio Tinto (Paraíba, 1924-1945)*. Tese (doutorado). Universidade Federal de Pernambuco, CFCH. Programa de Pós-Graduação em História, Recife, 2018.

Lugares de Memória dos Trabalhadores #82: Fábrica de Tecidos de Marzagão, Sabará (MG)

Andréa Casa Nova Maia

Vista do Conjunto Arquitetônico nos anos 80.

Instalada em 1878, numa antiga fazenda local, a Fábrica de Tecidos de Marzagão em Sabará foi uma das primeiras a se dedicar à atividade industrial têxtil em Minas Gerais. Para se ter uma ideia da grandiosidade do empreendimento, a fábrica já tinha, em 1885, uma das maiores produções anuais em metros de tecidos e consumo de algodão da província. Sua vila operária chegou a contar com cerca de 2.000 moradores. Além de casas, a vila contava com uma escola primária, correio, cartório, açougue, padaria, posto médico, pensionato para moças e rapazes, além da Igreja Sagrado Coração de Jesus. Para o lazer dos operários, foi formada uma banda de música, um time de futebol, um grupo de escoteiros e mesmo um cinema. As origens rurais da fábrica, em uma das principais regiões escravistas do país, marcou fortemente a composição do operariado local, formado em grande medida por negros e negras.

O cotidiano dos trabalhadores e a estrutura da vila operária de Marzagão foi matéria da revista Belo Horizonte em 1933. Vale a pena destacar como o controle e fiscalização das atividades de trabalho eram exercidas pelo empresário e político do Partido Republicano Mineiro, Manoel Carvalho de Brito, que adquiriu a tecelagem em 1915. Brito implementou um modelo de gestão com intenso controle e intervenção dos patrões na vida cotidiana de seus empregados e forte disciplina dentro e fora da fábrica. Segundo a revista, os moradores eram gente "simples, ordeira e trabalhadora" e a rotina do lugar era como a de outras vilas do interior, com o movimento dos trens de subúrbio, das missas, do cinema mudo e do footing.

Os cerca de mil operários e operárias de Marzagão trabalhavam das cinco da manhã, "quando um apito forte os acordavam, até que o outro apito mandava parar à tardinha". Ainda de acordo com a reportagem, os trabalhadores locais "gozavam de todas as regalias possíveis", todos "com ótimos salários", mesmo antes das leis trabalhistas e criação da estrutura corporativista da Era Vargas. Além do trabalho na fábrica, havia uma escola de tecelagem anexa onde trabalhavam 50 aprendizes e cerca de 150 casas "confortáveis e espaçosas" para as famílias de trabalhadores. Havia ainda uma pensão para moças solteiras onde as operárias moravam e faziam suas refeições. Como em outras empresas têxteis do período, o trabalho de mulheres e crianças era disseminado, sendo comuns os relatos de emprego de meninas de até 10 anos. Em 1946, a população da Vila de Marzagão era de cerca de 2.400 pessoas, praticamente todos trabalhadores/as da fábrica e suas famílias.

Apesar de todo o controle empresarial, os operários e operárias de Marzagão tornaram-se um dos grupos que mais lutaram por direitos em Minas Gerais, particularmente entre o final da década de 1950 e o início dos anos 60. O movimento operário local teve forte influência da Igreja Católica, em particular nas comissões de fábrica que se formaram na empresa de forma independente do sindicato oficial e de partidos políticos como o PCB ou o PTB.

Um exemplo de mobilização ainda forte na memória local foi a famosa greve de mais de 30 dias realizada pelos trabalhadores, após meses sem receberem seus salários, entre dezembro de 1960 e janeiro de 1961. A "Passeata da Panela Vazia" que reuniu milhares de operários e seus familiares, que contou com um vasto apoio político e sindical, foi um dos momentos marcantes daquele movimento, tendo ampla repercussão nacional.

A vila operária e as condições de vida dos(as) trabalhadores(as) da fábrica de Marzagão não passaram despercebidas aos olhos atentos de Guimarães Rosa. A vila é cenário de "Sinhá Secada", um dos contos do livro *Tutaméia, Terceiras Estórias*, de 1967. O narrador do conto leva Sinhá para "aquele intato lugar." Empregados na fábrica, ambos moravam "numa daquelas miúdas casas pintadas, pegada uma a outra, que nem degraus da rua em ladeira, que a Sinhá descia e subia, às horas certas, devidamente, sendo a operária exemplar que houve, comparável às máquinas, polias e teares, ou com o enxuto tecido que ali se produz."

Desde 1950, a produção de tecidos, o principal produto oferecido ao mercado pela fábrica do Marzagão, foi sendo substituída pela fabricação de lonas e cordonéis para a Indústria de Pneus Brasil, localizada no Rio de Janeiro, também de propriedade da família Carvalho de Brito. Neste momento, o empreendimento em Sabará não era mais o principal negócio do grupo empresarial e uma longa crise se abateu sobre o empreendimento. Em 1972, a indústria estava em uma situação irrecuperável e a fábrica foi vendida para o grupo Paraopeba Industrial S/A. A família Carvalho de Brito, através da empresa União Rio Empreendimentos manteve a propriedade das casas da vila operária, das quais continuava a cobrar aluguéis .

A Tecelagem, no entanto, continuou em decadência. Em 1983 os galpões da antiga fábrica foram ocupados pelas confecções Marcel Phillipe, mas cerca de 80% se encontravam vazios, sem utilização. A comunidade de moradores da vila, formada por antigos trabalhadores/as da fábrica e seus descendente sofreu, desde então um acelerado processo de empobrecimento. A Vila do Marzagão se encontra bastante descaracterizada, mas os moradores mantêm viva a memória da vida operária de tempos atrás.

O tombamento estadual do Conjunto Arquitetônico e Paisagístico da Vila Elisa, Vila Operária e Antiga Fábrica de Tecidos de Marzagão foi aprovado pelo Conselho Curador do IEPHA/MG em 2004 e colocou definitivamente toda aquela paisagem, fincada entre as montanhas de Minas, como um lugar de memória de trabalhadores e do trabalho no Brasil. Mesmo em ruínas, Marzagânia, como era chamada, continuará reverberando suas histórias de vida e de luta por direitos.

Referências bibliográficas

ÁVILA, Rodrigo Pletikoszits de. "A Centralidade Do Trabalho Na Formação Social Da Vila De Marzagão". *Revista Mundos do Trabalho*, vol.1, n. 1, janeiro-junho de 2009.

DELGADO, Lucília de Almeida Neves. LE VEN. Michel Marie. "Marzagânia: Fábrica operária e movimento sindical". *Revista Brasileira de Estudos Políticos*. Belo Horizonte: UFMG, Nº 73, 1991.

MATEUS, Adalberto Andrade. & GUIMARAES, Silvio Tadeu. "Conjunto Arquitetônico da Vila Elise, Vila Operária e Antiga Fábrica de Tecidos de Marzagão". *Guia dos Bens Tombados pelo IEPHA-MG*. Volume 2. Disponível em http://www.iepha.mg.gov.br/index.php/publicacoes/guia-dos-bens-tombados/Publication/7-Guia-dos-Bens-Tombados-Volume-2

REVISTA BELLO HORIZONTE. "O parque industrial do Marzagão, uma grande uzina de trabalho". Belo Horizonte, ano1, nº 6, 30 set. 1933.

Manoel Tomás De Carvalho Brito II – *Fábrica De Tecidos Marzagão (Sabará-mg) – Sua História, Curiosidades, Fotos E Depoimentos*. http://euamoipatinga.com.br/personagens/noticias.asp?codigo=847 .

Lugares de Memória dos Trabalhadores #83: Largo de São Francisco da Prainha e Pedra do Sal, Rio de Janeiro (RJ)

Erika Arantes

Largo da Prainha. Foto de Augusto Malta, c.1900.

Em 14 de novembro de 1883, o subdelegado da freguesia de Santa Rita, na cidade do Rio de Janeiro, efetuou uma prisão em massa em uma casa de cômodos no Largo da Prainha, alegando que ali se encontrava um zungú. Os zungús, muito comuns no século XIX, eram pontos de encontro de trabalhadores negros escravizados ou libertos, que se reuniam para comer, batucar ou praticar sua religião, sendo de grande importância para a sobrevivência cultural e religiosa dos negros. No entanto, aquele zungú também era formado por homens brancos, incluindo estrangeiros, revelando o papel desses espaços coletivos nas trocas culturais que ocorriam na cidade entre o final do século XIX e o início do XX, principalmente entre imigrantes portugueses e a população negra. Quase todos os 33 homens presos nesse dia trabalhavam no porto.

Nessa época, o Largo de São Francisco da Prainha era conhecido como ponto de encontro dos portuários. Esses trabalhadores, que no início do século

XX se organizariam em sindicatos fortes e combativos como a União Operária dos Estivadores e a Sociedade de Resistência dos Trabalhadores em Trapiche e Café, eram em sua maioria negros. Frequentemente enfrentavam a ação repressiva da truculenta polícia republicana, que não raro os prendia por vadiagem enquanto esperavam uma chamada para o trabalho na estiva.

Localizado no bairro da Saúde, na zona portuária, e mais especificamente na Rua Sacadura Cabral, onde também está a Praça Mauá, o Largo de São Francisco da Prainha recebe esse nome pela proximidade com a Igreja de São Francisco da Prainha. Até fins do século XIX, havia ali uma pequena praia – a Prainha – que começa a ser aterrada nesse momento e também sofre transformações com a modernização do porto, entre 1904 e 1910. Toda região da Prainha tinham "má fama".

O medo que despertava associava-se, principalmente, à forte presença negra na região. Foi também nessa mesma área que, no século XVIII, encontravam-se o mercado de escravos do Valongo e a Cadeia do Aljube, onde eram aprisionados os escravizados acusados de crimes e os quilombolas. No início do século XX esta memória e a imagem negativa da região ainda eram muito fortes. O temor que o local despertava nas elites foi expresso nas crônicas de João do Rio, que se referiu à Saúde como "o bairro onde o assassinato é natural" e apontou que a Prainha, à noite, "causava uma impressão de susto".

Contigua ao Largo da Prainha, está a Pedra do Sal. Local de descarregamento de sal, entre outros gêneros, desde o século XVI, a Pedra do Sal ficou conhecida como reduto de músicos negros, que entraram para história como precursores do samba e dos ranchos carnavalescos. Foi o caso de Hilário Jovino, que morou nos arredores da Pedra do Sal e fundou, no final do XIX, o primeiro rancho carnavalesco que se tem notícia: o Rei de Ouros. O Lalau de Ouro, como era conhecido, trabalhou no cais do porto ao lado de sambistas famosos como João da Baiana e Elói Antero Dias – o Mano Elói. Estes, além das atividades carnavalescas, participaram ativamente nos sindicatos portuários.

Em fins de século XIX e início do XX, trabalho, atuação política e diversão se encontravam na zona portuária e era bastante comum que trabalhadores sindicalizados, muitas vezes dirigentes sindicais, estivessem também à frente das associações carnavalescas, como nos casos de Cypriano José de Oliveira, Antenor dos Santos, Horácio de Souza Moreira e o próprio Mano Elói – que mais tarde fundaria a Escola de Samba Império Serrano.

O rancho Recreio das Flores se ligava diretamente à Sociedade de Resistência dos Trabalhadores em Trapiche e Café e à União dos Operários Estivadores. Muitos outros trabalhadores do porto, mas também das mais variadas profissões

– sindicalizados ou não – certamente frequentavam ranchos como o Rosa Branca, Prazer da Prainha, Filhos da Prainha, Rancho Pedra do Sal, entre outros.

A Pedra do Sal foi constantemente associada à história do samba carioca. Tia Ciata, cuja casa ficou conhecida como reduto de sambistas, referia-se à Pedra do Sal como ponto de referência para os negros que deixavam a Bahia rumo ao Rio no pós-abolição. O ambiente festeiro e religioso do lugar marcou a experiência daqueles que frequentavam o local. O sambista Heitor dos Prazeres deu à região uma definição que ficou na memória da cidade: "Era a Pequena África no Rio de Janeiro". O apelido, embora não dê conta da diversidade étnico-racial e cultural da região, resiste nos dias de hoje. No Rio de Janeiro, a Pedra do Sal é o coração da Pequena África e a memória ligada às manifestações culturais e religiosas dos negros permanece viva.

Em 1984, a Pedra do Sal foi tombada pelo Instituto Estadual do Patrimônio Histórico do Rio de Janeiro. Em 2004, o projeto cultural "Sal do Samba", criado por moradores da região, associou-se a Associação dos Moradores da Saúde (AMAS-RJ) para resistirem às constantes desapropriações que estavam ocorrendo, frutos da crescente especulação imobiliária na região. Desse encontro surgiu a Associação de Resistência Quilombola da Pedra do Sal (ARQPEDRA), da qual faziam parte moradores ameaçados de despejo – entre eles, trabalhadores do porto – e comprometidos com a preservação da memória negra. Reconhecendo-se e reivindicando-se uma comunidade remanescente de quilombo, a luta dos moradores resultou, em 2005, na emissão, pela Fundação Cultural Palmares, da certidão de autorreconhecimento da região que engloba a Pedra do Sal e o Largo de São Francisco Prainha como um quilombo urbano: o Quilombo da Pedra do Sal.

Referências bibliográficas

ARANTES, Erika B. *O Porto Negro: cultura e associativismo dos trabalhadores portuários no Rio de Janeiro na virada do XIX para o XX*. Tese de Doutorado: UFF, 2010.

CUNHA, Maria Clementina Pereira. *Ecos da Folia: uma história social do Carnaval carioca entre 1880 e 1920*. São Paulo: Companhia das Letras, 2001.

MATTOS, Hebe; ABREU, Regina. Relatório histórico-antropológico sobre o quilombo Pedra do Sal em torno do samba, do santo e do porto. *Relatório Técnico de identificação e delimitação da comunidade remanescente de quilombo Pedra do Sal*. Rio de Janeiro: MDA/Incra, 2007.

DO RIO, João do. *A Alma Encantadora das Ruas*. São Paulo: Companhia das Letras, 1997.

SOARES, Carlos Eugênio Líbano. *Zungú: rumor de muitas vozes*. Rio de Janeiro: Arquivo Público do Estado do Rio de Janeiro, 1998.

Lugares de Memória dos Trabalhadores #84: Indústrias Wallig, Porto Alegre (RS)

Fernando Pureza

Fachada da Wallig da janela da antiga sede do Sindicato dos Metalúrgicos de Porto Alegre.

Quem anda pela Zona Norte de Porto Alegre nos dias de hoje deve conhecer o shopping Bourbon Wallig, localizado na avenida Assis Brasil. Não obstante carregue o sobrenome do proprietário das indústrias Wallig, a estrutura do shopping em nada lembra aquela que foi uma das maiores metalúrgicas do Rio Grande do Sul.

A trajetória da Wallig confunde-se em grande medida com a própria história da classe trabalhadora porto-alegrense. Indústria metalúrgica importante, reconhecida em especial pela produção de fogões, foi fundada em 1904 por Pedro Wallig, imigrante alemão que destinara o empreendimento para a construção de camas de ferro. Foram seus filhos, Guilherme e, em especial, João, que deram o rosto "moderno" da empresa. Em 1921 transferiram a Wallig para o bairro Navegantes, onde foi convertida na maior fábrica de fogões do Brasil, mantendo um modelo paternalista de gestão empresarial, tão comum ao empresariado teuto-brasileiro de Porto Alegre. Desta forma, criaram sistemas de socorro mútuo e cooperativas de crédito e consumo que permitiam aos patrões controlar a vida dos operariado, majoritariamente masculino, para além das fábricas.

Nos antecedentes da Segunda Guerra Mundial, a Wallig seria referência não apenas pelos fogões, mas por desenvolver cozinhas industriais inteiras sob demanda – sendo efetivamente favorecida pela legislação trabalhista da época, que instituiu a obrigatoriedade de que empresas com mais de 500 funcionários tivessem refeitórios instalados. Na década de 1940, como muitas outras indústrias, ela deixa Navegantes, fugindo das grandes enchentes, como a de 1941. Instalou-se no bairro do Cristo Redentor, na Zona Norte de Porto Alegre, no famoso Quarto Distrito. Foi ali, na rua Francisco Trein, que a empresa expandiu ainda mais seus negócios. O sucesso da Wallig foi tanto que ela patrocinou um dos primeiros programas de TV no Rio Grande do Sul, o "Grande Show Wallig", exibido pela extinta "TV Piratini" em 1961.

Talvez não por acaso, o Sindicato dos Metalúrgicos de Porto Alegre se instalou na mesma rua da metalúrgica. A sede sindical, inaugurada em 1953, segundo relato do antigo presidente do sindicato, José Cézar de Mesquita, dava de frente para os portões da Wallig. Na memória extraoficial do sindicato, Mesquita é lembrado como um de seus maiores nomes, o principal organizador das atividades sindicais dos metalúrgicos e um dos principais líderes sindicais do Estado. Nas décadas de 1950 e 60, para além da mobilização e das greves, o sindicato promovia atividades de teatro, cinema, esporte, arte-coral, Centro de Tradições Gaúchas, o jornal Folha Metalúrgica, a colônia de férias e o Instituto Educacional – que posteriormente se tornaria a escola técnica José Cézar de Mesquita.

A Wallig tornou-se uma das principais bases do Sindicato. Ao atravessar a rua, o operário fabril que se sentisse injustiçado ou simplesmente quisesse se organizar, encontrava um dos sindicatos mais fortes do Rio Grande do Sul até a intervenção dos militares em 1964.

Mesmo depois do golpe, a adesão dos operários daquela fábrica à entidade continuou relativamente alta. Em 1968, dos 1.556 funcionários da Wallig, 537 ainda eram associados ao sindicato. Contudo, o período da ditadura não foi propriamente próspero para a empresa. Em 1964 o patrono João Wallig faleceu e seu filho Werner Pedro recebeu a incumbência de instalar uma filial da Wallig em Campina Grande, na Paraíba. Alegando que o volume de investimento era excessivo e que faltava mão de obra especializada, a Wallig passou a perder parte significativa de seu capital. Em 1981, após inúmeras perdas, a empresa desativou suas funções em Porto Alegre.

Entre idas e vindas, nos despojos da empresa, duas cooperativas, com o apoio do Sindicato dos Metalúrgicos, passaram a ocupar o espaço da fábrica: a Coomec (Cooperativa Industrial Mecânica dos Trabalhadores na Wallig Sul Ltda) e a Coofund (Cooperativa Industrial de Fundidos dos Trabalhadores na Wallig Sul Ltda). Elas mantiveram a empresa funcionando por meio de uma autogestão operária que perduraria até 1991. A Coofund ainda permaneceria até o ano de 1997, mas sem exercer produção direta na fábrica, fechada por ordem judicial em 1993.

As cooperativas foram o último sopro de vida e de luta que a Wallig conheceu. Com a empresa obrigada pela Justiça a vender sua massa falida e com os antigos donos bloqueando as ações das cooperativas, ocorreu o canto de cisne da fábrica. O terreno abandonado, de frente para o Sindicato dos Metalúrgicos, virou uma espécie de ruína arquitetônica na Zona Norte de Porto Alegre e assim foi até maio de 2012, quando o grupo Zaffari comprou o espaço e lá instalou o shopping Bourbon Wallig, o seu maior empreendimento, alterando profundamente a paisagem da região.

Em 2019 o Sindicato dos Metalúrgicos deixou sua antiga sede e instalou-se na escola José Cézar de Mesquita, algumas quadras mais distante do shopping. O espaço urbano de Porto Alegre modificou-se completamente. O local onde antes as lutas de classes ocorriam no atravessar das ruas era agora ocupado pelo templo do consumo. Mas recuperar a memória dessas lutas e desses trabalhadores pode, quem sabe, inspirar a nova classe trabalhadora que percorre o antigo terreno da Wallig.

Referência bibliográficas

FORTES, Alexandre. *Nós do quarto distrito: a classe trabalhadora porto-alegrense e a Era Vargas.* Caxias do Sul: EDUCS, 2004.

HOLZMANN, Lorena. *Operários sem patrão: gestão cooperativa e dilemas da democracia.* São Caetano: EDUFSCAR, 2001.

JAKOBY, Marcos André. *A organização sindical dos trabalhadores metalúrgicos de Porto Alegre no período de 1960 a 1964.* Dissertação de Mestrado. Niterói: PPG-História UFF, 2008.

SILVA, Nauber Gavski. *O "mínimo" em disputa: Salário mínimo, política, alimentação e gênero na cidade de Porto Alegre (c. 1940 – c. 1968).* Tese de Doutorado. Porto Alegre: UFRGS, 2014.

PUREZA, Fernando Cauduro. *"Isso não vai mudar o preço do feijão": as disputas em torno da carestia em Porto Alegre (1945 a 1964).* Tese de Doutorado. Porto Alegre: UFRGS, 2016

Lugares de Memória dos Trabalhadores #85: Imperial Companhia Seropédica Fluminense, Seropédica (RJ)

Vinícius Andrade Brito

Litografia da Imperial Companhia Seropédica Fluminense.

"A amoreira vegeta neste município maravilhosamente e torna aproveitável o terreno que a deu e que não dá vantajosamente o café". Assim os vereadores da câmara de Itaguaí descreviam as etapas da produção da seda desenvolvida na região, em ofício ao presidente da Província do Rio de Janeiro datado de 1849. Referiam-se a uma fábrica de seda localizada na freguesia de Nossa Senhora da Conceição do Bananal, distrito do município de Itaguaí. Construída em finais dos anos 1830 por José Pereira Tavares, a fábrica foi incorporada em uma sociedade anônima em 1854, sob a alcunha de Imperial Companhia Seropédica Fluminense, tendo como primeiro acionista e protetor o imperador D. Pedro II.

A fábrica reunia em torno de si todo o necessário para produzir a seda: do espaço para plantação da amoreira, que servia de alimento ao bicho da seda, às instalações equipadas com o material necessário para a extração dos fios dos casulos, além de alojamentos destinado aos trabalhadores. Devido a estrutura física da propriedade, que contava com os edifícios apropriados, e as expectativas de sucesso da indústria da seda em solo nacional, Tavares assinou contrato com a província recebendo verba pública para manutenção e desenvolvimento do estabelecimento. Após a incorporação em sociedade anônima, contou com a presença de importantes personalidades da época entre seus acionistas como Irineu Evangelista da Silva, o barão de Mauá, que atuou junto ao governo na criação de medidas favoráveis às fábricas em meados do século XIX.

Ao longo de sua trajetória, a Imperial Companhia Seropédica Fluminense abrigou um quadro de trabalhadores de variados perfis chegando a contar com 108 pessoas no ano de 1858. Homens, mulheres e crianças, livres e escravizados, nacionais e estrangeiros foram empregados.

Esses sujeitos foram dispostos em diferentes modalidades e arranjos de trabalho. Assim, conviviam na empresa, trabalhadores livres estrangeiros (portugueses em sua maioria) contratados sob as leis de locação de serviço por tempo determinado em vigência no período; nacionais e estrangeiros que recebiam por jornada de trabalho; menores desvalidos (órfãos enviados ao estabelecimento pelo chefe da polícia da corte) cujo soldo era depositado mensalmente na Caixa Econômica em seus nomes, escravizados alugados para obras que recebiam por jornada e escravizados do próprio estabelecimento.

Os estrangeiros contratados e os escravizados da Imperial Companhia, em particular, viviam nas dependências da Imperial Companhia Seropédica Fluminense. Os primeiros se mantinham no estabelecimento até a finalização dos seus contratos de 15 meses. A diretoria da companhia estimulava a substituição dos escravizados por trabalhadores estrangeiros livres. A ideia de que o trabalhador europeu livre seria mais apto ao serviço, cara à elite da época, não se traduzia, no entanto, em condições de trabalho dignas. As leis que regulavam os contratos de locação de serviço da época possuíam mecanismos de coerção ao trabalho que, em muitas ocasiões, amarravam o trabalhador a dívidas e instituíam a prisão em casos de abandono dos contratos. Não obstante, diante de um regime de trabalho compulsório, diferentes formas de resistência foram postas em prática pelos trabalhadores — livres e escravizados.

A Imperial Companhia Seropédica Fluminense foi palco de variados conflitos. Em 1861, por exemplo, portugueses naturais do Porto, recém chegados à empresa, logo ficaram descontentes com as condições de trabalho existentes. Nove dos quinze homens do grupo fugiram, mas rapidamente foram localizados pelas autoridades policiais da região, e depois de encarcerados por alguns dias foram enviados de volta aos postos de trabalho. Meses depois, no entanto, parte desse grupo voltou a fugir. "Crápulas, imprudentes e bandidos" foram alguns dos adjetivos utilizados pelo presidente da companhia para caracterizá-los. Em agosto de 1861, a diretoria pôs fim ao que chamou de "incessantes lutas contra a má vontade e imprudência de tais perversos", rescindindo o contrato de todos os portugueses que permaneceram no estabelecimento, até daqueles que não haviam fugido. Diferentemente dos livres, os escravizados ali ficaram durante todo o período de funcionamento da fábrica. Esses homens e mulheres escravizados criaram laços, constituíram famílias, tiveram filhos e construíram uma rede de sociabilidade sólida na região, o que certamente contribuiu para a permanência. Por vezes, eram eles que instruíam os trabalhadores livres estrangeiros contratados, uma vez que, frequentemente, tinham maior experiência nos processos de produção.

A Imperial Companhia Seropédica Fluminense entrou em processo de liquidação em 1862. A queda do número de acionistas e as dificuldades em gerir os trabalhadores tornaram impossível o prosseguimento da produção. Em 1866, a propriedade foi vendida ao capitão Luiz Riberio de Souza Resende, que chegou a aproveitar a estrutura para produção da seda, mas se dedicou prioritariamente à produção de cana. A estrutura física que impressionara as autoridades políticas oitocentistas já não existe mais. Desde 2013, os terrenos onde a fábrica de seda esteve localizada pertencem a uma empresa do ramo da mineração. As ruínas já não existem, mas a memória da empresa sobreviveu de alguma forma. O município hoje é nomeado de Seropédica, cujo significado é "lugar onde se trata ou se fabrica seda", e é conhecido por ter abrigado a primeira grande fábrica de seda do Brasil.

Referências bibliográficas

FROÉS, José Nazareth de Souza. *O Brasil na rota da seda: uma contribuição para a recuperação, o enriquecimento e a divulgação da memória de Seropédica, Itaguaí e do Estado do Rio de Janeiro*. Seropédica: EDUR, 2000.

MENDONÇA, Joseli Maria Nunes. *Leis para "os que se irão buscar" - imigrantes e relações de trabalho no século XIX brasileiro*. In: História: Questões & Debates, Curitiba, n. 56, p. 63-85, jan/jun 2012.

OLIVEIRA, Geraldo Beauclair Mendes de. *Raízes da Indústria no Brasil: a pré-indústria fluminense 1808-1860*. Rio de Janeiro: Studio F&S ed., 1992.

SOARES, Luiz Carlos. *A manufatura na formação econômica e social do Sudeste: um estudo das atividades manufatureiras na região fluminense (1840-1880)*. Dissertação (Mestrado). Universidade Federal Fluminense. Niterói, 1995.

TAVARES, José Pereira. *Memoria sobre a sericultura no Imperio do Brazil*. Rio de Janeiro: Typografia Imp. e Const. de J. Villeneuve E C, 1860.

Lugares de Memória dos Trabalhadores #86: Engenho Matapiruma, Escada (PE)

José Marcelo Ferreira Filho

Engenho Matapiruma. Escada, PE.

O Engenho Matapiruma localiza-se em Escada, município da chamada Zona da Mata Sul de Pernambuco. Em diversos sentidos, é um típico exemplar das centenas de unidades produtivas dispersas no que podemos chamar "mundo dos engenhos" no Nordeste açucareiro do Brasil.

Os engenhos foram as unidades básicas que sustentaram a economia dessa região por meio milênio. Eles eram domínios quase completamente fechados a qualquer interferência do "mundo externo": possuíam suas próprias regras, moralidade, linguagem, economia e, em alguns casos, até sua própria moeda. Os engenhos eram a essência a uma só tempo prática e simbólica do poder secular da classe patronal latifundiária. Eles eram projeções de poder sobre o espaço.

Moradores de engenho eram todos aqueles, que além de trabalhar, nasciam e moravam (viviam), praticamente toda sua vida, no interior dessas comunidades; e morar, nesse contexto, não significava apenas o fato de "habitar" uma casa, mas, sobretudo, estar totalmente à disposição dos *senhores de engenho.*

A morada, enquanto modelo dominante de organização da força de trabalho, remete ao período que marcou o fim da escravidão legal; foi uma etapa intermediária que sucedeu a escravidão e antecedeu o momento atual da *plantation* em que os canavieiros são assalariados que vivem fora dos engenhos. A abolição transformou os escravos em *moradores*. Sem qualquer opção fora dos limites da cana, a maior parte dos libertos permaneceu nos engenhos porque não havia qualquer outro lugar para ir, seja em razão do monopólio sobre a terra nas mãos dos *senhores*, seja por falta de oferta de empregos nas cidades.

Como para a maioria dos engenhos, sabe-se muito pouco sobre detalhes específicos da vida no Matapiruma. Erguido ainda no período colonial às margens do rio homônimo, o engenho foi adquirido por Henrique Marques Lins, grande proprietário de uma das mais proeminentes famílias de Escada, em 1841. Ao longo do século XIX, anúncios de escravos fugidos do Matapiruma aparecem no *Diario de Pernambuco*, mas sem detalhes sobre a quantidade total de cativos, a área produtiva ou o cotidiano de trabalho. Famosa por ter sido uma das residências do Barão de Suassuna, a casa-grande do Matapiruma hospedou, em 1859, o próprio imperador D. Pedro II e sua comitiva, fato que dá certa dimensão de sua importância no contexto local.

As relações de trabalho e os níveis de violência não eram exatamente as mesmas em todos os engenhos; e ainda que tudo que se passasse em seu interior fosse alvo das tentativas de controle patronal – como as práticas religiosas; o ensino escolar (nos raros casos em que havia escolas); as atividades de lazer e festas; as rodas de conversas entre os homens nos finais de semana; a organização das mulheres durante a lavagem de roupa ou qualquer outro ato banal do cotidiano – eles foram lugares de lutas por parte de uma classe trabalhadora perspicaz, criativa e autoconsciente. Em Matapiruma, como em outros engenhos, foram frequentes as resistências e solidariedades cotidianas, que afloravam depois de um acidente de trabalho mais grave; partos mais complicados; em greves espontâneas, entre outras situações percebidas como intoleráveis.

Ao longo da segunda metade do século XX, insatisfações como essas foram muitas vezes expressas na constituição de organizações como as Ligas Camponesas. Após a promulgação do Estatuto do Trabalhador Rural (ETR), em

1963; da fundação dos sindicatos de trabalhadores rurais e da instalação das Juntas de Conciliação e Julgamento (JCJs), ligadas à Justiça do Trabalho, os proprietários de engenhos de *fogo morto* passaram a expulsar os *moradores* para as "pontas de rua" (periferias das pequenas cidades) a fim de, com a ajuda dos "gatos" (empreiteiros de mão de obra), explorá-los com mais segurança jurídica e sem inconvenientes legais. Esse também foi o destino dos moradores do Matapiruma.

Foi nesse contexto, que em 5 de outubro de 1972, no auge da ditadura militar, o engenho foi palco do célebre "Massacre de Matapiruma", quando policiais do Departamento de Ordem Política e Social de Pernambuco (DOPS/PE), abriram fogo contra *moradores* que trabalhavam no corte da cana. O resultado foram dois mortos, vários feridos e um clima de medo e terror crescente. Um ano antes, uma ação coletiva – aberta na JCJ de Escada por setenta e dois trabalhadores que reclamavam férias, 13º salário e outros direitos estabelecidos no ETR, mas descumpridos pelos patrões – havia sido o motivo para a escalada de terror promovida por vigias e capangas armados que passaram a ameaçar os reclamantes para que retirassem os processos que haviam sido julgados procedentes pelo órgão do Tribunal Regional do Trabalho. Prevendo o pior, os trabalhadores encaminharam um documento pormenorizando o caso à Delegacia Regional do Trabalho; Polícia Federal; Secretaria de Segurança Pública e outras autoridades civis e militares. Nada disso, entretanto, evitou o massacre que faria do Engenho Matapiruma ao mesmo tempo um símbolo da luta e resistência de uma classe trabalhadora rural capaz de se organizar em um território tão fechado e violento (cujas formas, pode-se dizer, compunham padrões espaciais de longa duração) e do arbítrio patronal na mitológica "civilização do açúcar".

Hoje, imagens do antigo Engenho Matapiruma podem sem vistas em blogs e site de turismo rural. Suas ruínas escondem uma longa e invisível história de trabalho, exploração, lutas e solidariedades.

Referências bibliográficas

ANDRADE, Manuel Correia de. *A terra e o homem no Nordeste*. Rio de Janeiro: Brasiliense, 1963.

DABAT, Christine Rufino. *Moradores de engenho: estudo sobre as relações de trabalho e condições de vida dos trabalhadores rurais na zona canavieira de Pernambuco, segundo a literatura, a academia e os próprios atores sociais*. 2ª Ed. Recife: Editora da UFPE, 2012.

FERREIRA FILHO, José Marcelo Marques. *Arquitetura espacial da plantation açucareira no Nordeste do Brasil* (Pernambuco, século XX). Recife: Editora da UFPE, 2020.

ROGERS, Thomas D. *As feridas mais profundas: uma história do trabalho e do ambiente do açúcar no Nordeste do Brasil.* São Paulo: UNESP, 2017.

SIGAUD, Lygia. *Os clandestinos e os direitos: estudo sobre trabalhadores da cana-de-açúcar de Pernambuco.* São Paulo: Duas cidades, 1979.

Lugares de Memória dos Trabalhadores #87: Empresa Industrial Garcia e Amazonas Esporte Clube, Blumenau (SC)

Cristina Ferreira

Complexo da Empresa Industrial Garcia com o campo do Amazonas Esporte Clube (1971).

Blumenau tornou-se nacionalmente conhecida como o principal polo têxtil em Santa Catarina. Seu processo de industrialização, um dos mais antigos do país, possui vínculos estreitos com o fluxo imigratório no Vale do Itajaí, iniciado na década de 1840. As primeiras fábricas têxteis da cidade foram iniciativas de artesãos estrangeiros ligados às atividades de fiação e tecelagem.

A Johann Heinrich Grevsmuhl & Cia, por exemplo, era uma pequenina manufatura têxtil, de propriedade de imigrantes alemães, incrustada no vale cortado pelo Ribeirão Garcia, tendo iniciado suas atividades por volta de 1868. Em 1918, passou a ser denominada Empresa Industrial Garcia, contando com acionistas de Curitiba. A maioria de seus trabalhadores tinha ascendência germânica. Na década de 1930, tornou-se uma das principais fábricas têxteis de Santa Catarina, com sua produção em roupas de cama e toalhas de mesa, atraindo trabalhadores de várias regiões, em particular do litoral do estado. Em 1974 foi incorporada pela Fábrica de Artefatos Têxteis Artex S/A, e o patrimônio de ambas formou um amplo complexo industrial que, ainda hoje, atua como alicerce da economia na cidade.

A presença de fábricas têxteis marcou profundamente a geografia social de Blumenau. Por volta dos anos de 1960, dois bairros concentravam a maioria dos trabalhadores da cidade. Um deles era o Garcia, na região sul, onde se localizava a Empresa Industrial Garcia com cerca de 2.700 trabalhadores à época. O outro era o Bom Retiro, situado na região oeste, nas proximidades do centro, bairro da Hering com seus 1.800 operários. Nesses bairros predominaram vilas operárias, formadas por pequenas casas de madeira construídas pelos estabelecimentos fabris e alugadas por preços um pouco mais acessíveis aos operários. A proximidade dos locais de trabalho favorecia tanto a pontualidade e a assiduidade, quanto o controle social do cotidiano dos trabalhadores e suas famílias.

Mas, essa proximidade entre o local de trabalho e a moradia também fortificou os laços de sociabilidade entre os trabalhadores. Associações de moradores e clubes desportivos de bairros foram organizações importantes que expressaram uma forte dinâmica comunitária em Blumenau.

O Amazonas Esporte Clube foi um dos mais expressivos exemplos dessa cultura associativa. Iniciou suas atividades por volta de 1919 e conquistou a posição de um dos clubes de futebol mais queridos entre os trabalhadores têxteis de Blumenau, atraindo muitos torcedores em seus torneios dominicais. Seu estádio era considerado um dos melhores de Santa Catarina e foi construído nas imediações da fábrica, tornando-se o único clube de futebol amador a integrar a liga profissional da cidade. Todos os seus jogadores trabalhavam na Empresa Industrial Garcia ou na Cooperativa de Consumo dos Empregados. Durante a maior parte de sua história, a maioria dos jogadores era de origem étnica alemã, mas nas décadas de 1950 e 60, predominaram os descendentes de portugueses oriundos do litoral catarinense. Apesar de uma prática esportiva eminentemente masculina, os jogos congregavam, num ambiente geralmente festivo, as famílias operárias, com forte presença de mulheres e crianças. O clube demarcava um ideal de que ser trabalhador na Garcia significava, literalmente, vestir a camisa da empresa em todas as ocasiões.

Segundo Norberto Gonçalves, antigo tecelão da Garcia, a participação no time de futebol do Amazonas não estava ligada ao complemento da renda e sim a um sentimento de prazer e identificação social. Afinal, "não recebia nada, a gente treinava porque gostava do esporte. Eles davam o material, davam chuteira, davam tudo, uniforme. Então, a gente ia lá e treinava". Em 1957 o Amazonas Esporte Clube venceu de forma invicta a segunda divisão da Liga Blumenauense de Futebol e passou a disputar, no ano seguinte, a divisão profissional da cidade, permanecendo nesta condição até 1965. De maneira geral, nas memórias dos trabalhadores, o time do Amazonas Esporte Clube é lembrado de forma saudosa, como um importante espaço de autonomia e identidade operária. Dário Cunha, também trabalhador do setor de tecelagem afirmava com orgulho que aquele era um time "só de operários e que contava com a presença de mecânicos, contramestres, tecelões e trabalhadores de todas as especialidades técnicas do setor têxtil."

O Amazonas Esporte Clube foi campeão em diversos torneios municipais e estaduais e seu estádio estava sempre repleto de fiéis torcedores. Seu último título aconteceu em 1974, quando conquistou a Taça Governador Colombo Machado Salles. Após a incorporação da Empresa Industrial Garcia pela Artex, o Amazonas Esporte Clube foi desativado, por ordem dos novos dirigentes da companhia, o que causou imensa revolta e indignação entre os torcedores e pessoas ligadas ao clube. A sede do Amazonas chegou a ser saqueada, com a perda de documentos, imagens, medalhas e troféus.

Ao longo de sua existência, o Amazonas Esporte Clube foi um importante espaço de lazer e agência dos trabalhadores. Suas conexões com outros pequenos clubes de futebol, como o Canto do Rio, com outras associações comunitárias e também com o Sindicato dos Trabalhadores da Indústria de Fiação e Tecelagem de Blumenau fizeram do clube um polo fundamental da vida organizativa na cidade. Sua história está articulada aos melhores sentidos de uma cultura associativa operária: diversão, vínculos identitários e laços de solidariedade capazes de congregar os interesses de classe, tornando-se um símbolo de pertencimento dos trabalhadores em Blumenau.

Referências bibliográficas

ANNUSECK, Ellen. *Nos bastidores da festa: outras histórias, memórias e sociabilidades em um bairro operário de Blumenau (1940-1950)*. 2005. 163 f. Dissertação (Mestrado em História) – Universidade Federal de Santa Catarina, Florianópolis, 2005.

FERREIRA, Cristina. *Contrastes e prazeres da sociabilidade dos trabalhadores têxteis de Blumenau (1958-1968)*. Blumenau: Edifurb, 2018.

SINGER, Paul. *Desenvolvimento econômico e evolução urbana: análise da evolução econômica de São Paulo, Blumenau, Porto Alegre, Belo Horizonte e Recife*. São Paulo: Companhia Editora Nacional, 1968.

Site http://adalbertoday.blogspot.com/2009/09/amazonas-esporte-clube-90-anos--de.html

Lugares de Memória dos Trabalhadores #88: Praça Luiza Mahin, Brasilândia, São Paulo (SP)

Andrew G. Britt

Cartaz da inauguração da Praça Luíza Mahin.

Luiza Mahin está na praça
pela dignidade da raça.
Qual o segredo
da linguagem dos espaços
e estátuas?
Entre o ser que passa
desligado
e a pedra imóvel ou placa
a mensagem assobia
contra o silêncio da farsa.
O que tem o passado
de tão secreto
para serem selecionados nomes de ruas e praças?

Em 1985 o escritor e poeta Cuti compôs as linhas acima para comemorar a inauguração da Praça Luíza Mahin no distrito da Brasilândia, na zona norte da cidade de São Paulo. Em um contexto de redemocratização do país e de participação de lideranças do movimento negro nos governos de oposição recém eleitos, como era o caso do estado e da cidade de São Paulo, a ONG Coletivo de Mulheres Negras liderou a iniciativa de dar o nome de Luíza Mahin àquele espaço público. Um dos mais importantes ícones de feminismo negro contemporâneo, Mahin é comumente lembrada por seu envolvimento em revoltas de africanos e afrodescendentes libertos e escravizados na Bahia nos anos 1830. Ela foi a mãe de Luiz Gama, um dos mais famosos abolicionistas brasileiros. Apesar de, até hoje, constar na praça apenas uma placa simples com o nome de Mahin, sem maiores informações históricas, o ato de nomeação daquele espaço refletia e também colaborava com o processo de produção da Brasilândia como um centro de resistência e autodeterminação negra na cidade de São Paulo.

Atualmente um dos mais populosos distritos da capital paulista, a Brasilândia formou-se a partir do loteamento Vila Brasilândia em 1947. O crescimento rápido do bairro tem relação direta com as grandes intervenções urbanísticas do prefeito Prestes Maia, que começaram nos anos 1930 e continuaram até a década de 1960. O seu ambicioso projeto, o "Plano de Avenidas", demoliu cortiços e outras moradias populares no centro da cidade. O projeto teve grande impacto em distritos como Bela Vista e Liberdade, locais de grande concentração de afrodescendentes até os anos 1940. Nas décadas seguintes, uma nova memória sobre essas regiões seria construída, invisibilizando o papel dos negros na formação desses bairros, que se se tornariam conhecidos como territórios de imigrantes: a Bela Vista "italiana" e a Liberdade "japonesa." Muitos dos ex-moradores dessas áreas, inclusive uma população significativa de afrodescendentes, foram viver no novo loteamento de Vila Brasilândia.

Como a vasta maioria de bairros de trabalhadores pobres criados na periferia paulistana em meados do século XX, os próprios residentes autoconstruíram suas moradias e o espaço físico em geral da Vila Brasilândia. A população expandiu-se rapidamente após a abertura do loteamento em 1947, atingindo 30.000 mil residentes em menos de uma década. Esse crescimento continuaria nos anos seguintes e novos loteamentos atrairiam tanto outros residentes deslocados do centro urbano quanto a imensa leva de migrantes do Minas Gerais e do Nordeste que chegava a São Paulo naquele período. Alguns dos moradores do bairro trabalhavam nas duas pedreiras da região, enquanto outros cruzavam o rio Tietê diariamente para trabalhar na São Paulo industrial, ocupando postos em diversos setores, como no emprego doméstico, na construção civil e nos transportes.

A falta de investimento público, práticas oportunistas das imobiliárias, e a demanda incessante por moradia contribuíram para tornar a Vila Brasilândia um dos bairros mais urbanisticamente irregulares da capital paulista. A partir dos anos 1970, por exemplo, a região passou a ter a maior concentração de favelas na cidade.

Entretanto, a Brasilândia forjou-se como um espaço de afirmação de identidades e de luta contra as desigualdades étnico-raciais e sociais em São Paulo. No contexto de uma cidade definida por um projeto de branqueamento e pelo mito da branquitude, onde os corpos negros têm sidos sistematicamente deslocados, silenciados e/ou invisibilizados, os residentes autoconstruíram a Brasilândia como um lugar de sobrevivência, resistência e autodeterminação negra.

Fizeram isso através de vários projetos e práticas, inclusive a construção de territórios de religiões de matriz africana e a criação da escola de samba Rosas de Ouro. Embora sempre habitada por uma população multirracial, a Brasilândia tornou-se uma das regiões de maior porcentagem de trabalhadores afrodescendentes na cidade e passaria a ser chamada a "Pequena África" paulista.

Nomear lugares foi uma prática marcante na construção da Brasilândia como uma "Pequena África." Entre meados do século XIX até 1960, por exemplo, a via principal da região era chamada de Estrada do Congo, em uma referência direta à alta presença de africanos e afrodescendentes escravizados e libertos no norte da região da Freguesia do Ó (atual Brasilândia). É provável que esse nome tenha sido popularizado pelos residentes negros indicando a região como um lugar de refúgio a pessoas escravizadas e fugidas. Novos capítulos dessa história estão sendo escritos atualmente. A apenas 3km ao norte da Praça Luíza Mahin, uma nova praça foi recentemente batizada como Marielle Franco.

Esses nomes na paisagem do bairro demonstram a luta de sucessivas gerações de trabalhadores(as) negros(as) que construíram a Brasilândia como um local de resistência em meio a uma sociedade marcada por graves desigualdades e violência raciais. Lugares como a Praça Luiza Mahin reafirmam a autodeterminação negra da Brasilândia e são fundamentais nas batalhas pela memória social. Como disse o poeta Cuti há três décadas, esses são espaços "contra o silêncio da farsa" promulgado pelo projeto de branqueamento do país.

Referências bibliográficas

BONDUKI, Nabil. *Origens da Habitação Social no Brasil: Arquitetura Moderna, Lei do Inquilinato e Difusão da Casa Própria.* 7ª edição. São Paulo: Estação Liberdade, 2013.

BRITT, Andrew Graham. *"I'll Samba Someplace Else": Constructing Neighborhood and Identity in São Paulo, 1930s-1980s.* PhD diss., Emory University, 2018.

DOMINGUES, Petrônio. *Uma história não contada: negro, racismo, e branqueamento em São Paulo no pós-abolição.* São Paulo: Editora SENAC, 2004.

OLIVEIRA, Reinaldo José de. *Segregação Urbana e Racial na Cidade de São Paulo: as periferias de Brasilândia, Cidade Tiradentes e Jardim Ângela.* Tese de Doutorado, PUC-SP, 2000.

ROLNIK, Raquel. *A cidade e a lei: legislação, política urbana e territórios na cidade de São Paulo.* São Paulo: FAPESP/Studio Nobel, 1997.

Lugares de Memória dos Trabalhadores #89: Arsenal de Marinha, Rio de Janeiro (RJ)

David Lacerda

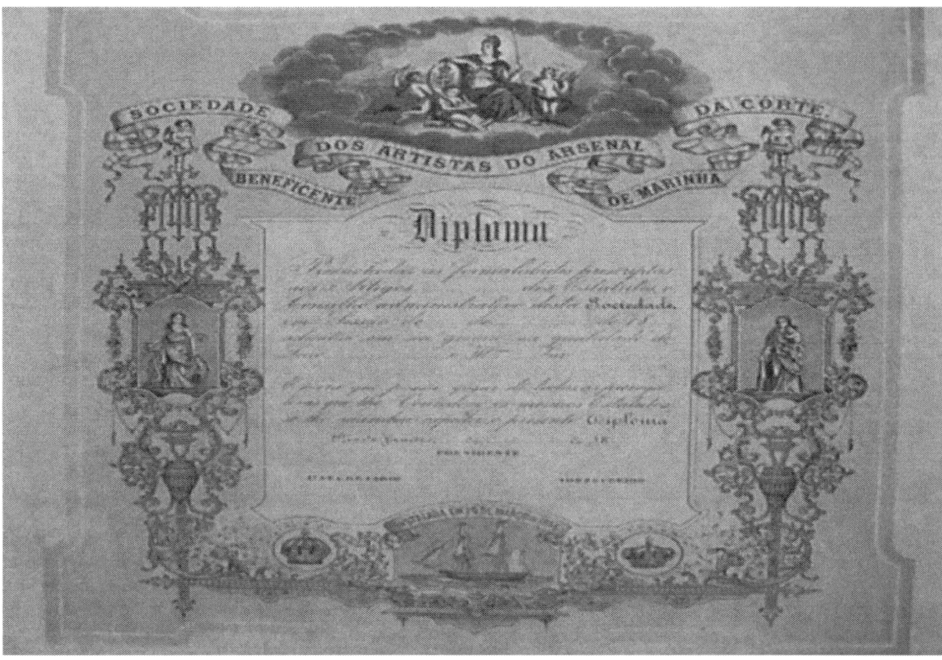

Diploma de sócio da Sociedade Beneficente dos Artistas do Arsenal de Marinha da Corte.

Quem circula pela região entre a Praça Mauá e a Igreja da Candelária, ou caminha até a Praça Quinze para tomar a barca e atravessar a Baía de Guanabara, já deve ter avistado a Ilha das Cobras e sua paisagem rodeada por guindastes, navios armados, submarinos, porta-aviões, edifícios e galpões. Ali funciona um grande complexo industrial denominado Arsenal de Marinha, cuja história remonta à fundação do Arsenal Real de Marinha em 1763, ano em que a sede da governança colonial foi transferida de Salvador para o Rio de Janeiro.

Erguido nos arredores do Mosteiro de São Bento, o Arsenal serviria para a fabricação e o reparo das embarcações da esquadra lusitana, reforçando o poder militar e econômico que o porto do Rio vinha adquirindo desde o século XVII, quando passou a integrar as rotas atlânticas do tráfico negreiro e do contrabando de metais preciosos envolvendo Lisboa, Luanda e o Rio da Prata.

No início do século XIX, a capacidade produtiva do estabelecimento foi beneficiada pela oferta de madeiras e fibras vegetais nos arredores da cidade. A pesca da baleia, a navegação de cabotagem, as guerras de Independência (1821-1824), a Guerra Cisplatina (1825-1828) e a continuidade do tráfico (ilegal de 1831 a 1850) também estimularam o desenvolvimento de suas atividades, bem como a abertura de oficinas, armazéns e repartições administrativas.

Nas décadas seguintes, o Arsenal tornou-se o principal centro de construção e reparo naval da Armada brasileira e um dos principais complexos militares localizados à margem sul-americana do Atlântico. Sua área foi se expandindo pela zona portuária em direção à Prainha (atual Praça Mauá, contígua aos bairros da Saúde e da Gamboa), ao Cais dos Mineiros e à Ilha das Cobras, para onde suas instalações foram transferidas no final dos anos 1940.

O Arsenal engloba os mais diversos serviços e afazeres relacionados ao mundo do trabalho marítimo. De 1810 a 1820 funcionavam cerca de doze oficinas, como as de ferreiros, calafates, cordoaria, carpinteiros de machado, pedreiros e canteiros. A partir de meados do século, a difusão mundial de tecnologias navais impactou a organização do espaço e das relações de trabalho. Em 1875 havia ali 2.367 trabalhadores distribuídos por vinte e duas oficinas. Ofícios tradicionais como calafates e carpinteiros navais, antes majoritários, passaram a dividir mais espaço com ocupações especializadas em fundição, tornearia, caldearia, forja de metais, manejo e conservação de armamentos e máquinas a vapor.

As oficinas reuniam expressivo contingente de trabalhadores e eram atravessadas por diferenças e desigualdades de classe e étnico-raciais, assim como outros espaços do Arsenal. Neles circulavam marinheiros, indígenas, colonos chineses, trabalhadores sentenciados, artífices militares, operários nacionais e estrangeiros, escravizados e livres, adultos e crianças – uma multidão diversa que compartilhava vivências e situações de exploração distintas.

Não à toa a rotina de trabalho no Arsenal era marcada por conflitos e tensões sociais. Contra a ameaça dos castigos físicos, do recrutamento forçado, das péssimas condições de trabalho e da violência dos costumes senhoriais e militares ergueram-se tentativas de fuga, deserção, levante e rebelião, sendo a Revolta dos Marinheiros negros liderada por João Cândido, a expressão mais eloquente desse contexto. Incontáveis queixas, clamores e petições também foram dirigidas às autoridades navais, contestando a ordem estabelecida.

Algumas chegaram às páginas dos jornais da cidade. Em 1862, o Jornal dos Artistas veiculou pedido da "classe artística" do Arsenal por aumento e pagamento de seus vencimentos, enquanto a Gazeta dos Operários denunciou em 1875 o atraso do pagamento dos trabalhadores.

Além disso, quando adoeciam ou sofriam acidentes no trabalho, muitos empregados e operários de oficina reclamavam auxílios pecuniários para si e suas famílias. Outros tantos organizaram mutuais, caixas econômicas e montepios. Algumas associações fundadas no período da escravidão prosseguiram após a abolição. A Sociedade Beneficente dos Artistas do Arsenal de Marinha funcionou de 1856 a 1909 e a Associação Beneficente dos Fundidores do Arsenal de Marinha permaneceu ativa entre 1884 e 1908. Os trabalhadores do Arsenal também participaram junto a portuários, marítimos e operários de estaleiros privados da Federação Marítima Brasileira, criada em 1912, do Círculo dos Operários da União e do movimento grevista deflagrado pelos marítimos em 1920.

Durante o século XX, o Arsenal alternou momentos de expansão e declínio na construção naval militar. De toda forma, seus trabalhadores mantiveram uma longa tradição de organização e lutas por direitos. Nos anos 1930 e 1940, o Partido Comunista do Brasil (PCB) chegou a ter uma célula no Arsenal e a organizar, apesar da proibição oficial da Marinha, uma Sociedade de Defesa dos Trabalhadores daquele local de trabalho. Em 1945, o presidente dessa Sociedade, Joaquim Batista Neto, seria eleito deputado federal constituinte. No mais recente contexto da redemocratização, os trabalhadores ousaram desafiar a Marinha em uma importante greve realizada em 1985 que, além de melhores salários, exigia o reconhecimento da categoria como metalúrgicos e o direito de organizarem um sindicato próprio.

A história do trabalho no Arsenal de Marinha confunde-se com a própria trajetória de lutas dos trabalhadores do Rio de Janeiro. Ele é um lugar de memória fundamental da história da cidade e do país.

Referências bibliográficas

ALVES-MELO, Patricia. Trabalho e trabalhadores livres: os índios no Arsenal de Marinha do Rio de Janeiro, século XIX. Topoi. *Revista de História*, v. 23, n. 50, Maio-Agosto, 2022.

BRAGA, Sérgio Soares; COSTA, Henri Randel. Dos movimentos de base à Assembleia Constituinte de 1946: entrevista com Joaquim Batista Neto.

Revista de Sociologia e Política, nº 6/7, 1996. https://revistas.ufpr.br/rsp/article/view/39343/24159.

LACERDA, David P. *Trabalho, política e solidariedade operária: uma história social do Arsenal de Marinha do Rio de Janeiro (c.1860-c.1890).* Tese (Doutorado em História) – Instituto de Filosofia e Ciências Humanas, Universidade Estadual de Campinas, Campinas/SP, 2016.

NASCIMENTO, Álvaro Pereira do. *Cidadania, cor e disciplina na revolta dos marinheiros de 1910*. Rio de Janeiro: Mauad X; FAPERJ, 2008.

RIBEIRO, Silene Orlando. *"Exímios remadores do Arsenal da Marinha": recrutamento e trabalho indígena no Rio de Janeiro (1763-1820).* Tese (Doutorado em História) – Instituto de Ciências Humanas e Sociais, Universidade Federal Rural do Rio de Janeiro, Seropédica/RJ, 2019.

Greve no Arsenal de Marinha (1985): https://www.youtube.com/watch?v=COClA_5TXHY

Lugares de Memória dos Trabalhadores #90: Santo Antônio do Rio Madeira, Porto Velho (RO)

Tyrone Cândido

Rua de Santo Antônio (Rondônia).

Quem anda pelas ruas de Santo Antônio, hoje um bairro da cidade de Porto Velho às margens do Rio Madeira, tem poucas evidências de um passado protagonizado por trabalhadores e trabalhadoras que ali viveram nos tempos de construção da lendária Estrada de Ferro Madeira-Mamoré (EFMM). Eram pessoas provenientes dos mais diversos lugares, uns atraídos pelos empregos da ferrovia, outros para lá enviados à força.

Santo Antônio foi sede das primeiras expedições de construção da EFMM na década de 1870. À época, não passava de um precário posto militar, somente acessado pelas águas do Madeira. Era também um marco de uma mal definida fronteira entre o Brasil e a Bolívia. A emergente exploração da borracha na região era a principal motivação para a construção da ferrovia.

A primeira tentativa de construção da EFMM deu-se em 1872, quando, técnicos, engenheiros e operários para lá foram enviados por George Earl Church, agente norte-americano autorizado pelos governos brasileiro e boliviano a explorar a via-férrea. Foi um grande fracasso. As dificuldades de ali se estabelecer, os desafios da mata fechada, os ataques de indígenas, terríveis e mortais doenças, tudo fez com que logo se percebesse que aquele era um empreendimento extremamente perigoso.

Em 1878 a Comissão Collins, com sede na Filadélfia, Estados Unidos, conseguiu iniciar a construção da linha, porém teve de manter o recrutamento de milhares de operários que substituíam os que morriam ou abandonavam as obras em fugas temerárias. De início, as turmas eram compostas por imigrantes alemães, irlandeses, italianos, que viviam nos EUA. Depois vieram retirantes do Ceará, refugiados da grande seca de 1877. Indígenas eram também agenciados junto a seringalistas locais. Somavam quase 1.500 trabalhadores.

Apesar de suas diferenças culturais, aquela composição multinacional de operários promoveu em março de 1878 uma greve contra o atraso de salários e as indignas condições de trabalho e estadia. Agentes da Comissão Collins reprimiam os operários com dureza, compondo um cotidiano de forte tensão.

Anos depois, foram arregimentados para a ferrovia membros de famílias norte-americanas que viviam no Brasil, descendentes de antigos confederados da Guerra Civil. Construtores desligados do Canal do Panamá foram também para ali enviados (eram, nesse caso, antilhanos, espanhóis, norte-americanos). De Cuba chegaram trabalhadores galegos que construíam ferrovias naquela ilha. Estima-se que quase 30 mil pessoas de mais de 40 nacionalidades diferentes trabalharam na construção, entre 1907 e 1912. Habitantes da bacia amazônica formavam uma menor parcela dos contratados, mas não podemos deixar de lado a participação dos indígenas que prestavam serviços no transporte pelas corredeiras ou na obtenção de recursos da floresta.

Uma das cláusulas do Tratado de Petrópolis, assinado em 1903 após os conflitos de fronteira no Acre, previa a efetiva conclusão da EFMM até Guajará-Mirim. Foi então que o empresário Percifal Farquhar assumiu a concessão, em pleno auge dos negócios da borracha. Momento decisivo para o futuro de Santo

Antônio, pois então a sede da construção foi transferida para Porto Velho, hoje a capital do estado de Rondônia, dali distante uns sete quilômetros rio abaixo. Neste último ponto seria construída a estação central, depósitos, almoxarifado e o porto. Também ali seriam erguidos escritórios e residências dos administradores, engenheiros e empreiteiros. As casas de Porto Velho eram amplas, feitas de madeira pintada, com telhados de zinco tratado, soalhos de madeira calafetada e varandas com telas que protegiam dos mosquitos. Mas isso era privilégio para uma minoria.

A maior parte dos que trabalhavam continuavam a viver em Santo Antônio. Oswaldo Cruz, quando ali esteve para orientar medidas sanitárias, registrou um quadro em tudo contrastante ao que se via em Porto Velho. Na cidadela de cerca de dois mil trabalhadores não havia esgoto, água canalizada ou iluminação. O lixo era atirado na rua. Terrenos no centro do povoado formavam pântanos. As poucas crianças logo morriam.

Administradores da EFMM adotavam uma política de proibição da presença feminina, mas elas estavam lá. Além de lavadeiras e enfermeiras que serviam no Hospital da Candelária, mulheres faziam os serviços domésticos nas casas de Porto Velho e residiam com suas famílias em Santo Antônio. Marcante foi a chegada de quarenta mulheres trazidas como prisioneiras no vapor Satélite, que trazia ainda centenas de homens da Casa de Detenção do Rio de Janeiro, afora marinheiros punidos por terem participado da Revolta da Chibata, em 1910. As mulheres estavam em estado de abatimento extremo, desnudas da cintura para cima e foram oferecidas como criadas para as famílias ricas. A maioria foi levada à prostituição.

A Madeira-Mamoré foi concluída em 1912, exatamente quando a exportação da borracha amazônica entrava em crise ante a concorrência dos novos produtores asiáticos. Os trens circularam desde então até 2000, contando com interrupções e retomadas, quando foram definitivamente desativados. Uma parte dos trabalhadores ali ficou, constituindo a população mais pobre na nova cidade. A maioria partiu para sempre. A construção da EFMM deixou o saldo de 8 a 10 mil mortos, o que originou a lendária máxima de ter havido uma morte para cada dormente assentado. Hoje as pedras do Rio Madeira de frente a Santo Antônio sustentam as comportas de uma usina elétrica que podemos entender como uma versão atualizada do antigo empreendimento. Em Santo Antônio, nem tudo mudou.

Referências bibliográficas

CANDIDO, Tyrone Apollo P. Nas fronteiras do trabalho: trânsitos e resistências numa expedição de construção da Estrada de Ferro Madeira-Mamoré. *Revista Territórios e Fronteiras*, Cuiabá, vol.12, n. 2, 2019.

CRUZ, Oswaldo Gonçalves. *Madeira Mamoré Railway Company: considerações gerais sobre as condições sanitárias do Rio Madeira.* Rio de Janeiro: Papelaria Americana, 1910.

FOOT HARDMAN, Francisco. *Trem fantasma: a modernidade na selva.* São Paulo: Editora Companhia das Letras, 1991.

PAIVA, Ana Carolina Monteiro. *Trabalho e cotidiano na Estrada de Ferro Madeira-Mamoré (1907-1919).* Dissertação de Mestrado em História. João Pessoa: PPGH-UFPB, 2020.

SOUZA, Marcio. *Mad Maria.* 5ª edição. Rio de Janeiro: Record, 2002.

Lugares de Memória dos Trabalhadores #91: John Grant & Company, Maraú (BA)

Rute Andrade Castro

Marca registrada para constar nas embalagens do produto denominado Brasoline (espécie de querosene usada para iluminação).

Maraú hoje faz parte de uma das mais apreciadas zonas turísticas do litoral da Bahia. Em 1884, porém, o que atraiu pessoas para a região foi a fábrica que os britânicos John Cameron Grant e Lord Walsinghan montaram na fazenda João Branco, para beneficiamento dos minérios extraídos das margens do rio que banha a península. O alvoroço foi grande, pois empregou um expressivo contingente – que ficou conhecido como "os trabalhadores da turfa", principal matéria prima da fábrica –, abalou a economia e se eternizou na memória local por ter sido palco de um famoso crime.

A região já despertava interesse por conta das descobertas iniciais de xisto betuminoso, carvão de pedra e petróleo, e houve uma pioneira iniciativa nacional para promover sua extração, porém nada que se comparasse à dimensão do que foi visto a partir de 1884. A destilação da turfa – substância similar ao petróleo – era feita através de 12 alambiques de 14 mil litros cada um, e 52 retortas Henderson, maquinário importado da Inglaterra e da Escócia. Em 1885 já estava a todo vapor, produzindo sobretudo querosene para iluminação e empregando 116 trabalhadores. Nos anos seguintes, a fábrica seguiu ampliando sua capacidade, importando novos equipamentos e aumentando o contingente de mão de obra. Em 1889, já eram mais de 300, todos homens, em sua maioria negros, mas não há registro de utilização de escravizados.

O carro chefe da fábrica, que produzia óleos lubrificantes, velas de parafina, sabão e ácido sulfúrico, era o "petróleo nacional inexplosivo", chamado Brazoline – que na verdade era um tipo de querosene usado para iluminação – registrado pela John Grant & Cia industriais na Junta Comercial da Bahia em 1888.

Naquela década de 1880, o que a vila de São Sebastião de Maraú tinha de mais próximo a uma indústria era a produção de farinha de mandioca, bastante significativa na época, ligada a pequenas propriedades e de fabricação predominantemente familiar. Com a instalação da fábrica, a farinha começou a escassear até para consumo local, e seu preço subiu porque as lavouras estavam sendo abandonadas, já que os lavradores, como disse o delegado na época, "correram" para o "trabalho na turfa no João Branco". A mão de obra local não foi suficiente, e trabalhadores de outras regiões foram atraídos para o empreendimento justamente na década em que se acirravam os conflitos em torno da abolição da escravidão.

A fábrica certamente foi vista por livres e libertos como uma oportunidade de nova vida. Um deles foi Bernardino Moreira de Sousa.

Na manhã do dia 7 de dezembro de 1889 , junto com outros companheiros, Bernardino descarregava um dos vagões que transportavam mercadorias no interior da fábrica, quando se desentendeu e agrediu o maquinista Gaudêncio da Costa Silva. Depois de promover verdadeiro tumulto na fábrica, Bernardino disse que não queria mais trabalhar lá e foi "pedir suas contas".

Desconfiado de ter sido ludibriado no valor recebido, Bernardino voltou ao escritório da empresa, profundamente irritado e armado com uma garrucha. Após agredir alguns funcionários apontou sua arma para um dos patrões britânicos, Even Cattanach. A garrucha, no entanto, falhou, permitindo a fuga de Cattanach. Bernardino tentou então atingir outro britânico, Jorge Anderson, que, no entanto estava armado e atirou quase ao mesmo tempo em que John Cameron Grant, gerente da fábrica, desferia um segundo tiro contra Bernardino, que caiu morto.

O processo que se originou desse crime conta muito sobre a fábrica. Além de revelar aspectos sobre as relações de trabalho e do cotidiano da empresa, ele nos diz como os conflitos de classe também adquiriam colorações de rivalidades étnicas. Quando, por exemplo, um dos engenheiros britânicos da empresa, MacDonald, tentou conter Bernardino, os trabalhadores teriam reagido, afirmando que seria um desaforo prenderem "um brasileiro patrício" diante deles. Além disso, muitos teriam dito que Bernardino "queria matar um inglês", indistintamente. Essa generalização permanece inclusive na argumentação do promotor, para quem Anderson poderia ter fugido, mas preferiu ficar onde estava, matando Bernardino "com a fleuma e sangue frio próprios de sua nação".

Muito provavelmente este foi o assunto principal da localidade por meses ou até anos. Anderson e Grant foram absolvidos por terem agido em legítima defesa. No entanto, permaneceu na memória local a ideia de que um trabalhador brasileiro descontente foi assassinado por patrões estrangeiros, e que isso teria tornado insustentável a presença dos britânicos na região

De toda forma, dois anos depois do incidente, a fábrica foi vendida para a Companhia Internacional de Maraú, de propriedade de um outro britânico, Frank George Williamson. Nos anos seguintes, a empresa entrou em decadência e acabou penhorada em 1898, quando já estava em ruínas. O local foi tomado pelo mato, restando atualmente apenas poucos indícios da existência da fábrica, como um poço – de onde se diz que era retirada a turfa – , uma estrutura que parece ter sido de um aqueduto, tijolos antigos e objetos diversos espalhados. Mais de um século depois do seu fechamento, no entanto, as lembranças da "fábrica dos ingleses" ainda permanece viva na memória local.

Referências bibliográficas

CASTRO, R. A. Vestígios de uma fábrica britânica em fotografias de seus trabalhadores. *Transversos: Revista de História*, 10, 2017.

CASTRO, R. A. Conflitos étnico-raciais nos mundos do trabalho baiano: "valentes, viciados e perigosos". *ODEERE: Revista do Programa de Pós-Graduação em Relações Étnicas e Contemporaneidade* – UESB. Volume 4, número 7, 2019.

SANTOS, Cristiane Batista da Silva. Histórias de africanos e seus descendentes no sul da Bahia. Ilhéus: Editus, 2019.

TEIXEIRA, CID. *História do Petróleo na Bahia*. Salvador: Editora Fernando José Caldas Oberlaender, 2010.

Lugares de Memória dos Trabalhadores #92: Colônia de Férias do Sindicato dos Trabalhadores Têxteis de São Paulo, Praia Grande (SP)

Paulo Fontes

Reprodução do cartaz da I Conclat.

Desde os anos 1950, o balneário de Praia Grande, no litoral paulista, foi se consolidando como um dos principais destinos turísticos e de veraneio dos trabalhadores de São Paulo. Praia Grande tornou-se sinônimo de praia popular e, não por acaso, diversas entidades sindicais construiriam ali suas colônias de férias entre as décadas de 60 e 80. Atualmente com cerca de 160 colônias, muitas delas na famosa Avenida dos Sindicatos, a cidade é considerada o maior centro de lazer sindical da América Latina.

A colônia de férias do tradicional Sindicato dos Trabalhadores Têxteis de São Paulo em Praia Grande entraria para a história não apenas como um espaço de recreação, mas por sediar um dos mais importantes encontros da história do movimento sindical brasileiro. Projetada pelo renomado arquiteto Vilanova Artigas, cujas conexões com o movimento operário vinham de sua militância no Partido Comunista Brasileiro, a sede da colônia começou a ser construída em 1969, mas levaria vários anos para ser concluída. De toda forma, já era utilizada ao longo da década de 1970.

O ciclo de greves iniciado pelos metalúrgicos do ABC em 1978 colocou o sindicalismo no centro da arena política do processo de redemocratização do país. Naquele contexto, iniciativas para coordenar e unificar as várias lutas e demandas dos mundos do trabalho ganhavam espaço e voltava à baila uma antiga proposta de criação de uma central sindical única.

Unificar o movimento sindical, no entanto, não era tarefa simples. Além das diversas diferenças regionais e entre categorias, as divisões políticas tornavam-se acentuadas. Dois grandes blocos chamavam a atenção. De um lado, os chamados sindicalistas "autênticos", que reuniam dirigentes de sindicatos e de oposições sindicais que se auto intitulavam parte de um "novo sindicalismo". Muitos deles eram fundadores do Partido dos Trabalhadores (PT), criado em 1980. De outro, o grupo "Unidade Sindical", que reunia sindicalistas vinculados a partidos de esquerda como o PCB e o PCdoB, além de dirigentes sindicais considerados moderados, alguns deles antigos interventores. Dois metalúrgicos, Lula, de São Bernardo do Campo e Joaquinzão, de São Paulo, eram as figuras de maior destaque de cada um desses setores.

Apesar dessas diferenças, o protagonismo dos trabalhadores na luta contra a ditadura militar e os fortes efeitos recessivos da crise econômica que tomava conta do país levaram as variadas correntes do sindicalismo brasileiro a organizar um grande evento unificado que superasse as divisões e avançasse a organização dos trabalhadores. Esse evento foi a 1ª Conferência da Classe Trabalhadora (Conclat), realizada entre 21 e 23 de agosto de 1981 na Colônia de Férias do Sindicato dos Têxteis em Praia Grande.

Ainda em construção, a colônia já tinha um amplo salão de reuniões e dez apartamentos. Hugo Perez, líder sindical dos eletricitários e um dos idealizadores do evento, lembraria anos depois que "muitos sindicatos não quiseram ceder a colônia para fazer a Conclat por receio da ditadura". Não era para menos. Três meses antes, agentes do governo tentaram explodir o Riocentro em uma ação desastrada.

A Conclat foi um dos maiores encontros sindicais da história do país. Compareceram 5.036 delegados e delegadas, representando 1.091 entidades sindicais de todo o país e das mais variadas categorias profissionais urbanas e rurais. A efervescência sindical brasileira também chamava a atenção do sindicalismo internacional e centrais sindicais de países como Estados Unidos, Alemanha, Portugal e França, entre outros, enviaram representantes. Em um contexto de luta contra a ditadura e prestígio do movimento sindical, diversas lideranças políticas de oposição como Luís Carlos Prestes, Teotônio Vilela, Ulysses Guimarães, Mário Covas compareceram ao evento.

O grande afluxo de sindicalistas provocou dificuldades para a logística. Hugo Perez lembra que "aqueles que não tinham acomodações, dormiram na praia. De manhã cedo, estava aquela turma parada, olhando o mar. Aí, de repente um pega a água do mar, põe na boca: 'Salgado'. Não conheciam o mar!".

Apesar dos debates acalorados, o ambiente geral era festivo. No dia 22 de agosto, quando foi anunciada a morte do cineasta Glauber Rocha, um emocionante minuto de silêncio tomou conta do plenário, seguido de aplausos aos "artistas trabalhadores", como lembraria Clara Ant, uma das delegadas da Conclat. As imediações da colônia de férias lembravam uma quermesse popular, onde se vendia comida, livros e jornais de variadas correntes políticas, além de camisas de times de futebol.

A agenda de debates era extensa. A estrutura sindical corporativa brasileira foi um dos temas mais polêmicos, colocando "autênticos" e a "Unidade Sindical" em polos opostos. Táticas de como enfrentar a ditadura militar e os desafios da redemocratização também eram divergentes, embora tenha sido possível construir uma agenda comum de luta contra a carestia e o desemprego e a defesa da redução da jornada de trabalho e de uma Assembleia Nacional Constituinte Livre e Soberana. Foi formada uma Comissão Pró-CUT, mas a desejada unidade organizativa não se concretizou e nos anos seguintes seriam formadas duas centrais sindicais, a CUT e a CGT.

A Conclat foi um momento central de afirmação da identidade dos trabalhadores e de demonstração de força do movimento sindical na construção da democracia brasileira. A agenda política ali construída marcaria fundamentalmente a ação do sindicalismo nas décadas seguintes. E a Colônia de Férias do Sindicato dos Têxteis de São Paulo foi o cenário desse encontro memorável da história dos trabalhadores e trabalhadoras em nosso país.

Referências bibliográficas

ALMEIDA, Maria H. Tavares de. *Crise econômica e organização de interesses: as estratégias do sindicalismo brasileiro nos anos 80*. Tese de Livre-Docência. São Paulo, USP, 1992.

GIANNOTTI, Vito & LOPES NETO, Sebastião. *CUT ontem e hoje — o que mudou das origens ao IV Concut*. Petrópolis, Vozes, 1991.

MERCADANTE, Aloísio; RAINHO, Luis Flavio. *CUT e Conclat: a divisão política do movimento sindical. Aconteceu Especial - Trabalhadores urbanos no Brasil 82/84*. São Paulo/Rio de Janeiro: CEDI, 16, 1986.

OLIVEIRA, Roberto Véras. *Sindicalismo e Democracia no Brasil: Do Novo Sindicalismo ao Sindicato Cidadão*. São Paulo: AnnaBlume/Fapesp, 2011.

Filme documentário: *1a CONCLAT: Conferência Nacional da Classe Trabalhadora*. Diretor Adrian Cooper, 2011. https://www.youtube.com/watch?v=xpFx4GjHOII

Lugares de Memória dos Trabalhadores #93: Companhia Têxtil Brasil Industrial, Paracambi (RJ)

Paulo Keller

Cia. Têxtil Brasil Industrial – Mestres, contramestres e encarregados – 1950.

A cidade de Paracambi, localizada a cerca de 80 km do Rio de Janeiro, num sopé na baixada fluminense e já nos limites do vale do café no sul do estado, tem hoje como seu principal símbolo a imagem da fábrica de tecidos da antiga Cia. Têxtil Brasil Industrial. A implantação pioneira desta grande fábrica de tecidos na década de 1870, nesta região, propiciou o surgimento de uma comunidade de trabalhadores têxteis que foi o núcleo principal aglutinador da população que hoje constitui o município de Paracambi.

Os fundadores desta antiga Companhia eram otimistas em relação à escolha do local de implantação da fábrica. O espaço apresentava um conjunto de vantagens, como a facilidade e comodidade de tráfego, a existência de um serviço telegráfico e do correio diário, a proximidade do grande mercado da capital (apenas 1h 30min de viagem em via-férrea), a abundância e altura das águas aproveitáveis para moverem o maquinismo da fábrica, além da povoação já existente no local. Todos esses fatores justificavam a escolha das terras da antiga fazenda do Ribeirão dos Macacos, no então município de Itaguay, para sede deste empreendimento industrial. Distava apenas 1 km da Estação Ferroviária de Macacos (inaugurada em 1861), um ramal da Estrada de Ferro D. Pedro II.

A fábrica de tecidos de algodão da Companhia Têxtil Brazil Industrial foi estabelecida inicialmente em 1870. Foi montada em um imponente edifício com 500 pés de comprimento sobre 50 de largura, com 3 andares, além das lojas, com alicerces de pedra e grossas paredes de pedra rústica até o vigamento do 1.o andar; e com paredes de tijolos daí para cima. Contudo, a Companhia não pode ir avante e foi dissolvida. Sendo que, no ano seguinte, em 1871, ela foi reorganizada, idêntica em tudo à primeira, com apenas ligeiras modificações em seus estatutos aprovados em 6 de setembro de 1871. A primeira diretoria eleita era composta pelos fundadores da empresa: Francisco de Assis Vieira Bueno, Zeferino de Oliveira e Silva e Joaquim Dias Custódio de Oliveira, capitalistas de origem portuguesa que haviam acumulado recursos no comércio da capital.

Essa foi a primeira grande(e até o final da década de 1880 a maior) fábrica de tecidos de algodão do Brasil. A Fábrica Brasil Industrial era equipada com 24.000 fusos e 400 teares, empregando inicialmente 400 pessoas. Neste período a cidade e a província do Rio de Janeiro tornaram-se o principal centro da indústria têxtil de algodão do Brasil.

A falta de uma vila operária estruturada no início do empreendimento gerava dificuldades para superar a escassez de operários. Assim, em 1886, a companhia já havia providenciado casas para os trabalhadores, constituindo uma vila operária. Em 1888 foram concluídas as "obras de saneamento da localidade". A iluminação elétrica da vila ocorreu em 1919. À medida que se configurava o sistema de fábrica com vila operária, surgia uma ampla rede de serviços que incluía escola, armazém, clube social e esportivo, além de um posto de saúde e de uma capela. Estes serviços oferecidos na vila, tanto funcionavam como mecanismos de controle quanto espaços de sociabilidade dos operários e operárias em sua vida cotidiana, reforçando uma identidade cultural operária expressiva nesta comunidade de trabalhadores.

Essa forte identidade de classe compartilhada foi fundamental em momentos de crise como o vivido em 1918, quando uma grande greve colocou em xeque as formas de dominação e controle social da empresa. Liderados pelos anarco-sindicalistas da União dos Operários em Fábricas de Tecido do Rio de Janeiro, os cerca de 2 mil e 500 operários e operárias de Paracambi paralisaram seu trabalho por vários dias reivindicando a redução das extensas jornadas de trabalho. Apesar de fortemente reprimida, a greve logrou a extinção do trabalho aos domingos e legou uma cultura de resistência que se manifestaria, tanto no cotidiano fabril quanto no espaço público, em diversos momentos nas décadas seguintes.

Na segunda metade do século XX, a Cia. Têxtil Brasil Industrial passaria a enfrentar momentos de crise econômica e, a partir dos anos 1960, um contínuo declínio de seu antigo sistema fabril. Inicialmente com o transbordamento urbano da antiga vila operária, que resultou no surgimento do município de Paracambi, emancipado em 1960. Na década de 1970, as casas da vila foram vendidas e a rede de serviços foi sendo desativada. Nos anos 1980, o empreendimento industrial entrou em uma crise definitiva que levaria ao encerramento das suas atividades em 1996.

O tombamento deste sítio industrial como patrimônio histórico e cultural ocorreu ainda durante o funcionamento da fábrica em 1985 pelo Instituto Estadual do Patrimônio Cultural (INEPAC). O conjunto fabril tombado incluiu o edifício central (fábrica), a usina de força, a casa do diretor (casarão), a capela de Nossa Senhora da Conceição e edificações complementares, importantes espaços de memória local.

A transformação do prédio da fábrica em Centro de Ensino Público Integrado – Fábrica do Conhecimento ocorreu em 2002, passando a sediar diversas instituições educacionais tecnológicas e superiores públicas. Em 2020 foi criado o Centro de Memória e Museu da Indústria Têxtil projeto ligado ao IFRJ/Campus Paracambi, que funciona no prédio da antiga fábrica. O Centro de Memória constituí hoje um espaço de preservação deste valioso patrimônio industrial e de reflexão e de debate público sobre a memória da indústria e dos lugares de memória do trabalho fabril têxtil.

Referência bibliográfica

CIAVATTA, Maria (org.) *Memória e Temporalidades do Trabalho e da Educação.* Rio de Janeiro: Lamparina/FAPERJ, 2007.

KELLER, Paulo. *Cultura do trabalho fabril.* São Luís: EdUFMA, 2019.

http://www.edufma.ufma.br/index.php/produto/cultura-do-trabalho-fabril/

STEIN, Stanley. *Origens e Evolução da Indústria Têxtil no Brasil: 1850/1950.* Rio de Janeiro, Campus, 1979.

SUZIGAN, Wilson. *Indústria Brasileira: Origem e Desenvolvimento.* São Paulo, Brasiliense, 1986.

Site: Núcleo de Estudos do Centro de Memória Têxtil de Paracambi: https://memoriaoperariaparacambi.com.br/

Lugares de Memória dos Trabalhadores #94: Estação Ferroviária do Brás (Estação do Norte), São Paulo (SP)

Valéria Barbosa de Magalhães e Marilda Aparecida de Menezes

Estação do Norte no início do século XX. Cartão postal antigo, disponível em leilão do ano de 2015.

Eu viajo quinta-feira
Feira de Santana
Quem quiser mandar recado
Remeter pacote
Uma carta cativante
A rua numerada
O nome maiusculoso
Pra evitar engano
Ou então que o destino
Se destrave longe.

Meticuloso, meu prazer
Não tem medida,
Chegue aqui na quinta-feira
Antes da partida.
(Correio da Estação do Brás. Tom Zé, 1978)

A antiga Estação do Norte, no bairro do Brás na cidade de São Paulo, foi inaugurada em 1875. Ela tinha como destino a estação de Santo Antônio da Cachoeira que, a partir de 1877, passou a ser o local de ligação entre São Paulo e Rio de Janeiro.

Na segunda metade do século XIX, a construção de complexos ferroviários esteve diretamente associada à expansão da economia cafeeira. Boa parte do investimento nas ferrovias vinha de produtores de café. No final do século XIX, o Estado de São Paulo concentrava 3.471 km nas suas 18 linhas férreas. Localizada na mais importante área industrial e de moradia operária na cidade no início do século XX, a Estação do Norte foi se consolidando como um dos principais entroncamentos ferroviários de São Paulo.

Em 1945, no contexto do final da II Guerra Mundial, a Estação do Norte foi rebatizada como Estação Roosevelt, nome que até hoje carrega. Ao lado dela ficava a Estação do Braz (assim grafada até a década de 1940), que foi inaugurada em 1867 e construída pela São Paulo Railway. O nome Estação Brás é hoje usado pelo Metrô, localizada ao lado dessa ferrovia.

As linhas férreas do Estado de São Paulo foram responsáveis pelo transporte e pela continuidade dos fluxos migratórios ligados à economia cafeeira, tanto no caso dos imigrantes europeus e japoneses, quanto dos migrantes internos. Até a década de 1950, o trem era o principal meio de entrada de nordestinos em São Paulo, por exemplo. O protagonismo das ferrovias no transporte de migrantes para São Paulo só foi derrubado com a expansão da malha rodoviária, nos anos 1950, em especial com a inauguração da Rodovia Rio-Bahia. Nem por isso, no entanto, os trens deixaram de ser usados. A Estação do Norte continuaria a cumprir por muitos anos seu papel de catalisadora da chegada de pessoas do Nordeste em São Paulo.

Na memória dos migrantes, especialmente vindos do Nordeste, a Estação do Norte figura como eixo central. Alguns fatores explicam a relação objetiva e simbólica entre a estação, o Bairro do Brás e os migrantes nordestinos. Primeiramente, destaca-se a conexão entre a linha Central do Brasil e o Norte de Minas, para onde convergiam trabalhadores de diversas partes do Nordeste. Além disso, a Hospedaria dos Imigrantes se localizava ao lado dessa estação. Se antes servia aos imigrantes estrangeiros que se dirigiam às fazendas do interior do estado, a partir da década de 1930, a hospedaria passou a abrigar migrantes de várias partes do Brasil, em especial do Nordeste. Outro elemento que contribuiu para esse elo: a Estação do Norte se localizava na Zona Leste da cidade, cujos bairros concentram até hoje a maior população municipal de nordestinos e descendentes.

Era na Estação do Norte que os migrantes tinham o seu primeiro ponto de chegada em São Paulo, onde amigos, familiares – ou mesmo atravessadores ou intermediários, conhecidos por gatos – os encontrariam. Era ali que os agenciadores buscavam mão de obra tanto para a lavoura paulista, quanto para o setor de construção, indústria e serviços em expansão na região metropolitana de São Paulo, particularmente na segunda metade do século XX.

Nas lembranças de muitos migrantes, a estação era um espaço em que empregos eram negociados. Ela também era o ponto de partida das redes de apoio para a obtenção de trabalho e moradia logo na chegada.

O trem não era o único meio de transporte que trazia pessoas do Nordeste e do Norte de Minas para o Brás. Antes da inauguração da Rodoviária da Luz, nos anos 1960, era comum que as pessoas chegassem de ônibus, desembarcando no bairro do Brás, ao lado da Estação do Norte, o qual se configurava como o principal espaço de recepção dos migrantes na cidade.

O bairro do Brás, nas cercanias da Estação Roosevelt, foi também se tornando um espaço de comércio e sociabilidade dos migrantes. As chamadas "Casas do Norte", muitas no entorno da Estação, além de comercializarem produtos de origem nordestina, funcionavam também como "postos de correio" informais. Nelas, eram enviados e recebidos pacotes da cidade natal, mandados por famílias e portados por outros que ali chegavam e partiam, como traduziu a canção de Tom Zé.

Ainda que as migrações se justifiquem por uma heterogeneidade de motivos, era o trabalho que movia esses migrantes para São Paulo. Eram as redes sociais que, na maioria das vezes, propiciavam o encaixe de cada um deles no mercado de trabalho. Era o sonho de uma vida melhor no Nordeste que os impulsionava a migrar. Desta forma, os migrantes subverteram a condição de pura força de trabalho a eles designada pela sociedade, trazendo simbolismos e expectativas próprias muito diferentes daquelas a ele destinadas. A memória que carregam, tanto do lugar de origem quanto de chegada, é complexa e rica, agregando, para além do trabalho, imagens e espaços de histórias subjetivas e familiares.

É este o caso da Estação do Norte, lugar de trabalho, mas também de encontros, de trocas de informações e de produtos simbólicos da cidade de onde vieram. Lugar de saudade, mas também de construção de laços sociais entre os que estão lá e aqui. Ela é, portanto, mais do que um espaço geográfico ou um equipamento urbano de recepção da gente que vinha de outros estados e de outros países. A paragem do Brás e o seu entorno figuram-se como fundamentais lugares de memória dos trabalhadores migrantes na cidade de São Paulo

Referências bibliográficas

FONTES, Paulo. *Um Nordeste em São Paulo: Trabalhadores migrantes em São Miguel Paulista.* Rio de Janeiro: FGV, 2008.

MATOS, Odilon Nogueira de. Vias de comunicação. In HOLANDA, Sérgio Buarque de. *O Brasil Monárquico: declínio e queda do império. História Geral da Civilização Brasileira.* t. 2, v. 4. Rio de Janeiro: Bertrand Brasil,1995.

PAIVA, Odair. *Territórios da migração na cidade de São Paulo: entre a afirmação e negação da condição migrante.* Ideias. Campinas, 2011.

STEFANI, Celia Regina Baider. *O sistema ferroviário paulista: um estudo sobre a evolução do transporte de passageiros sobre trilhos.* Dissertação (Mestrado em Geografia Humana) – Faculdade de Filosofia, Letras e Ciências Humanas, Universidade de São Paulo, São Paulo, 2007.

Lugares de Memória dos Trabalhadores #95: Casa do Trabalhador do Amazonas, Manaus (AM)

César Augusto Queirós

Lema da Casa do Trabalhador do Amazonas inscrito no salão principal da entidade.

Quem hoje, ao transitar pelo agitado centro de Manaus, passa pela rua Marcílio Dias, talvez não perceba, em meio à intensa movimentação dos vendedores ambulantes e dos transeuntes, um pequeno prédio que abriga parte importante da história dos trabalhadores e trabalhadoras amazonenses: a Casa do Trabalhador do Amazonas (CTA). Essa casa, foi palco de importantes lutas travadas pela classe trabalhadora do estado nas últimas sete décadas, tornando-se também espaço de sociabilidade e de intensa formação política.

Até meados da década de 1940, a maioria das entidades sindicais amazonenses não possuía sede própria. Em 1944, cumprindo promessa feita aos trabalhadores amazonenses e seguindo a "política de assistência social do presidente Getúlio Vargas", o então interventor federal Álvaro Maia adquiriu um imóvel situado na rua Marcílio Dias, 256. As instalações foram cedidas pela Delegacia Regional do Trabalho para a instalação da Casa do Trabalhador do Amazonas (CTA), servindo como sede para diversos sindicatos e associações. Em agosto de 1947, o prédio passaria definitivamente às entidades sindicais, já no governo de Leopoldo Neves.

A Casa do Trabalhador do Amazonas foi criada com a finalidade "servir de sede às entidades sindicais existentes ou que vierem a ser organizadas" no estado. Sua primeira diretoria, eleita em junho de 1947, era presidida por Otavio Teixeira Morais da Câmara, do Sindicato dos Gráficos. Seu lema, "Paz, Trabalho, Pão e Liberdade", até hoje está inscrito nas paredes da Casa do Trabalhador.

Nos anos 1950, alguns dos principais sindicatos do Amazonas estavam vinculados à CTA, incluindo as Federações dos Trabalhadores das Indústrias e dos Trabalhadores de Transportes Fluviais. Mais de duas dezenas de entidades sindicais tinham conexão com a Casa.

Além de abrigar as sedes dos sindicatos, a Casa do Trabalhador oferecia ainda assistência médica e gabinete dentário a seus associados. Seus salões, além de servirem de espaço para as diversas assembleias dos trabalhadores, abrigavam ainda bailes de carnaval, festividades, competições esportivas e atividades de formações políticas, caracterizando-se como um importante local de sociabilidade e vivência associativa. Em julho de 1947, por exemplo, o Sindicato dos Taifeiros, Culinários e Panificadores em Transportes Fluviais convidava os trabalhadores para uma "esplendorosa e animada" festa dançante. Frequentemente eram realizados bailes ao som de conhecidas "jazz-bands" com o objetivo de angariar fundos para algum trabalhador enfermo ou necessitado.

A CTA recebia auxílio financeiro do Ministério do Trabalho, por meio da Delegacia Regional do Trabalho (DRT) para os custos de manutenção e para seus projetos sociais. Nos primeiros anos da Casa era evidente a estreita relação entre sua diretoria eleita e a DRT, por meio da figura do delegado Edmundo Fernandes Levy, que atuava diretamente na dotação orçamentária, obtenção de recursos e atividades cotidianas da Casa.

Essa forte aproximação do CTA com a Delegacia Regional do Trabalho, começou mudar em 1958, com a eleição de Manoel Amâncio de Oliveira, do Sindicato dos Portuários, para a presidência da Casa do Trabalhador. A CTA passou a adotar uma postura mais independente, atraindo um novo grupo de sindicalistas. Muitas dessas novas lideranças tinham ligações com o PCB, o que acirrou as disputas políticas no meio sindical, colocando em rota de colisão a nova direção e o grupo ligado ao PTB, que prestava apoio aos governos trabalhistas de Plínio Coelho e Gilberto Mestrinho.

Neste contexto, as eleições de 1960 para a direção da CTA foram bastante conturbadas e ocorreram em um clima de radicalização. Durante a eleição, a proposta de alteração do estatuto da entidade e a não homologação de alguns membros do Sindicato dos Trabalhadores das Indústrias de Alimentação resultaram em tensas discussões e um conflito físico entre os sindicalistas. Os membros da oposição, ligados ao PTB, se retiraram do pleito e foi eleita a chapa apoiada pelos comunistas e encabeçada por Francisco Washington, do Sindicato dos Garçons. Este episódio representou uma ruptura no movimento sindical amazonense uma vez que os sindicatos descontentes pediram seu afastamento da CTA e inauguraram uma nova sede: a Casa dos Sindicatos de Manaus (CSM). Na solenidade de inauguração da CSM, estavam presentes o Delegado Regional do Trabalho, Nelson Braga; Danilo Areosa, representando o Governador Gilberto Mestrinho (PTB) e algumas autoridades militares. Na ocasião, foi reafirmado o apoio daquelas associações ao governador.

De toda forma, no período que precedeu o Golpe de 1964, a Casa do Trabalhador do Amazonas tornou-se um espaço privilegiado nas lutas sociais da classe trabalhadora amazonense. Foi um lugar de organização e apoio vital para os mais importantes movimentos paredistas deflagrados naqueles anos, como a greve dos Portuários, ocorrida em 1958, as greves dos tecelões e estivadores, em 1962, e a greve dos bancários, em 1963.

A repressão desencadeada pela ditadura instituída em 1964 e uma nova reconfiguração da classe trabalhadora e do movimento sindical nas décadas seguintes enfraquecerem a centralidade da Casa na vida social do Amazonas. No entanto, a despeito de todos os obstáculos, a Casa do Trabalhador do Amazonas resiste e continua abrigando sindicatos, realizando atividades de formação e segue sendo, há sete décadas, o "quartel general dos trabalhadores da terra cabocla".

Referências bibliográficas

QUEIRÓS, César Augusto Bubolz. A Casa do Trabalhador do Amazonas: o quartel general dos trabalhadores da terra cabocla (1944-1964). In: Clarice Gontarski Speranza. (Org.). *História do Trabalho: entre debates, caminhos e encruzilhadas.* Jundiaí: Paco Editorial, 2019.

QUEIRÓS, César Augusto Bubolz. 'Que fizeram com meu pai?': sindicalismo e ditadura no Amazonas. *Escritas do Tempo*, v. 2, 2020. https://periodicos.unifesspa.edu.br/index.php/escritasdotempo/article/view/1204

VALENTE, Aviz. *CGT: antecedentes e protagonistas.* Manaus: Travessia, 2005.

Lugares de Memória dos Trabalhadores # 96: Casa da Cajá, São Félix (BA)

Walter Fraga

Fotografia da Casa da Cajá. A árvore brota de dentro do terreiro.

A cerca de seis quilômetros do centro da cidade de São Félix, no Recôncavo Baiano, na margem direita do rio Capivari, encontra-se um dos mais antigos terreiros de candomblé da Bahia. A casa de oração foi construída às margens do rio e por isso ficou conhecida como Candomblé do Capivari. O cenário impressiona pela beleza, o rio, as árvores que envolvem a casa de culto e as montanhas. A árvore sagrada, uma centenária cajazeira, brota de dentro do próprio terreiro, daí que o lugar é também conhecido como a Casa da Cajá.

Não muito longe do terreiro, a cerca de trezentos metros, podemos ainda avistar as ruínas do aqueduto que movia a moenda do antigo Engenho Natividade. Segundo a tradição oral, um escravo chamado Anacleto Urbano da Natividade foi o fundador da casa de culto a Obaluaiê, o orixá da cura e das doenças.

A conquista do território sagrado teria acontecido durante uma grande epidemia ocorrida na região. Na ocasião, Anacleto Urbano teria curado centenas de pessoas, inclusive membros da família dos seus senhores. Em retribuição, teria sido concedido ao curandeiro a permissão para construir a casa de oração e cura em terras do engenho. A fama de curandeiro correu por toda região e mesmo depois da grande epidemia, pessoas de várias partes da província continuaram a procurá-lo. E realmente até o início do século XX, anualmente, no dia de São Roque, romeiros de várias localidades da Bahia ainda recorriam ao terreiro de Anacleto, mesmo após sua morte. Possivelmente a tradição oral se refira a epidemia de varíola que grassou na Bahia em 1889.

O engenho era propriedade da influente família Tosta, que além da riqueza em terras e escravos era intensamente envolvida com a política no Segundo Império. Em 1856, quando se fez o inventário da proprietária Joana Maria da Natividade Tosta apurou-se que o engenho possuía cerca de 4 mil tarefas de terras, parte delas dedicadas ao plantio de cana-de-açúcar. Foram inventariados 137 escravos, 68 homens e 69 mulheres. Destes, 42 cativos eram africanos, os demais crioulos e mestiços, ou seja, nascidos no Brasil.

A propriedade tinha várias construções, entre as quais uma casa de engenho de fabricar açúcar, casa de purgar e de alambique, casa de bagaço e tanque de mel. O conjunto se completava com seis casas de telha arruinadas, provavelmente servindo de senzalas. Próximo a estas construções, erguia-se a casa-grande, um sobrado com pavimento térreo e andar superior onde residiam os proprietários. Segundo os antigos moradores, dentro do sobrado havia um oratório onde os senhores realizavam cerimônias religiosas católicas, casamentos e batismos dos filhos dos escravos.

Na lista dos escravos anexa ao inventário localizamos o famoso curandeiro, o mesmo que aparece na memória e ainda é venerado pelas famílias de santo das cidades de São Félix e Cachoeira. Na lista ele aparece registrado como Anacleto, crioulo, dezesseis anos, "aprendiz de ferreiro". Esta evidência contradiz a tradição oral que afirma que Anacleto Urbano era africano. Mas havia entre os escravos listados um africano chamado Urbano, maior de quarenta anos, trabalhador na lavoura e com ofício de fornalheiro, "afetado de cansaço", ou seja, sofrendo de alguma doença respiratória. Provavelmente Urbano era pai de Anacleto.

Pela tradição oral pode-se perceber que ele atuava como elo de ligação entre a casa grande e a comunidade da senzala. Conta-se que tinha grande capacidade de negociar e influenciar as decisões dos Tosta no sentido de modificar a sorte dos parceiros escravos, especialmente dos que fugiam ou dos que não desejavam que seus filhos e filhas fossem transferidos ou vendidos para outros engenhos.

Após a abolição da escravidão no Brasil, em 1888, muitos ex-escravos permaneceram nas propriedades em que nasceram ou viveram cativos. Mas não ficaram por submissão ou dependência. As motivações para permanecerem nos locais eram outras e seguiam uma lógica que os próprios libertos traçaram para as suas vidas. Muitas vezes a permanência nos locais estava ligada à defesa do direito que haviam adquirido durante o cativeiro de continuarem a ter acesso às roças. Para a família de Anacleto a permanência foi também ditada por obrigações religiosas com o lugar.

No Engenho Natividade, muitos continuaram cultivando pequenos lotes de terras mediante o pagamento de arrendamento. Trabalhadores libertos trabalhavam alguns dias da semana para a família Tosta e em compensação recebiam pequenos lotes para cultivar mandioca e outros gêneros que eram comercializados nas feiras de São Félix e Cachoeira. Muitas famílias de ex-escravos continuaram vivendo da renda de pequenos lotes de terras e foi assim que emergiram do cativeiro.

No início do século XX, a comunidade em volta do terreiro formada por remanescentes das famílias de antigos trabalhadores escravizados foi se diversificando e agregando pequenos lavradores, pescadores e ferroviários. Uma escola primária acolhia crianças de toda a redondeza. Ao longo do século, o terreiro da Casa da Cajá foi o território de uma comunidade que resistiu às investidas dos antigos senhores de reaverem aquela parcela da fazenda e também às diversas investidas da polícia contra o terreiro de candomblé. Ainda hoje, é celebrada a festa católica de São Roque, que acontece paralelamente ao culto de obaluayê, o orixá da cura.

O terreiro da Casa da Cajá simboliza tanto a luta pela terra como pela liberdade religiosa e é um fundamental lugar de memória da cultura negra e dos/as trabalhadores/as da Bahia.

Referências bibliográficas

COUTO, Edilece Souza; SILVA, Marco Antônio Nunes da; SOUZA, Grayce Mayre Bonfim (org.). *Práticas e vivências religiosas. Temas de história colonial à contemporaneidade luso-brasileira.* Salvador: Edufba/Vitória da Conquista: Edições Uesb, 2016.

SANTOS, Edmar Ferreira. *O poder dos candomblés: perseguição e resistência no Recôncavo da Bahia.* Salvador: Edufba, 2009.

PARÈS, Luís Nicolau. *A formação do candomblé: história e ritual de nação jeje na Bahia.* São Paulo: Editora da Unicamp, 2006.

DAVID, Onildo Reis. *O inimigo invisível. A epidemia na Bahia no século XIX.* Salvador: Edufba, 1996.

FRAGA, Walter. *Encruzilhadas da liberdade: histórias de escravos e libertos na Bahia (1870-1910).* Campinas: Editora da Unicamp, 2006.

Lugares de Memória dos Trabalhadores # 97: Fábrica e vila operária Rheingantz, Rio Grande (RS)

Caroline Matoso

Vila operária da Fábrica Rheingantz.

A primeira empresa têxtil do Rio Grande do Sul se estabeleceu no município de Rio Grande em 1873, sendo conhecida popularmente como Fábrica Rheingantz. A indústria atraiu migrantes de regiões rurais e de imigrantes europeus que viam nela uma oportunidade de emprego. Assim como outras tecelagens do período, em 1884 a Rheingantz criou uma vila operária no entorno de sua fábrica visando garantir uma mão de obra estável. Além de casas de moradia, a vila contava com creche e escola primária, salão de festas, biblioteca, corpo de bombeiros, clube cultural, restaurante, mercearia, assistência médica e pecuniária.

Em 1879, a empresa do imigrante alemão Carlos Guilherme Rheingantz já contava com 900 operárias(os) e 100 costureiras que trabalhavam em suas residências. Em 1907, estava entre as 100 maiores indústrias do Brasil com 1.008 trabalhadoras(es).

De um lado, a vila operária facilitava o controle social. Os moradores eram constantemente vigiados e situações de seu cotidiano familiar eram frequentemente reportadas aos mestres da empresa, sendo passíveis de punições. Por outro, a vila era também um espaço fundamental de sociabilidade e formação de identidades, redes de solidariedade e ajuda mútua entre os trabalhadores.

A fábrica e sua vila também ocupavam um espaço importante na geografia social de Rio Grande. Suas sirenes para as trocas de turno ecoavam por toda a cidade e são até hoje lembradas. Nas memórias das(os) operárias(os) da empresa, um dos pré-requisitos para adquirir moradia na vila operária era ser "chefe de família", o que, na prática, excluía as mulheres trabalhadoras.

As mulheres formaram a maioria da mão de obra da Fábrica Rheingantz durante todo o seu período de funcionamento. As operárias se encontravam sobretudo na seção da tecelagem. No entanto, cargos como contramestre e mestres de sessão eram ocupados exclusivamente por trabalhadores do sexo masculino, em geral alemães e seus descendentes.

A operária Soeli Botelho, por exemplo, comenta que começou a trabalhar na Fábrica Rheingantz aos 14 anos de idade, em 1947. A tapeçaria, seção no qual trabalhou até os 18 anos, era destinada apenas ao trabalho de crianças. A produção de tapetes era um setor importante da fábrica e os menores de idade recebiam a metade do salário destinado a um trabalhador adulto.

A feminização do trabalho industrial têxtil foi um fenômeno internacional comum entre os séculos XIX e XX. Em entrevistas realizadas com trabalhadoras(es) da empresa, estas associavam o fato de haver mais mulheres na sessão de tecelagem pela característica do trabalho exigir paciência, sendo uma tarefa monótona. Estas trabalhadoras eram em sua maioria brasileiras de regiões próximas à fábrica e, em 1932, quando o trabalho feminino noturno foi proibido por lei, a empresa realizou campanhas de recrutamento de tecelões em Pernambuco.

O controle e disciplinamento dos(as) trabalhadores (as) também eram estritos no interior do espaço fabril. Comportamentos considerados inadequados, como risadas e conversas eram punidos com descontos salariais e até demissões. Mas também eram comuns diferentes formas de resistências dos(as) operárias no processo produtivo. Muitas vezes as máquinas eram propositadamente quebradas ou desligadas antes da sirene tocar, fios eram estragados e eram recorrentes as brigas e discussões com os mestres e feitores.

A cidade de Rio Grande foi palco de intensas lutas sociais. Durante muito tempo foi conhecida como a "cidade vermelha". A primeira notícia de movimentações grevistas no município data de 1890, quando as tecelãs da Fábrica Rheingantz paralisaram o trabalho, reivindicando a demissão de um inspetor da empresa pelos maus tratos dispensado às(os) operárias(os). Desde então, o movimento operário e a participação das mulheres foi se fortalecendo. Uma das figuras importantes na história do movimento operário de Rio Grande é a tecelã da Fábrica Rheingantz, Angelina Gonçalves, que foi brutalmente assassinada pela polícia durante uma manifestação no 1º de maio de 1950. Angelina Gonçalves era militante do Partido Comunista do Brasil (PCB), e desde fins da década de 1940, uma das lideranças da União das Mulheres-Riograndinas.

No anos 60, a Fábrica Rheingantz passou por um período de crise financeira e administrativa, com constantes atrasos do pagamento dos salários das(os) trabalhadoras(es). Não conseguindo se reerguer e mergulhada em dívidas de indenizações trabalhistas, a empresa decretou sua falência em 1968. Dois anos depois, a empresa reabriu com novos donos, intitulando-se Inca Têxtil, permanecendo funcionando parcialmente até 1990.

Diante das tentativas dos antigos proprietários da empresa de desapropriação das residências na vila operária, em 2009 ocorreram audiências públicas para debater a regularização das casas operárias. Durante as audiências iniciou-se um debate que envolveu diversos setores da sociedade de Rio Grande sobre a patrimonialização da fábrica e da vila operária Rheingantz.

Em 2012, o prédio da Fábrica Rheingantz e a vila operária foram tombados pelo IPHAE – Instituto do Patrimônio Histórico do Estado -, conservando-se sua estrutura física e preservando a memória de um espaço laboral no qual parte dos habitantes de Rio Grande desenvolveram sua infância, adolescência e vida adulta. Recentemente, a Innovar Incorporações, proprietária da fábrica desde 2012, assinou um termo de intenção com a Universidade Federal de Rio Grande (FURG) para a implementação de um museu e de um acervo histórico naquelas antigas instalações fabris.

Referências bibliográficas:

COSTA, Vanessa Avila. *Procura-se objetos e memórias da Fábrica Rheingantz: uma exposição arqueológica digital.* Biblioteca Pública de Pelotas, 2020.

Disponível em: http://museuhistoricobpp.com.br/index.php/2020/07/28/procura-se-objetos-e-memorias-da-fabrica-rheingantz/

FERREIRA, M. L. M. Os fios da memória: a Fábrica Rheingantz, entre o passado, presente e patrimônio. *Horizontes Antropológicos*, ano 19, n. 39, 2013.

FERREIRA, M. L. M. *Os três apitos: memória coletiva e memória pública, Fábrica Rheingantz, Rio Grande, RS, 1950-1970*. Tese (Doutorado em História) – Faculdade de Filosofia e Ciências Humanas, Pontifícia Universidade Católica do Rio Grande do Sul, Porto Alegre, 2002.

MATOSO, Caroline D; LEDERMAN, Luana S. A resistência das operárias da fábrica Rheingantz aos métodos punitivos: Transgressões no ambiente Fabril (Rio Grande 1920-1968). *Revista Ars Histórica,* nº19, 2019.

MATOSO, Caroline Duarte. *As Marias que tecem o amanhã : fiando a existência e tramando a resistência na fábrica Rheingantz (Rio Grande, 1920-1968).* Dissertação (Mestrado em História). Instituto de Ciências Humanas, Universidade Federal de Pelotas, Pelotas, 2019.

Lugares de Memória dos Trabalhadores # 98: Fábrica da Volkswagen do Brasil, São Bernardo do Campo (SP)

Marcelo Almeida de Carvalho Silva

Troca de turno dos trabalhadores da Volkswagen na década de 1970.

A rodovia Anchieta é conhecida pelos enormes congestionamentos de carros em feriados prolongados, uma vez que é a estrada que faz a ligação entre a capital paulista e a região praiana de Santos. Mais do que uma via de acesso ao litoral, a estrada abriga diversas indústrias, em particular no município de São Bernardo do Campo. Entre elas, aquela que foi a maior planta industrial da história brasileira, a fábrica da Volkswagen do Brasil (VWB), localizada no quilômetro 23,5 da rodovia.

Desde sua entrada no Brasil em 1953, a Volkswagen funcionava em um galpão alugado na rua do Manifesto, no bairro do Ipiranga em São Paulo, onde montava os veículos com peças trazidas da Alemanha. Inicialmente fora dos planos da matriz alemã, a construção da fábrica em solo brasileiro só foi confirmada após mudanças na política de incentivos governamentais e do empenho do então Presidente Juscelino Kubitschek. A implantação da indústria automobilística na região do ABC paulista foi uma das peças centrais do chamado Plano de Metas do seu governo e propagandeada como uma representação do progresso e modernidade do país.

Assim, em 1956 teve início a construção da grandiosa planta de fabricação de carros em um terreno de mais de 1 milhão de m2 às margens da rodovia Anchieta, estrategicamente escolhida por facilitar o escoamento da produção e transporte de matéria prima. Menos de um ano depois, em 1957, a fábrica começou a produzir kombis e em 1959, no mesmo ano em que passou a produzir carros de passeio, foi oficialmente inaugurada.

Desde então, o que se viu foi um crescimento da produção de veículos que transformou a Volkswagen na maior empresa do setor automobilístico brasileiro. A relevância da fábrica aumentou após o golpe de 1964, já que a empresa se engajou no projeto de crescimento econômico promovido pelo governo federal estabelecendo metas de aumento da produção no final dos anos 1960 e início dos anos 1970. Se, em 1964 o total de trabalhadores da empresa não passava de 10 mil, em 1971 já eram 27 mil. Ao longo daquela década a fábrica da Volkswagen em São Bernardo do Campo chegou a empregar mais de 40 mil trabalhadores, em sua esmagadora maioria homens, em grande parte migrantes nordestinos e de outras regiões do país. O principal produto da fábrica, o popular Fusca, tornou-se um dos principais símbolos do "milagre econômico" da ditadura brasileira.

No chão da fábrica, a grandiosidade da Volkswagen tinha uma outra face. Seus operários eram submetidos a um cotidiano de superexploração, acidentes de trabalho e vigilância permanente. Não por acaso, muitos associavam o despotismo fabril da empresa ao passado de colaboração da Volkswagen com o nazismo. De fato, Franz Stangl, responsável pelo setor de monitoramento e vigilância da fábrica nos anos 60, foi comandante do campo de concentração de Treblinka. Denunciado em 1967 por Simon Wiesenthal, conhecido como o "caçador de nazistas", foi preso e extraditado para a Alemanha. Outros dirigentes alemães da empresa também haviam tido ligações com o Partido Nazista.

As ações de militantes políticos e ativistas sindicais eram amplamente vigiadas e reprimidas pela empresa. O departamento de segurança industrial da Volkswagen era uma extensão dos órgãos de repressão, compartilhando informações, relatórios de vigilância e até mesmo fichas funcionais de seus trabalhadores com o DOPS, a polícia política. Em 1972, por exemplo, os membros de uma célula do Partido Comunista Brasileiro (PCB) na empresa foram presos graças à estreita colaboração do departamento de segurança industrial da VWB com os órgãos de repressão do governo. Lucio Bellantani, um dos líderes da célula foi detido, agredido e torturado no pátio da fábrica.

A violência e repressão, no entanto, não impediram que os trabalhadores da Volkswagen se constituíssem em um dos principais núcleos do chamado "novo sindicalismo". Tiveram participação central nas greves metalúrgicas do final dos anos 1970 e início dos 1980, fundamentais no processo de redemocratização do país. Em 1982, foi criada a Comissão de Fábrica dos Trabalhadores da VWB. Além disso, lideranças operárias da Volkswagen, como Devanir Ribeiro, Mario Barbosa, Luís Marinho, Wagner Santana, entre outros, têm tido um papel destacado no Sindicato dos Metalúrgicos do ABC, na CUT e na vida política do país em geral.

A ação sindical, mas também as profundas transformações tecnológicas da própria empresa e do mercado automobilístico do país alteraram bastante a planta Anchieta, como a fábrica de São Bernardo do Campo é conhecida. Depois do ápice dos anos 1970, o número de empregados diminuiu até chegar nos atuais 8 mil e duzentos trabalhadores (cerca de 10% deste total são mulheres). A robotização e novas formas de gestão também alteraram o perfil do trabalho e dos operários. A produção foi diversificada nas quatro fábricas que hoje a Volkswagen possui no Brasil, mas, apesar das ameaças de desindustrialização da região do ABC paulista, a planta Anchieta mantém-se como a maior da empresa.

O passado, no entanto, ainda pesa sobre a grande fábrica de São Bernardo do Campo. Em 2015 foi aberta uma representação pública contra a VWB por violação dos direitos humanos de seus trabalhadores durante a ditadura. Cinco anos depois a empresa assinou um acordo com o Ministério Público, pelo qual reconheceu as violações, pagou indenizações e estabeleceu políticas de reparação. O processo contra a Volkswagen do Brasil tornou-se histórico e foi um importante passo na luta pelo direito à verdade, justiça e memória no Brasil.

Referências bibliográficas:

SALES, Telma Bessa. *Trabalho e reestruturação produtiva: o caso da Volkswagen em São Bernardo do Campo.* São Paulo: Annablume, 2002.

HUMPHREY, John. *Fazendo o "milagre": controle capitalista e luta operária na indústria automobilística brasileira.* Petrópolis: Vozes, 1982.

NEGRO, Antonio Luigi. *Linhas de montagem: o industrialismo automotivo e a sindicalização dos trabalhadores (1945-1978).* São Paulo: Boitempo, 2001.

SILVA, Marcelo A.C. "A expansão da Volkswagen do Brasil baseada em políticas econômicas e alinhamento ideológico". In: Campos, P.H.P; Brandão, R.V.M e Lemos, R.L.C.N. *Empresariado e ditadura no Brasil.* Rio de Janeiro: Ed. Consequência 2020.

Filme Documentário: *Cúmplices? - A Volkswagen e a Ditadura Militar no Brasil* (Komplizen? - VW und die brasilianische Militärdiktatur). Direção Stefanie Dodt e Thomas Aders. (2017). Disponível em https://www.youtube.com/watch?v=1iWmAmvNMNg

Lugares de Memória dos Trabalhadores #99: Ponte Rio-Niterói, Niterói (RJ)

Pedro Campos

Operários comemoram a colocação do último vão da Ponte Rio-Niterói em 1973.

A ponte Rio-Niterói, que liga as cidades do Rio de Janeiro e de Niterói, foi uma das principais obras realizadas durante a ditadura brasileira. Construída entre os anos de 1969 e 1974, em pleno "milagre econômico", a ponte tem o nome oficial do ditador Artur da Costa e Silva. Foi um dos principais símbolos do "Brasil Grande", projeto nacionalista do regime. O empreendimento guarda várias marcas da ditadura, como a participação de militares na direção dos trabalhos, o beneficiamento de empresários afinados ao regime, o reforço do modelo rodoviário de transportes e a superexploração do trabalho, com particular negligência em relação à saúde e segurança dos trabalhadores.

A ditadura brasileira foi responsável por algumas obras de grande porte, usadas largamente como peças de propaganda. A publicidade do governo explorava de forma ufanista a realização de projetos como a rodovia Transamazônica, a usina termonuclear de Angra dos Reis, a hidrelétrica de Itaipu e a ponte Rio-Niterói. A ponte, construída na antiga capital e em um dos mais famosos cenários do país, tinha uma particular visibilidade e sensibilidade política para a ditadura. Além disso, eram privilegiados os investimentos rodoviários, associados às empresas multinacionais automotivas e às empreiteiras de obras públicas, responsáveis pelas obras das estradas de rodagem, dentre outros serviços de engenharia.

A proposta de uma união física entre as cidades do Rio e de Niterói era antiga, sendo que os primeiros projetos de túneis e pontes unindo os dois lados da baía de Guanabara remontam ao século XIX. Em 1968, o Departamento Nacional de Estradas de Rodagem (DNER) desenvolveu um projeto de uma ponte unindo as duas cidades, em uma via que contabilizava um total de 13,9 quilômetros, sendo 8,9 km sobre as águas da baía. A obra teve financiamento britânico, com fornecimento de aço especial para a construção do vão central. O projeto foi à concorrência pública e a obra teve início em 1969.

O primeiro consórcio, formado por construtoras brasileiras, começou a realizar a obra, mas encontrou dificuldades diversas, dentre as quais algumas derivadas da falta de estudos mais detalhados sobre as condições de construção e, principalmente, de escavação do fundo da baía de Guanabara para a instalação das fundações como os tubulões. Os recorrentes atrasos no cronograma da obra provocavam irritação no governo e preocupação com potenciais desgastes políticos. Com as dificuldades acumuladas pelo consórcio, ele foi dispensado e o conjunto de empresas que ficou em segundo lugar na licitação foi chamado para gerir a obra, que passaria a ser dirigida por uma empresa pública, a Empresa de Construção e Exploração da Ponte Presidente Costa e Silva, conduzida por um militar, em regime de administração.

Cerca de 10 mil operários trabalharam na construção, além de 200 engenheiros. Era o auge da ditadura e as condições de trabalho eram precárias e sem o atendimento dos itens básicos de segurança. Os acidentes eram frequentes e, só em um deles morreram mais de dez trabalhadores. De acordo com o jornalista Romildo Guerrante, "morreram vários operários. Em um dos acidentes, eu me lembro bem, morreram 12 pessoas, inclusive um engenheiro. O acidente foi no dia 25 de março de 1970, ou seja, um ano após o início das obras." Oficialmente faleceram 33 funcionários ao longo da construção, mas existem relatos de até 400 mortes, em especial na edificação dos pilares da ponte. Em plena Baía de Guanabara, a construção da Ponte Rio-Niterói escancarava o outro lado do "milagre" e da propaganda governamental num momento em que o país batia recordes mundiais de acidentes de trabalho.

A maior parte dos trabalhadores era composta por homens jovens, negros e mulatos, muitos dos quais migrantes nordestinos. Os salários variavam conforme o grau de especialização do operário, girando em torno de um a dois salários mínimos entre os operários com menos instrução. Muitos deles trabalhavam em determinados projetos e eram demitidos após a entrega do empreendimento, havendo outros que atuavam em partes específicas da obra. Obra estratégica, teve especial atenção da ditadura, com um sistema de disciplina, vigilância e controle particularmente intenso sobre as ações e trabalho dos operários. Eventuais conflitos, brigas e desavenças eram rapidamente reprimidos pela direção militar do empreendimento.

A ponte Rio-Niterói foi inaugurada em março de 1974. Na cerimônia de lançamento da obra, o ministro dos Transportes do governo Médici, coronel Mário Andreazza, teceu loas à ponte como um "monumento à Revolução de 1964" e em um reconhecimento implícito das péssimas condições e dos frequentes acidentes de trabalho, exaltou a "dedicação e competência do operário brasileiro, cujo ânimo, até nas horas mais dramáticas, jamais arrefeceu, tendo ao contrário, saído fortalecido dos reveses próprios de obra de tamanha envergadura".

A Rio-Niterói é hoje um importante meio de acesso entre as cidades da região metropolitana do Rio de Janeiro, tendo diariamente o tráfego de milhares de veículos. Apesar da facilidade que a via gera para o transporte entre as cidades da região, a sua construção lembra um dos períodos mais violentos e autoritários da história brasileira, sendo seu nome uma homenagem ao ditador que determinou a edição do AI-5. Assim, o empreendimento parece colocar a questão da política de memória e, em particular, a querela da revisão dos nomes de logradouros e monumentos existentes em locais públicos, dado que em muitos casos, como diz a letra do samba, "tem sangue retinto pisado atrás do herói emoldurado".

Referências bibliográficas:

CAMPOS, Pedro Henrique Pedreira. *Estranhas Catedrais: as empreiteiras brasileiras e a ditadura civil-militar brasileira, 1964-1988*. Niterói: Eduff, 2014.

COUTINHO, Ronaldo do Livramento. *Operário da Construção Civil: urbanização, migração e classe operária no Brasil*. Rio de Janeiro: Achiamé, 1980.

LUCENA, Felipe. "História da construção da ponte Rio-Niterói". Portal eletrônico: *Diário do Rio*. Disponível no endereço: https://diariodorio.com/historia-da-construcao-da-ponte-rio-niteroi/

RAUTENBERG, Edina. "Veja e a ponte Rio-Niterói: a cobertura da revista sobre a construção da ponte". In: *Anais do IV Simpósio Lutas Sociais na América Latina: imperialismo, nacionalismo e militarismo no século XXI*. Londrina: UEL, 2010.

SILVA, Ana Beatriz Barros. *Corpos para o Capital:acidentes de trabalho, prevencionismo e reabilitação profissional durante a ditadura militar brasileira (1964-1985)*. Jundiaí: Paco, 2019

Lugares de Memória dos Trabalhadores #100: Companhia Nitro Química Brasileira, São Paulo (SP)

Paulo Fontes

Trabalhadores da Nitro Química em um piquete durante a greve de 1957. Ao fundo, discursando, Adelço de Almeida.

Sorridente, Getúlio Vargas recebeu o buquê de flores das mãos de Yole Souza e ouviu atento as palavras de gratidão da jovem operária que, em seu nome e de suas colegas, agradecia a visita do presidente à fábrica onde trabalhavam. Era a tarde de 26 de abril de 1940 e Vargas participava da cerimônia de inauguração oficial da Companhia Nitro Química Brasileira no bairro de São Miguel Paulista, periferia leste da cidade de São Paulo. Após visitar as instalações da fábrica, ouviu o discurso de um dos dirigentes da empresa. José

Ermírio de Moraes não apenas a agradeceu a visita, mas também enfatizou que a Nitro Química estaria "ao serviço devotado e constantes dos mais altos interesses econômicos e militares do Brasil".

O apoio do governo havia sido fundamental para o empreendimento. Horácio Lafer e José Ermírio de Moraes, dois autointitulados "capitães da indústria" paulista, viram no fechamento de uma fábrica de raiom nos Estados Unidos, a oportunidade de construir um complexo industrial químico no país. Com o decisivo suporte de Vargas, que autorizou a isenção de taxas alfandegárias, dezoito mil toneladas de máquinas, equipamentos e estruturas foram transferidas da Virgínia para São Paulo. O bairro de São Miguel foi escolhido pela proximidade da ferrovia, do rio Tietê e pelo baixo custo dos terrenos para a instalação da planta fabril. Após dois anos de épica construção, a indústria começou a produzir.

A complexa produção do raiom, um fio sintético conhecido como "seda artificial", então com largo uso comercial, permitia a fabricação de uma série de produtos químicos. Alguns deles de uso militar, o que certamente estimulou o apoio governamental. A Nitro, abreviação que logo se popularizou, era vista como um versátil complexo industrial que teria papel decisivo no progresso do país. O desenvolvimento industrial durante a II Guerra Mundial consolidou a Nitro Química como uma das maiores e mais lucrativas empresas brasileiras. Em 1946 já possuía quase 5 mil trabalhadores e esse número praticamente dobraria nos anos seguintes, quando os dirigentes da empresa elaboraram um ambicioso plano de expansão que visava tornar a companhia a "CSN do setor químico".

Foi durante a guerra também que a Nitro edificou seu setor de "Serviço Social", um grande aparato assistencial voltado para seus trabalhadores e suas famílias. Hospital, creche, clube esportivo, vilas operárias faziam parte de um sistema de benefícios propagandeado como missão de uma "indústria esclarecida e democrática com um capitalismo humano e progressista" a serviço dos interesses nacionais. O discurso empresarial usava largamente a noção paternalista de "família" em busca da "harmonia e paz social".

Essa retórica, no entanto, era contrastada com um cotidiano de superexploração, baixos salários, alta rotatividade e despotismo das chefias. As condições de trabalho, em particular, eram motivo de reclamações e protestos por parte dos operários. A fábrica era famosa por sua periculosidade e insalubridade. Histórias sobre o uso de batatas nos olhos para "sugar os gases" expelidos nas seções fabris, o temor de explosões (como a de 1947 que oficialmente teria matado 9 operários) ou sobre os efeitos da poluição do ar e das águas (a Nitro foi uma das maiores poluidoras do Tietê) marcaram gerações de moradores de São Miguel.

A maioria dos trabalhadores da Nitro eram homens migrantes rurais, em particular de Minas Gerais e do Nordeste. Grande parte, negros e descendentes dos povos originários do sertão brasileiro. Havia setores da empresa, no entanto, de predominância feminina. Essa presença migrante, especialmente nordestina, caracterizou a empresa e todo o bairro. A São Miguel "dos baianos" foi a região de maior crescimento da cidade entre as décadas de 1950 e 70. Inicialmente eram atraídos pela Nitro, mas logo pelos loteamentos baratos onde suas casas eram autoconstruídas. O bairro simbolizou como poucos a expansão periférica de São Paulo.

Uma forte cultura comunitária, ancorada nas experiências migratórias e de classe, forjou uma tradição de organização sindical e política entre os trabalhadores da Nitro Química. Já em 1945, uma passeata de celebração pela vitória aliada na guerra desdobrou-se num quebra-quebra em que os operários destruíram carros de chefes identificados como integralistas. No ano seguinte, uma greve de grandes proporções paralisaria vários setores da fábrica pela primeira vez. Neste período, o Partido Comunista do Brasil (PCB) teve forte influência no Sindicato dos Trabalhadores Químicos de São Paulo. A Nitro era a principal célula fabril do partido na cidade, sendo visitada por lideranças como Luís Carlos Prestes, Carlos Marighella e Jorge Amado.

A cassação do PCB e a intervenção no sindicato em 1947, bem como a repressão no interior da empresa, refreou, mas não eliminou a mobilização operária na Nitro. Em 1956, agora sob a liderança de Adelço de Almeida, baiano, negro e comunista, o Sindicato dos Químicos passou a ter uma presença ativa na vida da fábrica e do bairro. Em 1957, na esteira da "Greve dos 400 mil", os operários da Nitro paralisaram totalmente a empresa, naquilo que ficou conhecido como a "Batalha de São Miguel". A partir de então, teriam participação decisiva nas mobilizações da efervescente conjuntura do início dos anos 60.

Com o golpe de 1964, os militantes sindicais foram cassados e perseguidos. Além disso, a Nitro, com o fracasso de seu plano de expansão, entrou em crise e demitiu quase 1/3 de seus empregados em 1966. Apesar disso, a companhia, parte do poderoso grupo Votorantim, sobreviveu e permaneceu como um importante empresa na cidade. Durante a redemocratização, a militância operária também se reergueu e a fábrica foi uma das principais bases da oposição que conquistou o Sindicato em 1983. Três anos depois, as denúncias sobre as péssimas condições de trabalho na Nitro tiveram um peso considerável na derrota de Antônio Ermírio de Moraes, proprietário da fábrica, nas eleições para governador de São Paulo.

A partir dos anos 1990, a empresa perdeu prestígio e poder econômico. Em 2011, após uma campanha que mobilizou moradores e organizações de São Miguel, o órgão municipal de preservação do patrimônio tombou algumas estruturas da fábrica. Nesse mesmo ano, o grupo Votorantim vendeu a empresa para um fundo de investimentos. Era o fim de uma era, apesar da fábrica continuar em funcionamento. A Nitro Química foi uma das principais fábricas da industrialização nacional-desenvolvimentista no país. Foi também um símbolo da força e da luta dos trabalhadores brasileiros no século XX.

Referências bibliográficas:

FONTES, Paulo. *Trabalhadores e cidadãos. Nitro Química: a fábrica e as lutas operárias nos anos 1950.* São Paulo: Sindicato dos Trabalhadores Químicos de São Paulo/AnnaBlume, 1997.

FONTES, Paulo. *Um Nordeste em São Paulo. Trabalhadores migrantes em São Miguel Paulista (1945-1966).* Rio de Janeiro: Editora da FGV, 2008.

PAIVA, Odair da Cruz. *Caminhos cruzados. Migração e construção do Brasil moderno (1930-1950).* Bauru: Edusc, 2004.

ROCHA, Antônia Sarah Aziz. *O bairro à sombra da chaminé. Um estudo sobre a formação da classe trabalhadora da Companhia Nitro Química Brasileira de São Miguel Paulista (1935-1960).* Dissertação de Mestrado, PUC-SP, 1992.

TONAKI, Luciana Lepe. *A Companhia Nitro Química Brasileira: indústria e vila operária em São Miguel Paulista.* Dissertação (Mestrado em Arquitetura e Urbanismo) – Instituto de Arquitetura e Urbanismo, Universidade de São Paulo, São Carlos, 2013.

Referências das imagens

LMT #01

Cais das Amarras, Porto de Salvador, por volta de 1885. Fotógrafo: Rodolpho Lindemann. Instituto Moreira Sales.

LMT #02

Assembleia do Metalúrgicos no Estádio de Vila Euclides, São Bernardo do Campo, 1982. Fotógrafo: Vera Jursys. Acervo da Fundação Perseu Abramo.

LMT #03

Fábrica Aliança em Laranjeiras, Rio de Janeiro, 1907. Referência: Arquivo Nacional. Fundo Correio da Manhã. BR_RJANRIO_PH_0_FOT_04463_007

LMT #04

Fachada do antigo Bürgerklub em 2019. Fotógrafa: Laura Spritzer Galli .

LMT #05

Doca da Fortaleza em 1965. Fotógrafo desconhecido. Arquivo Pessoal de Edgar Rodrigues de Paula.

LMT #06

Disputa de pênaltis em partida de várzea no campo do clube Inconfidência em Belo Horizonte, anos 1970. Arquivo Pessoal de Márcio Antônio Coelho.

LMT #07

Prisão dos operários que ocupavam a Cobrasma durante a greve dos metalúrgicos de Osasco, 17 de julho de 1968. Folhapress.

LMT #08

Palácio do Trabalhador, julho de 2019. Fotógrafo: Joel Morais.

LMT #09

Uma manifestação tomou conta de Petrópolis no último dia de 1934: a multidão se concentrou na praça Dom Pedro para protestar contra o governo do Estado do Rio de Janeiro. Projeto Dami – Museu Imperial de Petrópolis/ Ibram/MinC

LMT #10

Manifestação das Ligas Camponesas, Recife, 1963. Centro de Documentação e Imagem - CEDIM.

LMT #11

Trabalhadores rurais sertanejos (sentados) rendidos às forças do Exército, janeiro de 1915. Fotógrafo: Claro Jansson. Acervo do Arquivo Histórico do Exército (Álbum de fotografias da Campanha do Contestado).

LMT #12

Laudelina de Campos Mello (ao centro) em reunião com empregadas domésticas de Campinas nos anos 1960. Blog Casa de Laudelina.

LMT #13

Reinauguração do monumento de homenagem aos trabalhadores assassinados na greve de 1988 em Volta Redonda-RJ. Fotógrafo: Roberto Parizotti. Acervo da Fundação Perseu Abramo.

LMT #14

Panorama da freguesia de São José em Recife, com a Igreja de São José do Ribamar em destaque. Fotógrafo: Frederick Hagedorn (1856). Acervo da Fundação Joaquim Nabuco.

LMT #15

Ao longo dos anos 1970, os bailes black foram uma das principais diversões de trabalhadores(as) jovens negros(as) nos bairros populares do Rio de Janeiro. Fotógrafo: Almir Veiga. CPdoc Jornal do Brasil.

LMT #16

Mercado Público de Desterro. Acervo G. Schmidt-Gerlach, sem data.

LMT #17

Vista do pátio da Meuron e Cia, na qual vemos um raro registro dos trabalhadores fabris em Salvador, em meados da década de 1880. Álbum Brésil – Coleção Flávia e Frank Abubakir, Instituto Flávia Abubakir.

LMT #18

Ato pelas Diretas na Praça da Sé (São Paulo-SP, 25 nov. 1984). Fotógrafa: Vera Jursys. Acervo Fundação Perseu Abramo.

LMT #19

Cartão postal retrata o prédio do Ministério do Trabalho, Indústria e Comércio no Rio de Janeiro (circa 1940). Site Arquivos Digitais – Rio de Janeiro em postais ilustrados.

LMT #20

Encontro Nacional de Fundação do PT (São Paulo-SP, 10 fev. 1980) [Colégio Sion] / Fotógrafo: Juca Martins. Acervo da Fundação Perseu Abramo.

LMT #21

Companhia Cimento Portland Itaú em funcionamento. Acervo Casa da Cultura Nair Mendes Moreira, Museu Histórico de Contagem (MG).

LMT #22

Bloco operário, Moreno anos 1950. Arquivo Pessoal Vera Lopes.

LMT #23

Camponeses de Pedra Lisa após conflito com grileiros e a política. Imprensa Popular, 20/07/1957.

LMT #24

Praça do Comércio, circa 1953. Domínio público. Disponível em: https://www.facebook.com/Manausdeantigamente/

LMT #25

Assembleia dos trabalhadores do Banespa na Quadra dos Bancários, setembro de 1988. Fotógrafo: Raul Júnior. Acervo do Sindicado dos Bancários de São Paulo.

LMT #26

Fachada frontal da Estação de Jequitaia (Calçada). Fotógrafo: Benjamin R. Mulock, Bahia, 5 jun. 1861. Collection Vignoles of Institution of Civil Engineers, London, ICE ACC 1335.

LMT #27

Operários na Linha de Montagem do FNM 2000 – modelo JK. Fotografia: autor não identificado. Relatório da Diretoria da Fábrica Nacional de Motores, 1961.

LMT #28

Instalações da Tecejuta em 1975. Revista do Programa da Festa de Nossa Senhora da Conceição. 08/12/1975.

LMT #29

Fachada da Usina Cinco Rios. Acervo Hemeroteca Digital Biblioteca Nacional, sem data.

LMT #30

Desfile em celebração do dia Primeiro de maio no Estádio de São Januário. Arquivo Nacional, Fundo Agência Nacional. 01/05/1942.

LMT #31

Praça da Conceição, detalhe da antiga estatuária. Site Famiglia Prati.

LMT #32

Corporação Musical Operária da Lapa nos anos 1950. Acervo da família Roseli Abu. https://br.pinterest.com/pin/365918157009615651/

LMT #33

DEBRET, Jean-Baptiste. Voyage pittoresque et historique au Brésil. Tome deuxième. Paris: Firmin Didot Frères, 1835. Acervo da Fundação Biblioteca Nacional, Brasil.

LMT #34

Evento no Recreio Operário de Fernão Velho. Década de 1960. Fotografia: autor não identificado.

LMT #35

Piquete da greve de Guariba, 1984. Fotógrafo: Carlos Fenerich.Editora Abril.

LMT #36

Trabalhadores e moradores de Campanário (década de 1920). Arquivo Público Estadual de Mato Grosso do Sul.

LMT #37

Prédio da União Operária 1o de Maio, de Alegrete, construído em 1955. A casa, em primeiro plano, pertence à família Castilhos, os doadores do terreno para construção da sede. Fotógrafo: Anderson Pereira Corrêa, 2012.

LMT #38

Comemoração religiosa da posse de diretoria do sindicato em 1961 na Igreja de Santo Antonio dos Pobres no centro do Rio de Janeiro. Acervo fotográfico histórico SCECRJ.

LMT #39

Canteiro de obras de construção do Açude Lima Campos, em 1932. Fotógrafo: Amílcar Pellon (acervo da família).

LMT #40

Congresso dos Trabalhadores Favelados no Auditório da Secretaria de Saúde de Minas Gerais, Belo Horizonte, maio de 1962. Arquivo Público Mineiro. Fundo DOPS. Pasta 0119.

LMT #41

Cortejo do funeral de José Martinez, 11 de julho de 1917. Arquivo Edgard Leuenroth, Unicamp.

LMT #42

Sede da Cooperativa dos Empregados da Viação Férrea do Rio Grande do Sul, Santa Maria – RS, 2023.

LMT #43

Família de trabalhadores residente no Conjunto Residencial do IAPI em Realengo, Rio de Janeiro. Jornal "O Radical", edição de 04 de junho de 1943 - Hemeroteca Digital da Biblioteca Nacional

LMT #44

Trabalhadores nordestinos rumo a Amazônia durante a "Batalha da Borracha", 1943. Referência: COSTA, Pedro Eymar Barbosa; GONÇALVES, Adelaide (org.s). Mais borracha para a Vitória. Fortaleza: MAUC/NUDOC; Brasília: Ideal Gráfica, 2008.

LMT #45

Sede da Perseverança e Auxílio, inaugurada em 1917. Acervo fotográfico do Arquivo Público de Alagoas.

LMT #46

Operários da Companhia Vale do Rio Doce carregando o minério manualmente e o transportando em balaios para encher os vagões. Fotógrafo: Jean Manzon, Mina do Cauê, Itabira, década de 1940.

LMT #47

Operários ocupam a fábrica em 1984, demandando melhores condições de trabalho e remuneração. Fotógrafo: Luiz Roberto. Acervo SMSJCR.

LMT #48

Grevistas da Fábrica de Tecidos Carioca reunidos em frente ao edifício da Vila Arthur Sauer, situada na Estrada Dona Castorina, onde residiam numerosos operários da companhia. Revista da Semana, 10 de março de 1901.

LMT #49

Assembleia dos trabalhadores do calçado de Novo Hamburgo no Ginásio da FENAC em 5 de setembro de 1979. Acervo do Sindicato dos Trabalhadores da Indústria de Calçado de Novo Hamburgo.

LMT #50

Fornos de Fundição da Fábrica de Ferro São João de Ipanema. Fotógrafa: Karina Santos, 2014.

LMT #51

FOLGUEIRA, Manoel Rodrigues (editor). Álbum Artístico Commercial do Estado do Piauhy. Rio de Janeiro: Typ. Lith. e Papelaria de Almeida Marques & C., 1910. p. 51. Acervo: Instituto Histórico, Geográfico e Genealógico de Parnaíba (IHGGP).

LMT #52

Ato público em 27 de novembro de 1983, na praça Charles Miller, em frente ao estádio do Pacaembu exigindo eleições diretas para presidente. Acervo da Fundação Perseu Abramo.

LMT #53

Comício operário no largo de São Domingos. O Malho, 9 de maio de 1908. Divisão de Periódicos, Fundação Biblioteca Nacional.

LMT #54

Fotos das operárias do Biribiri para carteira de trabalho feitas por Assis Horta (1943). Referência: HORTA, Guilherme. Assis Horta: a democratização do Retrato Fotográfico através da CLT.

LMT #55

Fábrica de Chapéus, 1913. http://www.brasilbook.com.br/exibir.asp?imagem=6275

LMT #56

Comício da Liga Camponesa de Sapé pela reforma agrária. Reprodução de Correio da Manhã, 27 de maio de 1962.

LMT #57

Trabalhadores diante da fábrica Sylvania durante a greve dos metalúrgicos de São Paulo em 1979. Fotógrafa: Vera Jursys. Acervo da Fundação Perseu Abramo.

LMT #58

Rio Capibaribe na década de 1860. Fotógrafo: João Ferreira Vilela, circa 1865. Acervo Instituto Moreira Sales.

LMT #59

Trabalhadores em assembleia em frente à sede do Sindicato dos Metalúrgicos do ABC. Fotógrafo: Januário Fernandes da Silva.

LMT #60

Noite de samba no Clube Palmares em 1967. Acervo do Clube Palmares.

LMT #61

Fábrica Todos os Santos, meados da década de 1850. Referência: KIDDER, Daniel Parish. FLETCHER, James Cooley. Brazil and the Brazilians: portrayed in historical and descriptive sketches. 9. ed. Boston: Little, Brown, and Company, 1879. p. 499.

LMT #62

III Congresso da Central Única dos Trabalhadores, Ginásio do Mineirinho, Belo Horizonte (MG). Fotógrafo: Roberto Parizotti. Acervo CEDOC CUT.

LMT #63

Encruzilhada Natalino: início da longa caminhada. Fonte MST. https://mst.org.br/2018/10/04/'encruzilhada-natalino-inicio-da-longa-ca- minhada/.

LMT #64

Casa do Caboclo no início dos anos 1930. Da esquerda para direita: Antonieta Matos (a terceira), Pérola Negra, Ratinho, Jararaca e Matinhos. Em pé: atrás de Pérola Negra, Evilásio Marçal. As duas primeiras pessoas não foram identificadas. Referência: RODRIGUES, Sonia Maria Braucks. Jararaca e Ratinho: a famosa dupla caipira. Rio de Janeiro: FUNARTE, 1983. p. 54.

LMT #65

Reunião de famílias operárias no Salão Celso Garcia em 1929. Site São Paulo Antiga.

LMT #66

Cartão-postal da vila operária colorido manualmente datado de 1908. Acervo pessoal da autora.

LMT #67

Fachada da Fábrica de Chapéus Mangueira. s/d. Acervo Privado da família Fernandes Braga.

LMT #68

Participantes do Seminário "70 anos da Experiência de Construção do Socialismo" posam nos jardins do Instituto Cajamar em 1987. Fotógrafa: Vera Jursys. Acervo da Fundação Perseu Abramo.

LMT #69

Vista parcial da área central de Juiz de Fora no final da década de 1890, destacando-se num dos extremos da antiga rua XV de Novembro (atual Avenida Getúlio Vargas) o prédio original da Tecelagem Mascarenhas (canto inferior direito). OLIVEIRA, Luís Eduardo de. Os trabalhadores e a cidade - a formação do proletariado de Juiz de Fora e suas lutas por direitos (1877-1920). Tese (Doutorado), Niterói, Universidade Federal Fluminense, 2008, p. 113.

LMT #70

Rótulo com a imagem do prédio da cervejaria entre final da década de 1920 e início de 1930. Acervo AHJ – Livro de rótulos, Typographia Otto Boehm.

LMT #71

Planta topográfica da cidade de São Sebastião do Rio de Janeiro tirada e executada pelo Capitão André Vaz Figueira, Acadêmico da Aula Militar, Anno d' 1750. Referência: Museu Histórico e Diplomático do Itamaraty / ERERIO / MRE / MAPOTECA/ INV.116.

LMT #72

Vista aérea de Serra do Navio. Revista ICOMI Notícias, Rio de Janeiro, n.9, setembro de 1964.

LMT #73

Assembleia de campanha salarial no Palácio do Metalúrgico. sem data. Acervo do Sindicato dos Metalúrgicos do Rio de Janeiro.

LMT #74

A inauguração da Vila Maria Zélia em 1917, com a capela à esquerda. https://saopauloantiga.com.br/vilamariazelia/

LMT #75

No subsolo das minas, operários de diversas origens trabalhavam lado a lado extraindo e transportando carvão, década de 1940. Acervo Documental Museu Estadual do Carvão.

LMT #76

Vista das minas de manganês e Miguel Burner, tendo ao centro da boca da mina o proprietário Carlos Wigg. Fonte: LLOYD, 1913, p. 324.

LMT #77

Coleção Gilberto Ferrez/Acervo Instituto Moreira Salles. "Rua do Ouvidor", Fotógrafo: Marc Ferrez, Instituto Moreira Salles.

LMT #78

Engenheiros, Técnicos e Operários na Usina Paulo Afonso I (1954). CPDOC - CHESF, 1954

LMT #79

Igreja da Nossa Senhora da Piedade em Governador Celso Ramos. Portal Turismo do Governador Celso Ramos: https://turismo. governadorcelsoramos.sc.gov.br/post-6003/

LMT #80

Exposição Centro Municipal de Educação Adamastor. Fotógrafa: Vera Jursys. Arquivo Histórico Municipal Araci Borges Dias Martins.

LMT #81

Tecelã em manuseio de máquina da Fábrica de Tecidos Rio Tinto na década de 1940. Acervo Antônio Luiz, Rio Tinto.

LMT #82

Vista do Conjunto Arquitetônico nos anos 80. IEPHA-MG.

LMT #83

Largo da Prainha. Fotógrafo: Augusto Malta. Arquivo Geral da Cidade do Rio de Janeiro.

LMT #84

Fachada da Wallig da janela da antiga sede do Sindicato dos Metalúrgicos de Porto Alegre, 2008. Fotógrafo: Fernando Pureza.

LMT #85

Litografia da Imperial Companhia Seropédica Fluminense.Ilustração Brasileira (RJ), fev. 1854, vol.1, n. 1, p. 23. http://memoria.bn.br/DocReader/DocReader.aspx?bib=758370&Pesq =seropedico&pagfis=581

LMT #86

Engenho Matapiruma. Escada, PE. Fotógrafo: Julien Mandel. 1930-1940. Coleção Gileno de Carli. Acervo Fundação Joaquim Nabuco.

LMT #87

Complexo da Empresa Industrial Garcia com o campo do Amazonas Esporte Clube (1971). Acervo do Arquivo Histórico José Ferreira da Silva (AHJFS), Blumenau - SC.

LMT #88

Cartaz da inauguração da Praça Luíza Mahin. Schuma Schumaher, ed. Mulheres Negras no Brasil (São Paulo: Senac, 2014).

LMT #89

Diploma de sócio da Sociedade Beneficente dos Artistas do Arsenal de Marinha da Corte. Biblioteca Nacional, Divisão de Iconografia, Diplomas de sociedades, acervo não catalogado.

LMT #90

Rua de Santo Antônio (Rondônia) - 330 (1-20279-0000-0000). Acervo do Museu do Ipiranga.

LMT #91

Marca registrada para constar nas embalagens do produto denominado Brasoline (espécie de querosene usada para iluminação). APEB. Junta Comercial da Bahia. Marca das fábricas. S/R

LMT #92

Reprodução do cartaz da I Conclat. Acervo CEDOC CUT..

LMT #93

Cia. Têxtil Brasil Industrial – Mestres, contramestres e encarregados, 1950. Acervo de Paulo Keller. Fotógrafo anônimo

LMT #94

Estação do Norte no início do século XX. Cartão postal antigo, disponível em leilão do ano de 2015. Descrição: "São Paulo - Estação do Norte - Raro Cartão Postal antigo original, no 42, editado por Mundo Ilustrado, não circula- do. Mede 14x9 cm". https://www.rmgouvealeiloes.com.br/peca.asp?ID=969630&ctd=235&tot=572&tipo=

LMT #95

Lema da Casa do Trabalhador do Amazonas inscrito no salão principal da entidade. Fotógrafo: César Augusto B. Queirós, 2021.

LMT #96

Fotografia da Casa da Cajá. A árvore brota de dentro do terreiro. Fotografia: Walter Fraga, 2008.

LMT #97

Vila operária da Fábrica Rheingantz. Acervo Biblioteca Pública de Rio Grande, início do séc. XX

LMT #98

Troca de turno dos trabalhadores da Volkswagen na década de 1970. Museu da Imprensa Automotiva.

LMT #99

Operários comemoram a colocação do último vão da Ponte Rio-Niterói em 1973. Fotógrafo: Rodolpho Machado. Agência O Globo

LMT #100

Trabalhadores da Nitro Química em um piquete durante a greve de 1957. Ao fundo, discursando, Adelço de Almeida. Acervo do Sindicato dos Trabalhadores Químicos de São Paulo.

Sobre os autores

Organizador:

Paulo Fontes é professor do Instituto de História da UFRJ, onde coordena o LEHMT-UFRJ. É bolsista produtividade do CNPq desde 2011 e Cientista do Estado do Rio de Janeiro da FAPERJ desde 2022. É autor de vários livros e artigos no campo da história social do trabalho.

LMT #1

João José Reis é professor do Programa de Pós-Graduação em História da UFBA e bolsista de produtividade do CNPq. É autor ou organizador de diversos livros, além de capítulos e artigos, no campo da história social da escravidão.

LMT #2

John French é professor titular de História e Estudos Africanos e Afro-Americanos na Duke University, Estados Unidos. Desde 1979, produziu mais de cinquenta artigos e livros sobre a classe trabalhadora no Brasil e na América Latina.

LMT #3

Isabelle Pires é doutora em História Social pela UFRJ e pesquisadora do LEHMT-UFRJ. É autora de artigos no campo da história social do trabalho, com ênfase nas discussões sobre gênero.

LMT #4

Frederico Duarte Bartz é mestre e doutor em História pela UFRGS. É Técnico em Assuntos Educacionais nessa mesma universidade. Estuda a história da esquerda e suas conexões com o movimento operário brasileiro.

LMT #5

Sidney Lobato é professor de História da Amazônia na Unifap, onde também coordena o Laboratório de Estudos da História Social do Trabalho na Amazônia (Lehstam).

LMT #06

Raphael Rajão Ribeiro é professor do Instituto Federal de Educação, Ciência e Tecnologia do Ceará (IFCE) - campus Jaguaribe. É membro do grupo do FULIA/UFMG - Núcleo de estudos sobre futebol, linguagem e artes. É autor de capítulos e artigos de história do esporte e história urbana.

LMT #07

Marta Rovai é professora do Departamento de História na UNIFAL-MG. É autora de vários livros e artigos sobre gênero e sexualidade na ditadura militar e História Pública.

LMT #08

Anderson Vieira Moura é professor do Departamento de História na UFAM, onde é vice-coordenador do Laboratório de Estudos sobre História Política e História do Trabalho na Amazônia (LABUHTA).

LMT #09

Eduardo de Oliveira é professor na UniFOA. É jornalista, com mestrado em Ciência Política pela UFRJ e doutorado em História, Política e Bens Sociais pela FGV.

LMT #10

Antônio Torres Montenegro é professor titular de História do Brasil da UFPE.

LMT #11

Paulo Pinheiro Machado é professor titular do Departamento de História da UFSC, onde lidera o Grupo de Investigação sobre o Movimento do Contestado. É bolsista produtividade do CNPq desde 2011 e autor de vários livros e artigos no campo da história social do campesinato, particularmente sobre o movimento sertanejo do Contestado.

LMT #12

Louisa Acciari é pesquisadora sênior e co-diretora do Centro sobre Gênero e Desastres da University College London (UCL). É pesquisadora associada ao Núcleo de Estudos em Sexualidade e Gênero (NESEG) da UFRJ. Tem várias publicações sobre o movimento organizado das trabalhadoras domésticas no Brasil e na América Latina.

LMT #13

Alejandra Estevez é professora do Departamento Multidisciplinar da UFF/ Volta Redonda.

LMT #14

Marcelo Mac Cord é professor de História da Educação da Faculdade de Educação da UFF. É autor de livros e artigos na área de história do trabalho.

LMT #15

Lucas Pedretti é historiador e doutor em sociologia (IESP-UERJ). É professor de história no ensino básico.

LMT #16

Fabiane Popinigis é professora do Departamento de História da UFRRJ, onde coordena o Núcleo de Estudos da Política e História Social (NEPHS/ UFRRJ). É bolsista de produtividade do CNPq desde 2021 e Cientista do Estado do Rio de Janeiro da FAPERJ desde 2022. É autora de livros e artigos no campo da história social do trabalho e da escravidão em perspectiva de gênero.

Henrique Espada Lima é professor do Departamento de História da UFSC e bolsista de produtividade do CNPq. Autor de livros e artigos sobre a história entrelaçada do trabalho escravizado e livre no Brasil do século XIX.

LMT #17

Daniel Rebouças é pesquisador associado do Instituto Flavia Abubakir e membro do grupo de pesquisa Aesthetic and Design of Latin American

Technology, do Consortium History of Science, Technology and Medicine. Doutor em História pela UFBA. é autor de livros e artigos sobre iconografia e urbanização na Bahia.

LMT #18

Murilo Leal é professor no Departamento Multidisciplinar da Unifesp/ Osasco. É autor de livros e artigos sobre a história da esquerda e do movimento operário em São Paulo.

LMT #19

Angela de Castro Gomes é professora titular de História do Brasil da UFF; professora emérita da FGV e pesquisadora visitante emérita na Unirio. É autora de diversos livros, capítulos e artigos nas áreas de história social do trabalho e história dos intelectuais.

LMT #20

Josué Medeiros é professor de Ciência Política da UFRJ, onde coordena o Observatório Político e Eleitoral (OPEL/UFRJ) e o Núcleo de Estudos sobre a Democracia Brasileira (NUDEB).

LMT #22

Márcio Romerito da Silva Arcoverde é professor de História da Educação Básica, Técnica e Tecnológica do Colégio Agrícola Dom Agostinho Ikas da UFRPE. Atua no campo da história social do trabalho.

LMT #21

Carolina Dellamore coordena o Centro de Memória da Educação de Contagem (SEDUC) e é pesquisadora do Laboratório de História do Tempo Presente (UFMG). É autora de artigos e livros sobre mundos do trabalho e ditadura militar.

LMT #23

Leonilde Servolo de Medeiros é professora titular do Programa de Pós-graduação de Ciências Sociais em Desenvolvimento, Agricultura e Sociedade da UFRRJ (CPDA/UFRRJ), onde coordena o Núcleo de Pesquisa, Documentação e Referência sobre Movimentos Sociais e Políticas Públicas no Campo. É autora de diversos livros e artigos sobre a história dos trabalhadores rurais no Brasil.

LMT #24

Luís Balkar Sá Peixoto Pinheiro é professor Titular e História da UFAM. É vinculado ao Laboratório de História da Imprensa na Amazônia (LHIA/UFAM), líder do Grupo de Pesquisa em História Social da Amazônia, e desenvolve pesquisas e publicações no campo da história social do trabalho e história da imprensa.

LMT #25

Lincoln Secco é professor livre docente da Universidade de São Paulo. É autor de livros e artigos sobre marxismo e a história da esquerda no Brasil.

LMT #26

Robério Souza é professor titular de História do Brasil na UNEB. É autor de livros e artigos sobre história social do trabalho no Brasil.

LMT #27

José Ricardo Ramalho é professor titular do PPGSA-UFRJ e coordenador do Núcleo de Pesquisa "Desenvolvimento, Trabalho e Ambiente" (DTA-UFRJ). É bolsista produtividade do CNPq e da FAPERJ (Cientistas do Nosso Estado). É autor de diversos livros e artigos no campo da sociologia e história do trabalho.

LMT #28

Daniela Rebelo Monte Tristan é professora de História do Ensino Básico na Secretaria de Estado de Educação do Pará (SEDUC-PA). É membro do GT Mundos do Trabalho do Amazonas e do Gepehisba (Grupo de Pesquisa em História do Baixo Amazonas). É autora de vários artigos no campo da história social do trabalho.

LMT #29

Idalina Maria Almeida de Freitas é professora da Universidade Internacional da Integração Afro-Brasileira – UNILAB, campus dos Malês, Bahia.

LMT #30

Bernardo Buarque é professor da Escola de Ciências Sociais da FGV, onde coordena o Laboratório de Estudos do Esporte (LESP) e o Laboratório de Pensamento Social (LAPES). Desde 2013, é bolsista de produtividade em pesquisa do CNPq. É autor e organizador de livros, artigos e coletâneas sobre história social do futebol, bem como sobre a vida literária no Brasil do século XX.

LMT #31

Isabel Aparecida Bilhão é professora de História da Unisinos. É autora de livros e artigos sobre a história social do trabalho no Brasil.

LMT #32

Leonardo Mello e Silva é professor do Departamento de Sociologia da USP. É autor de livros e artigos sobre os estudos do trabalho em geral.

LMT #33

Ynaê Lopes dos Santos é professora de História da América da UFF e Jovem Cientista do Nosso Estado da FAPERJ desde 2018. E autora de livros e artigos sobre a história da escravidão e o estudo das relações étnico-raciais no continente americano.

LMT #34

Ivo dos Santos Farias é professor do Curso de História da UESPI. É membro do Grupo de Pesquisa Trabalho, Memória e Migração da UFSCAR.

LMT #35

Julia Chequer é doutoranda em história pela Unicamp e pesquisadora do LEHMT-UFRJ. Realiza pesquisa sobre trabalhadoras rurais, relações de gênero e Justiça do Trabalho.

LMT #36

Vitor Oliveira é professor de História do Brasil e da América na UFMS, onde coordena o Núcleo de Documentação Histórica Honório de Souza Carneiro. É autor de livros e artigos sobre a história social do trabalho.

LMT #37

Anderson Romário Pereira Corrêa é professor da Universidade Federal do Pampa (Unipampa). É membro do Núcleo de Cultura da União Operária 1º de Maio.

LMT #38

André Cicalò é doutor em antropologia pela Universidade de Manchester (Inglaterra). Seus trabalhos de pesquisa sobre a região portuária do Rio de Janeiro (2013-2016) foram financiados pela Marie Curie Fellowship (União Europeia).

LMT #39

Frederico de Castro Neves é professor titular no Departamento de História da UFC, desde 1993, e bolsista de Produtividade em Pesquisa do CNPq, desde 2003. É autor de livros e artigos sobre movimentos camponeses, seca e pobreza.

LMT #40

Samuel Silva Rodrigues de Oliveira é professor do CEFET-RJ e pesquisador do LEHMT-UFRJ. É bolsista produtividade em pesquisa pelo CNPq e Jovem Cientista do Nosso Estado pela FAPERJ, desde 2022. É autor de livros e artigos no campo da história urbana e dos movimentos sociais.

LMT #41

Luigi Biondi é professor do Departamento de História da Unifesp, onde coordena o Grupo de Pesquisa "História, Memória e Patrimônio do Trabalho" e é também docente permanente do Doutorado em História da Universidade de Roma "Tor Vergata". Integra o grupo de pesquisa Transfopress-Brasil onde coordena a linha de pesquisa "Imprensa de língua italiana publicada no Brasil".

LMT #42

Glaucia Vieira Ramos Konrad é professora do Departamento de Arquivologia da UFSM. É autora de livros e artigos sobre história social do trabalho.

LMT #43

Andrej Slivnik é doutorando em História na Unicamp. Realiza pesquisa no campo da história social do trabalho, especialmente na temática da história da Previdência Social no Brasil.

LMT #44

Lara de Castro é professora da UFC. Atua no campo da história social do trabalho. LMT #45

Osvaldo Maciel é professor dos cursos de graduação em História da Ufal. É autor de livros e artigos na área de história social do trabalho.

LMT #47

Richard Martins é professor no IFSP, Campus Capivari. Foi pesquisador da Comissão da Verdade dos Metalúrgicos de São José dos Campos e membro da equipe executiva do Projeto Companhia Siderúrgica Nacional: Violações de Direitos e Responsabilidades (UFF/UNIFESP).

LMT #46

Cristiane Maria Magalhães é doutora em História pela Unicamp. É autora de livros e artigos sobre temas do patrimônio cultural.

LMT #48

Mariana Costa é pós-doutoranda no Instituto de História da UFRJ, onde é pesquisadora do LEHMT-UFRJ. É autora de livros e artigos no campo da história social do trabalho e dos trabalhadores e história urbana.

LMT #49

Evandro Machado Luciano é mestre em História pela UFRGS..

LMT #50

Jaime Rodrigues é professor titular de História do Brasil na Unifesp. É autor de livros e artigos sobre trabalhadores escravizados.

Karina Santos é doutoranda em história pela UFMG.

LMT #51

Felipe Ribeiro é professor de História da UESPI e pesquisador do LEHMT-UFRJ. É autor de livros e artigos no campo da história social do trabalho.

LMT #52

Plínio Labriola Negreiros é professor de História no Ensino Médio em estabelecimentos regulares e em cursinhos populares. Pesquisa as histórias do Sport Club Corinthians Paulista e do futebol no Brasil.

LMT #53

Patricia Pamplona é doutoranda em Comunicação e Cultura pela ECO/UFRJ. É autora de livros sobre a história da cidade do Rio de Janeiro e pesquisadora de imagem para filmes, livros e exposições desde 2005.

LMT #54

Kátia F. C. Borges é doutora em História pela UFJF. É coordenadora do Projeto Hashtags: Movimento de mulheres nas redes. É autora de artigos e livros sobre história das mulheres, mundos do trabalho e relações de gênero.

LMT #55

Carlos Carvalho Cavalheiro é professor de História da rede pública municipal de Porto Feliz (SP). É autor de livros e artigos sobre história social do trabalho e patrimônio industrial.

LMT #56

Tiago Bernardon de Oliveira é professor do Departamento de História da UFPB, onde coordena o Grupo de Estudos e Pesquisas sobre a História do Trabalho (GEPEHTO) Atua no campo da história social do trabalho.

LMT #57

Anaclara Volpi Antonini é mestre em Geografia Humana pela USP. É membro do Comitê Santo Dias e da Rede Paulista de Educação Patrimonial (Repep). Desenvolve pesquisas sobre patrimônio cultural, urbanização e lugares de memória da ditadura militar.

LMT #58

Felipe Azevedo e Souza é professor do Departamento de História da PUC-Rio e editor-chefe da Revista Mundos do Trabalho. Atua no campo da história social do trabalho.

LMT #59

Cinthia Fanin é jornalista no Sindicato dos Metalúrgicos do ABC.

LMT #60

Thompson Clímaco é doutorando em História Social na UFRRJ, com bolsa CAPES e pesquisador do LEHMT-UFRJ. Possui artigos no campo da história social do trabalho, bem como produções audiovisuais relacionadas ao tema.

Leonardo Ângelo da Silva é Doutor em História pela UFRRJ. É pesquisador do LEHMT-UFRJ, do Grupo de Estudos Mundos do Trabalho e o Pós-Abolição (TRAMPA/UFRRJ) e da Rede de HistoriadorXs NegrXs. É autor de livro e artigos que versam sobre classe e raça.

LMT #61

Silvana Andrade dos Santos é pós-doutoranda na USP, com bolsa Fapesp. Doutora em História pela UFF, dedica-se a estudos sobre a Bahia Imperial, tendo produzido trabalhos especialmente sobre agricultura, indústria e tráfico transatlântico na província.

LMT #62

Roberto Véras de Oliveira é professor titular de Sociologia da UFPB, onde coordena Núcleo de Pesquisa e Extensão sobre Trabalho - Labores/UFPB. É bolsista de produtividade do CNPq. É autor de livros e artigos sobre os temas do trabalho e sindicalismo.

LMT #63

Bernardo Mançano Fernandes é geógrafo e professor da UNESP. Coordenador da REDE DATALUTA – Rede Brasileira de Pesquisa das Lutas por Espaços e Territórios. Autor de livros e artigos sobre as lutas sociais no campo.

LMT #64

Flavia Ribeiro Veras é professora de história no IFPA, Campus Altamira e pesquisadora do LEHMT/UFRJ. É autora de publicações sobre mundos do trabalho e gênero.

LMT #65

Hélio da Costa é Coordenador Técnico do Departamento de Formação do Sindicato dos Metalúrgicos do ABC e pesquisador do CNPq. Doutor em Sociologia do Trabalho pela USP. Desde 1988 atua no campo da formação e assessoria sindical e de atividades acadêmicas na área de história social do trabalho.

LMT #66

Marilécia Oliveira Santos é professora titular do curso de História do Campus II da UNEB.

LMT #67

Lyndon de Araújo Santos é professor do Departamento de História da UFMA, onde coordena o Grupo de Pesquisa História, Religião e Cultura Material (REHCULT). É autor de publicações sobre História das religiões no Brasil.

LMT #68

Valter Pomar é professor de Relações Internacionais e Economia Política Mundial na UFABC. É autor de vários livros no campo da política brasileira e das relações internacionais.

LMT #69

Luís Eduardo de Oliveira é professor no Campus Juiz de Fora do IF Sudeste MG.

LMT #70

Tiago Castano Moraes é historiador e conservador de acervos. Trabalha atualmente no museu público Estação da Memória de Joinville. É autor de publicações sobre patrimônio industrial e história do trabalho.

LMT #71

Beatriz Catão Cruz Santos é professora do Instituto de História da UFRJ. É autora de livros e artigos sobre a história social da religião, com ênfase nos rituais do Império português.

LMT #72

Adalberto Paz é professor da Faculdade de História da UFPA. Desenvolve pesquisas em História do Brasil Império e República, com ênfase em história social do trabalho na Amazônia.

LMT #73

Rafael Ioris é professor titular de História na Universidade de Denver nos Estados Unidos e Pesquisador do Washington Brazil Office. É autor ou co-autor de diversos livros e artigos sobre a história do desenvolvimento comparado da América Latina, política externa e relações EUA-América Latina.

LMT #74

Simone Scifoni é professora livre docente de Geografia da FFLCH/USP, onde coordena o Grupo de Pesquisa Patrimônio, Espaço e Memória, certificado pelo CNPq. Atua na área de patrimônio cultural desde 1988. É vice-diretora do Centro de Preservação Cultural CPC/USP.

LMT #75

Clarice Gontarski Speranza é professora do Departamento de História da UFRGS e bolsista produtividade CNPq. É autora de livros e artigos no campo da história social do trabalho.

LMT #76

Luana Carla Martins Campos Akinruli é pós-doutoranda em História na UFPB, onde implantou o Programa Participa-Educação para o Patrimônio. É coordenadora de projetos e pesquisas do Instituto de Inovação Social e Diversidade Cultural (INSOD), instituição sediada em Belo Horizonte/MG. Atua em campo interdisciplinar, notoriamente no diálogo entre História, Antropologia, Arqueologia e Educação.

LMT #77

Renata Figueiredo Moraes é professora do Departamento de História da UERJ, onde coordena o Laboratório de estudos das diferenças e desigualdades sociais (LEDDES) e é pesquisadora do LEHMT-UFRJ. É Procientista UERJ e Jovem Cientista do Nosso Estado da FAPERJ desde 2022. É autora de livro e artigos sobre os trabalhadores do Rio de Janeiro no século XIX.

LMT #78

Jamile Silveira é professora da UNEB. É doutoranda em História Contemporânea na Universidade de Coimbra em Portugal, onde é investigadora colaboradora do Centro de Estudos Interdisciplinares do Século XX (CEIS20). Desenvolve pesquisa sobre a história da Companhia Hidrelétrica do São Francisco (CHESF).

LMT #79

Beatriz Gallotti Mamigonian é professora titular do Departamento de História da UFSC e pesquisadora do CNPq. Coordena o Programa Santa Afro Catarina de educação patrimonial. É autora de artigos e livros sobre trabalhadores escravizados, abolição do tráfico de escravos e a presença afrodescendente em Santa Catarina.

LMT #80

Roger Camacho Barrero Junior é doutor em História pela UFRGS. Atualmente está realizando um pós-doutorado na FGV, trabalhando com temáticas relativas a Arquivos Pessoais e Memória.

LMT #81

Eltern Campina Vale é professor do Curso de História da UFAL (Campus do Sertão). Desenvolve pesquisas relacionadas à história social dos trabalhadores da cidade-fábrica Rio Tinto (PB) e Paulista (PE).

LMT #82

Andréa Casa Nova Maia é professora do Instituto de História da UFRJ, onde coordena o Laboratório de Imagem, Memória, Arte e Metrópole (IMAM).

É bolsista produtividade do CNPq e foi Jovem Cientista do Nosso Estado - FAPERJ.

LMT #83

Erika B. Arantes é professora do Departamento de História da UFF/ Campos dos Goytacazes. É membro do Laboratório de História Regional e Patrimônio (LAHIRP) e autora de diversos artigos nos campos da história social do trabalho e do ensino de história e educação das relações étnico-raciais.

LMT #84

Fernando Pureza é professor do Departamento de História da UFPB e integrante do Grupo de Estudos e Pesquisa em História do Trabalho (GEPEHTO).

LMT #85

Vinícius Andrade Brito é doutorando do programa de pós-graduação em História da UFRRJ, com uma bolsa CAPES. É integrante do Núcleo de Estudos de Política e História Social (NEPHS/UFRRJ)

LMT #86

José Marcelo M. Ferreira Filho é professor do Departamento de História da UFPE.

LMT #87

Cristina Ferreira é professora da FURB, onde coordena o Centro de Memória Oral e Pesquisa (CEMOPE). É autora de livros e vários artigos no campo da história social e cultural.

LMT #88

Andrew G. Britt é historiador do campo de humanidades digitais na Universidade da Carolina do Norte, Estados Unidos. Desenvolve pesquisas em história espacial, desigualdades raciais, e tecnologias emergentes no Brasil contemporâneo..

LMT #89

David Lacerda é mestre e doutor em História Social pela Unicamp. É editor-adjunto da Revista Mundos do Trabalho e integrante da equipe do projeto Memória do Ativismo Afro-Brasileiro (Afro-Cebrap).

LMT #90

Tyrone Candido é professor do Curso de História do campus da UECE em Quixadá.. É bolsista de produtividade da FUNCAP e autor de livros e artigos sobre história social do trabalho e dos movimentos sociais.

LMT #91

Rute Castro é professora de História Contemporânea na UNEB. Coordena o Núcleo Mundos do Trabalho, Cultura e Memória do Centro Interdepartamental de Pesquisa em Educação e Humanidades (CIPEHUM/UNEB) e desenvolve pesquisas sobre europeus nos mundos do trabalho do Brasil no século XIX.

LMT #93

Paulo Keller é professor do Departamento de Sociologia e Antropologia da UFMA. É pesquisador do Grupo de Estudos e Pesquisas Trabalho & Sociedade.

LMT #94

Marilda Aparecida de Menezes é professora colaboradora do Programa de Pós-Graduação em Ciências Humanas e Sociais da UFABC e do Programa de Pós-Graduação em Ciências Sociais da Unicamp. É bolsista de produtividade do CNPq desde 2001. É autora de vários livros e artigos no campo da Sociologia e Antropologia do trabalho e das migrações.

Valéria Barbosa de Magalhães é professora da EACH/USP, onde coordena o GEPHOM/USP (Grupo de Estudo e Pesquisa em História Oral e Memória/USP).

LMT #95

César Augusto Bubolz Queirós é professor do Departamento de História da UFAM, onde coordena o Laboratório de Estudos sobre História Política e do Trabalho na Amazônia (LABUHTA/UFAM). Publicou diversos livros e artigos acadêmicos tanto no campo da história social do trabalho quanto sobre a história política da Amazônia.

LMT #96

Walter Fraga é professor da UFRB. É autor de vários livros e artigos sobre o pós-abolição no Brasil.

LMT #97

Caroline Duarte Matoso é doutoranda em História na UFRGS e bolsista da CAPES. Atualmente pesquisa a agência feminina no movimento operário e no PCB, com enfoque no município de Rio Grande durante a década de 1950.

LMT #98

Marcelo Silva é professor da FACC/UFRJ e integrante do Núcleo de Pesquisas em Administração (NUPAD). É autor de livro e artigos sobre a má conduta organizacional, especialmente a relação entre empresariado e ditadura.

LMT #99

Pedro Campos é professor do Departamento de História da UFRRJ, onde coordena o Laboratório de Economia e História da UFRRJ (Lehi). É bolsista produtividade do CNPq desde 2019 e Jovem Cientista Nosso Estado da FAPERJ desde 2018. É autor de livros e artigos na área da História econômico-social.

Alameda nas redes sociais:
Site: www.alamedaeditorial.com.br
Facebook.com/alamedaeditorial/
Twitter.com/editoraalameda
Instagram.com/editora_alameda/

Esta obra foi impressa em São Paulo no outono de 2024. No texto foi utilizada a fonte Georgia Regular em corpo 11 e entrelinha de 15,5 pontos.